Teal Swan

Einsamkeit heil

Teal Swan

EINSAMKEIT HEILEN

Die Wurzeln erkennen und zu tiefer Verbundenheit zurückfinden

Aus dem amerikanischen Englisch
von Elisabeth Liebl

IRISIANA

The Anatomy of Loneliness

First published in the UK and USA in 2018 by Watkins,
an imprint of Watkins Media Ltd
www.watkinspublishing.com

MIX
Papier aus verantwortungsvollen Quellen
FSC® C083411
FSC www.fsc.org

Verlagsgruppe Random House FSC® N001967

1. Auflage 2019

Neumarkter Str. 28, 81673 München
Projektleitung: Andrei-Sorin Teusianu
Redaktion und Korrektorat: Claudia Fritzsche
Umschlagsgestaltung: Geviert, Grafik & Typografie, München
Satz: Uhl + Massopust, Aalen
Druck und Bildung: CPI books GmbH, Leck
Printed in Germany
ISBN: 978-3-424-15359-0

INHALT

Versprich mir jetzt …
Versprich mir immerdar
Selbst wenn sie Dich mit Hass und Gewalt niederstrecken
Selbst wenn sie Dich verstümmeln und vernichten,
kann kein Mensch je Dein Feind sein.
Denn alles, was zählt, ist die Liebe.
Bedingungslose, unbesiegbare und grenzenlose Liebe.
Eines Tages, wenn Du dieser Welt gegenübertrittst,
frei von der Tyrannei der Angst, des Hasses und der Gier,
dann werden Deine Mitmenschen Dich sehen.
Wie Du durch tausend Zyklen des Lebens und des Sterbens hindurch erblüht bist,
und Deine Freude Ewigkeit erlangt.
Und weder Sonne noch Mond sie je verblassen sehen werden.

VERSPRICH MIR JETZT

von Teal Swan

EINFÜHRUNG

DIE DREI PFEILER DER EINSAMKEIT

Wir werden in Verbundenheit empfangen. Wir werden in der Sicherheit und Wärme der Verbundenheit genährt von dem Moment an, in dem unsere Mütter uns an ihre Brust legen. Wir nehmen keinen Unterschied wahr zwischen uns selbst und unserer Mutter. In diesem Augenblick, in dem wir völlig eins sind, sind wir gleichzeitig ganz wir selbst, sind der Mensch, der wir tatsächlich sind. Wir sind einem anderen Wesen so nah, dass wir uns nicht einmal fragen: »Wer bin ich?« Das ist auch nicht nötig, denn wir sind nicht *getrennt.*

In der Ekstase der Verbundenheit liegt eine tiefe Stille des Seins. Unser Weg durchs Leben ist nicht von der Angst bestimmt, etwas erobern zu müssen, was uns fehlt. Unser *Tun* ist einfach nur ein natürlicher Ausdruck des *Seins.* Dieses Sein ist unser Naturzustand. Doch eben diese Verbundenheit in uns ist *beschädigt* worden.

Dieses Buch will Ihnen zeigen, wie das ohne unser Zutun geschehen konnte und was Sie dagegen unternehmen können. Der Verlust dieser natürlichen Verbundenheit verursacht Gefühle der Einsamkeit und einen tiefen Schmerz. Aber es gibt einen Weg, sich dieses wunderbare Gefühl zurückzuholen, das schließlich *Ihr Geburtsrecht* ist.

EINSAMKEIT ALS NEUE EPIDEMIE

Wir leben in dieser Welt zusammen mit Milliarden anderer Menschen. Und doch hat beinahe jeder Mensch auf dieser Erde das Gefühl, im Grunde völlig allein zu sein. In den vielen Jahren, seit ich die Welt bereise, die verschiedensten Menschen unterrichte und eine spirituelle Bewegung anführe, wurde mir schmerzlich bewusst, dass wenn die meisten Menschen dieses Gefühl des Alleinseins teilen, Einsamkeit ein komplexeres Phänomen sein muss, als es auf den ersten Blick scheint. Dabei geht es um mehr als nur darum, unter Menschen zu sein. Dieses tiefe Gefühl der Isolation verlangt nach Heilung. Aber als ich mir dieser Epidemie bewusst wurde, hatte ich darauf noch keine Antwort. Einfach deshalb, weil ich mich ganz genauso fühlte.

Der Begriff »Einsamkeit« beschreibt nicht einmal annähernd, welche Qual unser Hunger nach Verbundenheit verursacht. Mein Leben war von Einsamkeit überwuchert. Und der Ruhm, der sich als Folge meiner Karriere ganz selbstverständlich eingestellt hatte, machte dies nur noch deutlicher, so, als wäre er ein Vergrößerungsglas. Mein Leben lang hatte ich das Gefühl gehabt, nicht wirklich gehört, gesehen, verstanden zu werden, nicht erwünscht zu sein. Und der Ruhm erschwerte mir die Suche nach der Nähe, die ich mir so verzweifelt ersehnte, nur noch mehr. Für einen Außenstehenden sah es so aus, als akzeptierte und schätzte mich jeder. Nichts konnte der Wahrheit ferner sein. Weniger denn je sahen, fühlten, verstanden die Menschen *mich*. Ich war zwar ständig von anderen Menschen umgeben, doch war ich für sie nicht mehr als das, was sie auf mich projizieren wollten. Das Einzige, was mich in ihren Augen wertvoll machte, das Einzige, was sie an mir schätzten, war das, was sie durch mich für sich selbst erlangen konnten.

Wenn Sie vor einem Problem stehen und keine Lösung haben, bleibt Ihnen nur eines übrig: Sie müssen diese

Lösung selbst suchen. Ich war sozusagen eine Pionierin, die unerforschtes Gebiet betrat. Ich sah nur allzu deutlich, dass Einsamkeit die Leidensquelle Nr. 1 in unserer Welt war und dass wir unzählige Strategien entwickelt haben, um ihr aus dem Weg zu gehen. Aber Sie können einer Sache, die Sie erforschen wollen, nicht aus dem Weg gehen. Also beschloss ich, genau das Gegenteil zu tun. Die spirituellen Lehrer der Alten Welt gingen in die Wüste oder zogen sich in eine Höhle zurück, wenn sie nach neuen Erkenntnissen suchten. Ich entschied, dasselbe zu tun. Doch statt mich in einer Höhle zu verstecken, tauchte ich in die Einsamkeit ein, indem ich eine schamanische Reise nach Mittelamerika unternahm, wo ich dem Teufel direkt ins Gesicht sehen wollte. Diese Phase der Auseinandersetzung nahm etwas mehr als ein Jahr in Anspruch. Dass ich die Einsamkeit als das sah, was sie war, ihre Beschaffenheit erkannte, ermöglichte mir, ihr Gegenteil besser zu verstehen. Als ich in die Welt zurückkehrte, konnte ich den Menschen erklären, was es mit Einsamkeit und Verbundenheit auf sich hat. Mit diesem neu gewonnenen Verständnis in Herz, Geist und Körper habe ich dieses Buch geschrieben.

Einsamkeit heilen entstand aus den Notizen, die ich verschiedentlich gemacht hatte, nicht selten auf tränenfeuchtem Papier. Blätter, die ich dann in meinen Rucksack stopfte, um auf dieser schamanischen Reise in diesem Abschnitt meines Lebens weiterzuziehen. Das Buch schrieb sich durch mich gleichsam selbst. Was ich dabei erfuhr, ermöglichte mir, die Einsamkeit in meinem Leben in Verbundenheit zu verwandeln, und das gilt auch für jedes Mitglied meiner spirituellen Gemeinde.

Mangelnde Bewusstheit ist wie ein Virus, der sich von einer Generation zur nächsten fortpflanzen kann. Aber dies gilt natürlich ebenso für das Erwachen. Meine Vision ist, dass die Informationen in diesem Buch ihren Weg in jeden Winkel dieser Erde finden, bis wir ganz offiziell sagen können, dass hier Milliarden Mitmenschen leben und dass sich keiner von uns mehr allein fühlt.

DAS TRAUMA DER TRENNUNG

Jeder von uns hat seine eigene Geschichte, was den Verlust der Verbundenheit angeht. Aber irgendwann im Lauf unseres jungen Lebens haben wir alle diesen Fall aus der Gnade erlebt – aus diesem tiefinneren Gefühl der Verbundenheit. Als Ergebnis liegt der Großteil von uns den Rest seines Lebens in einem Dauerkonflikt zwischen dem Aspekt von uns, *der diese Verbundenheit um jeden Preis zurückgewinnen will*, und dem, *der Verbundenheit auf Biegen und Brechen abwehren möchte.*

Der Schmerz über den Verlust des Verbundenseins ist die tiefste Form von Trauma, die wir erfahren können. Ein Trauma lässt uns innerlich zersplittern. Es macht aus Symmetrie Chaos, aus Stille Panik. Aus Harmonie Krieg. Aus Freude Leid.

Wenn wir dieses Trauma erfahren, ist das so, als setzten wir eine graue Brille auf, und die meisten von uns tragen sie den Rest ihres Lebens. Wir sehen die Welt durch den Schmerz dieser grauen Gläser. Durch diese Optik nehmen wir uns als getrennt von den Menschen und Dingen um uns herum wahr. Wir erleben uns als ... allein.

Der grundlegende Schmerz des Menschen besteht darin, dass wir mit Milliarden anderer Menschen auf dieser Erde leben und sich doch jeder allein fühlt. Das Trauma unserer inneren Isolation sorgt dafür, dass wir uns als getrennt von allem wahrnehmen, das wir als »das andere« wahrnehmen.

Es ist schon schlimm genug, dass diese Trennung *uns* Schmerz zufügt. Doch damit ist das Unglück noch nicht zu Ende. Der Schmerz verbreitet sich über die ganze Erde. Wenn Sie mit einem anderen wahrhaft verbunden sind, können Sie *ihm* keinen Schmerz zufügen, ohne *selbst* darunter zu leiden. Wenn wir uns jedoch selbst als getrennt erleben, spüren wir dieses Einssein nicht mehr, das unsere grundlegende Wahrheit ist. Wir spüren nicht mehr, dass alles auf uns zurückwirkt, und dass wir auf alles zurückwirken. Das Ergebnis ist, dass wir anderen Wesen oder Dingen Schmerz zufügen können, ohne seinen Widerhall in uns selbst zu fühlen.

DIE SCHMERZHAFTE NATUR DER TRENNUNG

Die Vorstellung, dass das Getrenntsein schmerzhaft, ja gefährlich ist, erscheint auf den ersten Blick abstrakt und theoretisch, bis wir uns klarmachen, dass sich aus eben diesem Grundganze Völker in Parteien und Gruppen zersplittern. Menschen mit dunkler Haut wurden ihren Familien entrissen und auf einen fremden Kontinent gebracht, wo man sie als Sklaven hielt, sie schlug, lebendig verbrannte und lynchte. In den 1940er-Jahren wurden in Europa Juden und andere den Nazis missliebige Bevölkerungsgruppen nach Auschwitz und in weitere Vernichtungslager transportiert, um sie vollständig auszurotten.

Die Vorstellung vom Getrennsein ist dafür verantwortlich, dass die USA 1945 eine Atombombe auf Hiroshima warfen. Dass die Schergen des Pol-Pot-Regimes 1979 gut 21 Prozent der Bevölkerung Kambodschas ermordet haben. Dass in unserer heutigen Zeit junge Menschen jahrelang in Lagern trainieren mit dem einzigen Wunsch, am Ende als lebende Bomben Terror und Zerstörung über jene Menschen zu bringen, die sie als ihre Feinde betrachten.

Jedes Verbrechen, das je begangen wurde, konnte geschehen, weil der Täter sich als von seinem Opfer isoliert und getrennt wahrnahm. Daher lässt sich mit Fug und Recht sagen, dass die Vorstellung vom Getrenntsein nicht nur der größte

Schmerz ist, den wir in diesem Leben erfahren können. Sie ist darüber hinaus der gefährlichste Gedanke überhaupt.

DIE TIEFSTE FORM DER TRENNUNG

Warum aber entstehen in unserer angeblich so erleuchteten Welt unausgesetzt solche Gefühle tiefster Verzweiflung? Sie werden verursacht von einer Einsamkeit, die sich nicht auflösen lässt, indem man sich mit mehr Menschen umgibt. Denn die schmerzhafteste Form der Einsamkeit ist jene, die wir in einem Raum voller Menschen empfinden. Jene Form der Einsamkeit, bei der man sich nicht einmal dann verbunden fühlt, während man de facto mitten unter seinesgleichen *ist*, lässt sich bildlich damit vergleichen, als würde man in einem Supermarkt verhungern. Um eben diese Art der Einsamkeit geht es mir in diesem Buch.

Ein Sprichwort sagt, dass das Licht nur kennt, wer auch um die Dunkelheit weiß. Anders ausgedrückt: Bewusstwerdung erfolgt über das Erleben von polaren Qualitäten. Auf dieselbe Weise werden wir also die *Verbundenheit* klar erkennen lernen, indem wir uns zuerst mit der *Einsamkeit* beschäftigen.

Wir werden dabei dem Prinzip des Gewahrseins folgen. Sie werden die Verbundenheit erfahren, indem Sie sich in die Einsamkeit vertiefen. Sie werden die Verbundenheit wiederherstellen, indem sie die Einsamkeit mit ungetrübtem Blick sehen und mit reinem Herzen fühlen lernen. Und Sie werden die Verbundenheit verstehen, indem Sie sich ein klares Verständnis der Einsamkeit erwerben.

Verbundenheit setzt eine Art Harmonie voraus. Also nimmt man für gewöhnlich an, dass in der Einsamkeit keinerlei Harmonie existiere. Doch tatsächlich wohnt auch der Einsamkeit eine Art Harmonie inne. Es handelt sich dabei um das Dritte, das die Gegensätze in sich vereint.

Zur Einheit, die die Drei symbolisiert, kommt man nicht, indem man die Zwei (den Gegensatz) ausradiert, um jenes Element zu beseitigen, das für den Konflikt verantwortlich ist. Die Drei verschmilzt vielmehr die vorausgehenden Elemente, um daraus etwas völlig Neues zu erschaffen… etwas, worin die Gegensätze harmonisch vereint sind. Daher ist die Drei die Zahl der Integration.

Gegensätze zusammenzubringen – hier also die Eins und die Zwei – setzt ein gemeinsames übergeordnetes Ziel voraus, das ich hier als »Drei« bezeichne. Die Drei ist größer als die beiden vorangegangenen Elemente. Diese Gleichung kommt Ihnen jetzt vielleicht noch sehr abstrakt vor, doch wenn Sie dieses Buch durcharbeiten, werden Sie erleben, wie göttlich fein die Dinge hier aufeinander abgestimmt sind. Und Sie werden erfahren, was dies im Hinblick auf die Verbundenheit bedeutet.

Stellen Sie sich nur einen Moment lang vor, die Eins stünde für »das Gute«, die Zwei für »das Böse«. Das ist unzweifelhaft ein Gegensatzpaar. Die Drei hingegen steht für das, was nötig ist, um Gut und Böse zusammenzuführen zu einem Ziel, das größer ist als jedes einzelne Element des Gegensatzpaars. Dieses Ziel kann das Einssein sein, die höchste Form der Verbindung.

Interessanterweise ruht die Einsamkeit auf drei Grundpfeilern. Diese drei Pfeiler legen, wenn man sie durch die innere Kraft der Drei sieht, die Vermutung nahe, dass die Antwort auf das Ende der Einsamkeit im Gewebe der Einsamkeit selbst zu suchen ist. Dort liegt also die Lösung.

DIE DREI PFEILER DER EINSAMKEIT SIND:

1. *Trennung*
2. *Scham*
3. *Angst*

Sobald Sie diese drei entscheidenden Elemente richtig verstanden haben, sobald Sie aufgedeckt haben, wie beziehungsweise inwieweit sie Ihr Leben bestimmen, können Sie mithilfe der beiden letzten Kapitel in diesem Buch Mittel und Wege zu neuer Verbundenheit in Ihrem Leben finden. Und Sie können lernen, diese Verbundenheit stark und kraftvoll zu halten, sodass sie all Ihre Beziehungen prägt.

TEIL I

DER PFEILER DER TRENNUNG

Und wir schrien nach Krieg,
als wäre er nicht Menschenwerk.
Die Seele des Menschen,
die Synagoge des gewaltsamsten aller Kämpfe:
zwischen Gut und Böse.
Jahrhunderte des Blutvergießens zwischen diesen beiden Rivalen.
Jede Seite schreit nach dem Tod der anderen.
Aber es wird keinen Abgesang geben.
Es wird kein Klagelied geben, denn die eine kann nicht sterben
ohne die andere.
Nur die Liebe kann diesen Krieg beenden.
Und doch tobt er weiter und weiter.
Sein Klang allein ist
Gotteslästerung.
Lästerung am Heiligtum des menschlichen Herzens.

DIE TRENNUNG

von Teal Swan

DER PFEILER DER TRENNUNG

Der erste Grundpfeiler der Einsamkeit ist die Trennung. Die Geschichte der Trennung führt uns weit zurück in jene Zeit, bevor das menschliche Leben existierte. Um das Getrenntsein zu verstehen, muss ich Sie bitten, einen großen Schritt zu tun, hin zum Abgrund der existenziellen Wahrheit. Versuchen Sie, sich das, was wir Gott nennen oder die Quelle, als einheitliches Bewusstsein vorzustellen. Versuchen Sie sich vorzustellen, dass dies alles ist, was ist.

Das hört sich leichter an, als es ist, denn Ihr Gehirn ist auf die materielle Welt hin ausgelegt, und in dieser Welt herrscht die Vereinzelung. Es ist nicht dafür geschaffen, die Einheit zu begreifen. Wenn das Gehirn das *Eine* denkt, denkt es an ein *Ding*. Aber in dem Moment, in dem Sie an ein *Ding* denken, können Sie gar nicht umhin, dieses Ding als getrennt von allem anderen wahrzunehmen, selbst wenn dieses andere etwas ist wie die Luft oder der leere Raum. Dieses Ding hat seine ganz spezielle, nur ihm eigene Definition, es hat einen Anfang und ein Ende. Können Sie Ihren Geist so weit werden lassen, dass Sie sich ein Bewusstsein ohne Anfang und Ende vorstellen können? Ein Bewusstsein, das alles umfasst, sodass nichts existiert, was nicht Teil dieses Bewusstseins wäre?

Wenn es Ihnen hilft, dann stellen Sie sich dieses Bewusstsein vor wie einen unendlichen Ozean, der denken und wahrnehmen kann, in dem alles Existierende einfach die Wassertropfen sind, die diesen Ozean bilden. Sie sind ein solcher Tropfen, Ihr bester Freund ist es, Ihr schlimmster Feind, aber auch der Kaffeetisch, Ihr Hund und die Karotte, an der Sie gerade knabbern. Das Wort, das Sie soeben lesen, und der Gedanke, der Ihnen gerade durch den Kopf geht.

Alles Existierende mag unterschiedlich aussehen, doch diese Tatsache hat ihren Grund allein darin, dass es sich um unterschiedliche Ausprägungen derselben Energie handelt. Alles ist Tröpfchen in dem weiten Ozean, ist also vom selben Bewusstsein durchdrungen. Es gibt nichts, was nicht Gott ist oder die Quelle. Das ist die wahre Bedeutung des Begriffs *Einssein.*

Um unser Verständnis zu vertiefen, stellen Sie sich ein Fernsehgerät mit flimmerndem Bildschirm vor. Das Flimmern ist potenzielle Energie. Sie können es »potenzielle Energie« nennen, weil dieses weiße Rauschen das *Potenzial* für ein Bild enthält. Ein Bild, das noch nicht da ist, doch sobald es beginnt, Konturen anzunehmen, gibt es eine Trennlinie zum umgebenden Flimmern. Wir sehen das Bild als verschieden vom Flimmern und auch als verschieden von den anderen Bildern, die noch auf dem Fernsehschirm erscheinen mögen. Genauso verhält es sich mit einem Gedanken innerhalb des Quellen- oder Gottesbewusstseins. Er ist Teil des weißen Rauschens, hat sich aber zu einer einzigartigen Form verdichtet und sich damit vom restlichen Flimmern differenziert. Wenn man diesen Gedankengang auf die Welt anwendet, dann ist alles Materielle wie der Kaffeetisch oder ein Baum nichts weiter als ein Gedanke, der von der Quelle/Gott gedacht (ausdifferenziert) wurde. Es ist ein Gedanke, den man so scharf gestellt hat, dass er sich differenziert hat und damit in die materielle Dimension eingetreten ist – die dichteste Dimension überhaupt. Um zu unserer Analogie zurückzukehren: Von allem, was aus dem Flimmern hervorgehen kann, ist das Materielle am schärfsten von ihm »getrennt«. Da Sie also nur ein ausdifferenzierter Aspekt der Quelle/Gottes sind, folgt daraus, dass Sie vom Quellen-/Gottesbewusstsein durchdrungen sind. Das heißt, dass Sie ein Gedanke sind, der selbst Gedanken haben kann. So gesehen ist klar, dass das Quellen-/Gottesbewusstsein sich nicht etwa vermehrt, weil es ja bereits alles ist. Es teilt sich einfach nur. Jeder neue Gedanke ist eine neue Trennung innerhalb der Ganzheit des Quellenbewusstseins.

Nun stellen Sie sich vor, die Quelle würde denken: »Was bin ich?« Dieser Gedanke ist die Geburt des Gewahrseins innerhalb der Quelle. Dieser Gedanke differenziert schon seiner Natur nach. Er ist ein direkter Widerspruch zum *Einssein.* Nur dieser eine Gedanke spaltet bereits das universelle Einssein. Dadurch verspürte das Quellenbewusstsein zum ersten Mal die Qual, dass es nichts gab, zu dem es in Beziehung treten konnte. In dem Moment, in dem es eine Spaltung in sich selbst schuf, nahm es sich als isoliert wahr. Diese Einsamkeit ist so unendlich schmerzlich, dass es dafür keine Worte gibt. Wie eine Zelle, die sich unkontrolliert teilt, ließ dieser Gedanke das Einssein zersplittern, und jeder Sprung gebar neue Splitter. Bis die Splitter schließlich zu vergessen begannen, dass sie ein Teil des Ganzen waren.

Diese Illusion des Getrenntseins war der Punkt, an dem alle weiteren Splitter innerhalb des Einsseins dieses selbst nicht mehr wahrnahmen. Sie sahen nur noch »ich« und »andere«. Das war die Geburt des Egos, das für das Gefühl eines von anderen getrennten Ichs steht. Und es war die Geburt der *Beziehung.* Und der *Anhaftung.* Die verschiedenen Aspekte der Quelle wurden zu Feinden. Sie konnten sich selbst nicht mehr als *eins* sehen. Sie betrachteten sich als voneinander getrennt. Und so begannen sie, sich gegenseitig zu verschlingen und voreinander wegzulaufen. Sie fingen an, sich gegenseitig herumzuschubsen.

Der Gedanke, dass der Schmerz der Einsamkeit nicht in der Abwesenheit eines »anderen« gründet, sondern im Verlust unserer Ganzheitlichkeit in uns selbst, besitzt für das Individuum eine enorme Tragweite. Wir sind von der Quelle nicht getrennt, weil wir Bruchstücke des Quellenbewusstseins sind. Der erste Pfeiler der Einsamkeit ist ein Produkt der Zersplitterung, der Trennung, die an die Stelle der Einheit innerhalb unser selbst getreten ist. Die Zersplitterung in der Außenwelt ist nur ein Spiegel der Zersplitterung unserer inneren Welten.

DIE ZERSPLITTERUNG IN JEDEM EINZELNEN VON UNS

Sofern wir während der Empfängnis, der Schwangerschaft oder der Geburt kein Trauma erleiden, kommen wir Menschen ganz zur Welt. Doch dieses Ganzsein ist nur von kurzer Dauer, weil wir vom Augenblick der Geburt an von unseren Familien abhängig sind. Durch die Erziehung in der Familie werden wir Teil einer Gesellschaft, die noch nicht vollkommen entwickelt ist. Und das bedeutet Ärger. Im Grunde lernen wir in diesem Prozess der Sozialisation, dass einige Aspekte unseres Selbst akzeptabel sind, andere hingegen nicht.

Was jeweils akzeptabel oder inakzeptabel ist, hängt vom Blickwinkel der Familie ab, in die Sie hineingeboren werden. Die Aspekte unseres Selbst, die als nicht akzeptabel gelten (sowohl im positiven wie im negativen Sinn), werden von unserer Familie abgelehnt – man könnte auch sagen, sie werden uns ausgetrieben. Die als akzeptabel betrachteten Aspekte hingegen werden nicht »exorziert«, sondern vielmehr gutgeheißen. Im Wesentlichen werden wir also nach Maßgabe dessen geliebt, was die Menschen in unserer Umgebung als Teil ihrer selbst und ihres Lebens anzunehmen bereit sind.

Um zu überleben, versuchen wir daher als Kinder, Kontrolle über unser Umfeld zu erlangen und uns selbst zu erhalten, indem wir alles tun, um jene Aspekte in uns, die in der Umwelt Missfallen hervorrufen, zu leugnen und zu unterdrücken, die anderen aber, die Zustimmung finden, zu verstärken.

Wir machen also Folgendes: Wir trennen uns von dem, was auf Missfallen stößt. Das aber schafft eine Spaltung in uns selbst und errichtet eine Grenze zwischen Bewusstem und Unbewusstem. Dieser Punkt ist die Geburtsstunde der »Persönlichkeit«. Das ist letztlich hochgradig ironisch, denn was wir um unseres Überlebens willen tun, ist tatsächlich der erste Akt der Selbstverleugnung und damit der Zersplitterung. Dieser Akt ist Spiegelbild dessen, was ursprünglich mit dem Quellenbewusstsein geschah, das sich selbst definieren wollte, aber stattdessen eine Spaltung in sich selbst erzeugte und sein Einssein verlor.

Wir denken, jeder Mensch besitze eine eigene Persönlichkeit mit manchmal widersprüchlichen Charakterzügen. Die Wahrheit ist jedoch, dass Ihre »Persönlichkeit« sich aus verschiedenen Persönlichkeiten zusammensetzt. Die dominantesten sind jene, die Sie in dem Umfeld, in dem Sie aufgewachsen sind, vor Verletzungen – vor allem vor Zurückweisung – geschützt haben.

Man könnte diese Persönlichkeiten mit siamesischen Zwillingen vergleichen. Sie leben in uns, ohne dass wir ihr Dasein überhaupt bemerken. Ich nenne diese Persönlichkeiten die »Inneren Zwillinge«. Die Schwere des Traumas, das Sie während dieses Prozesses erlebt haben, bestimmt, wie tief die Zersplitterung in Ihnen reicht. Wenn Sie erdrückende, chronische Einsamkeit erfahren, stehen Sie am finsteren Ende der Skala.

Wir können mehrere dieser Inneren Zwillingen in uns haben, und jedes dieser Zwillingspaare steht für etwas. Deshalb werde ich in diesem Buch immer wieder auf dieses Bild zurückgreifen. Es ist daher wichtig, dass Sie dieses Konzept verstehen. Sobald Sie die dahinterstehende Dynamik begriffen haben, wird sich Ihr Leben vollkommen wandeln.

WIE SICH IHRE INNEREN ZWILLINGE ENTWICKELT HABEN

Stellen Sie sich vor: Ein Kind wird in eine Familie geboren, in der es nicht erlaubt ist, Wut auszudrücken. Wird dieses Kind wütend, wird es getadelt und lernt, sich zu schämen. Also unterdrückt das Kind seine Wut, um in diesem Umfeld überleben zu können. Doch davon verschwindet die Wut ja nicht. Das Kind leugnet nur deren Existenz auf der bewussten Ebene. Die Wut wird ins Unbewusste verschoben.

Als Erwachsener wird dieser Mensch gar nicht merken, dass er innerlich wütend ist. Er kann und wird sich nicht klar sehen, weil er diesen Aspekt seiner selbst verdrängt hat. Wenn Sie nun zu diesem Menschen sagen: »Sie sind aber geladen!«, dann versteht er nicht, wovon Sie reden. Er hält sich ja für ausgesprochen umgänglich.

Doch wenn wir etwas leugnen oder verdrängen, dann *verschwindet es dadurch ja nicht.* Unser Bewusstsein blendet es nur einfach aus. Wenn wir dann diesen verleugneten oder verdrängten Aspekt plötzlich akzeptieren sollen, ruft dies unsere alte Angst wach, wie wir sie bei der ursprünglichen Zurückweisung empfunden haben, und wir meinen, sterben zu müssen. Daher ist es gar nicht so leicht, sich seiner selbst vollständig gewahr zu werden.

Jeder Mensch, der einen Sozialisierungsprozess durchlaufen hat, hat diesen Schritt vollzogen. Er hat gelernt, bestimmte Aspekte seiner selbst zu verleugnen, was zu einer inneren Spaltung geführt hat. Über manche Aspekte wissen wir Bescheid, andere sind uns völlig unbekannt. Diese Ablehnung einzelner Aspekte unseres Selbst bildet die Wurzel von Selbsthass. Unsere tiefe Einsamkeit resultiert daher, dass wir die Teile unseres Selbst, die wir zurückgewiesen und verdrängt haben, schmerzlich vermissen.

Dabei will die Seele nur eines: uns wieder ganz machen. Daher bekommen wir im Lauf unseres Lebens immer wieder die Gelegenheit zur Ganzwerdung. Doch um diese nutzen zu können, müssen wir die verdrängten Aspekte unseres Selbst sehen und akzeptieren lernen. Und das tut weh.

Die grundlegende Spaltung in uns ist die in Bewusstes und Unbewusstes. Zwischen dem großen Unbewussten und dem bewussten Selbst lagern zahllose Fragmente. Zu jedem überwertigen Aspekt unserer Persönlichkeit gibt es ein Gegenstück im Unbewussten, das seinen polaren Gegensatz bildet. Nehmen wir mal an, in meiner Kindheit habe *Verwundbarkeit* als inakzeptable Schwäche gegolten. Zeigte ich mich verwundbar, wurde ich zurückgewiesen oder bekam eine andere schmerzhafte Strafe. Also spaltete ich den verwundbaren Teil meiner selbst ab und verdrängte ihn – weit weg von meiner bewussten Wahrnehmung. Stattdessen identifizierte ich mich mit Stärke und Härte. Das war die Persönlichkeit, die ich der Welt in der Folge zeigte.

Doch der ursprüngliche *verwundbare* Teil meines Selbst hat sich damit ja nicht in Luft aufgelöst. Er wurde nur vergraben. Und weil er vergraben ist, kann ich die Bedürfnisse meines *verwundbaren Selbst* nicht erfüllen. So wird die Energie dieses Aspekts auf verdeckte, ja manipulative Weise ausgedrückt. Im Grunde entbrennt damit ein Konflikt zwischen den beiden Persönlichkeiten, von denen eine meinen Körper quasi »übernimmt«. Dieser innere Kampf kann mich krank machen und damit körperlich *verwundbar*. Was meine äußerliche, harte und starke Persönlichkeit natürlich nicht akzeptieren kann. Diese beiden Persönlichkeiten agieren nicht nur auf völlig unterschiedlichen Ebenen unser selbst, sie leben buchstäblich in einem ganz anderen parallelen Wahrnehmungsuniversum.

Das Phänomen der multiplen Persönlichkeit akzeptieren wir ja nur in ihrer pathologischen Form, als psychiatrisch bescheinigte Störung. In Wirklichkeit aber haben wir alle multiple Persönlichkeiten, in uns steckt eine ganze Reihe »Innerer Zwillinge«.

Doch behalten Sie im Hinterkopf, dass sich diese Persönlichkeiten eben nicht als solche präsentieren. Sie fühlen sich eher an wie »Seinsweisen«, die das Ruder in Abhängigkeit von den Umständen, die Ihnen in der äußeren Welt gerade begegnen, übernehmen. So kann eine solche Persönlichkeit erlebt werden als der *plötzliche Wunsch, eine Beziehung zu beenden und allein in die weite Welt hinauszuziehen*, obwohl man den Menschen, den man verlässt, am selben Morgen noch so innig geliebt hat, dass man seine ganze Zukunft mit ihm planen wollte.

Machen Sie sich klar, dass Ihre verdrängten Aspekte Ihnen selbst *verborgen*, für andere Menschen aber ganz und gar *offensichtlich* sind. Wenn wir eine absolute Abneigung gegen etwas empfinden, dann werden wir das in uns zunächst nicht erkennen. Und noch eine vielsagende Tatsache: Je mehr wir etwas an anderen hassen, desto stärker haben wir es vor langer Zeit in uns selbst unterdrückt. Doch umgekehrt wird auch ein Schuh daraus: Je mehr wir etwas *an anderen Menschen lieben*, desto mehr *haben wir darunter gelitten, als wir diesen Aspekt in uns verdrängen mussten.* Letztlich bieten also heftige Reaktionen auf andere Menschen, ob nun positiv oder negativ, immer eine Gelegenheit, uns unseres eigenen Selbst bewusst zu werden.

WIE SIE DEN PROZESS DER SPALTUNG UMKEHREN KÖNNEN

Um den Prozess der Spaltung wieder rückgängig zu machen, müssen wir zunächst Raum schaffen für alle Aspekte unseres Selbst, die wir wieder ins Licht des Bewusstseins rücken wollen. Sie können diesen Prozess fördern, indem Sie sich mit folgenden Fragen auseinandersetzen:

1. *Welche Eigenarten hassen Sie an anderen Menschen, vor allem an Ihrem Partner? Was stört Sie an anderen?*
2. *Welche positive Absicht steckt hinter der Ablehnung dieser Eigenart? Wovor will die Ablehnung Sie schützen? Welche positiven Aufgaben könnte der Charakterzug in Ihrem Leben erfüllen? Natürlich ist Teil der Antwort immer die Tatsache, dass die Verdrängung Sie vor Verletzungen bewahren sollte.*
3. *Fragen Sie sich, warum es gefährlich war, das Gegenteil einer negativen Eigenart zu verkörpern? Wenn es zum Beispiel um Faulheit geht, fragen Sie sich, warum es für Sie gefährlich (oder nicht in Ordnung) war, sich während Ihrer Kinder- und Jugendzeit motiviert und fleißig zu zeigen?*
4. *Akzeptieren Sie, dass die Charakterzüge, die Sie an anderen Menschen hassen, direkt widerspiegeln, was Sie in sich selbst ablehnen. Je mehr Sie sich vor sich selbst zu schützen versuchen, desto mehr kommt es Ihnen so vor, als hätten die Eigenarten, die Sie an anderen ablehnen, überhaupt nichts mit Ihnen zu tun. Es sollte Sie nicht überraschen, wenn Sie sich sagen: »Ich bin ganz und gar nicht so.« Das ist nur natürlich.*
5. *Seien Sie bereit, verletzlich zu sein. Öffnen Sie Ihren Geist, um ein Bewusstsein dafür zu schaffen, inwieweit Sie charakterlich jenen Eigenarten ähnlich sind, die Sie an anderen – vor allem an Partner, Kindern und Eltern – ab-*

lehnen. Hier gibt es zwei Möglichkeiten: Entweder Sie stellen fest, dass die Ähnlichkeit groß ist. Oder der betreffende Charakterzug ist so tief ins Unbewusste verdrängt, dass Sie **nie** so reagieren, ja eventuell sogar eine ungesunde Abneigung dagegen entwickeln.

6. Wenn Sie mit dieser Selbstbefragung Probleme haben, bitten Sie andere Menschen um Hilfe. Das ist ein Schritt der Demut. Ein guter Weg festzustellen, ob Sie etwas in sich unterdrückt haben, ist die Rückmeldung anderer. Über welche Ihrer Eigenarten beschweren sich die Leute bei Ihnen? Wird dabei ein bestimmter Charakterzug öfter als ein Mal genannt? Sie können auch Ihre Freunde und Angehörigen bitten, jene Eigenarten, die sie an Ihnen nicht mögen, aufzuschreiben. Kommt irgendetwas davon öfter vor? Besonders wichtig sind gerade diejenigen Rückmeldungen, die Sie ärgern.
7. Nun wenden wir das Blatt mal und betrachten den negativen Charakterzug selbst (nicht die positive Ausformung, die wir unter Punkt 3 behandelt haben). Warum war es für Sie gefährlich oder nicht in Ordnung, diesen negativen Charakterzug zu leben? Warum war es nicht okay, faul zu sein?
8. Fangen Sie an, die Eigenarten zu akzeptieren, die Sie an anderen und an sich selbst nicht leiden können. Aber belügen Sie sich dabei nicht selbst. Sie können nicht sagen, dass Sie etwas mögen, was Sie in Wirklichkeit ablehnen. Aber vielleicht hat der negative Charakterzug ja durchaus positive Aspekte, die Sie mögen. Ein grausamer, gefühlloser Mensch wird zum Beispiel kaum ein Problem damit haben, was andere Leute über ihn sagen.
9. Nun integrieren Sie diejenigen Aspekte anderer Menschen, die Sie früher gehasst haben, die in Wirklichkeit aber nur unterdrückte Eigenarten Ihrer selbst sind, auf eine Weise, die Ihnen nützt. Das heißt natürlich nicht, dass Sie faul oder grausam werden sollten. Nehmen Sie sich einfach ein bisschen Zeit. Oder hören Sie auf, immer zu allem Ja und Amen

zu sagen. Überlegen Sie mal: Was ist der positive Aspekt am Faulsein? Faule Leute haben keine Angst, ein Päuschen einzulegen und sich Zeit für sich selbst zu nehmen. Wenn Sie also diesen verdrängten Charakterzug Ihrer selbst integrieren, dann könnte das einfach heißen, dass Sie sich öfter mal ein wenig Ruhe gönnen. Das bringt Sie einen Schritt näher zur Ganzheit und zur Integration Ihrer Inneren Zwillinge. Damit wird der Kampf zwischen den unterschiedlichen Persönlichkeiten in Ihnen schon ein wenig befriedet.

MACHEN SIE SELBSTGEWAHRSEIN ZU IHRER OBERSTEN PRIORITÄT

Dinge in uns selbst, die wir vor langer Zeit verdrängt haben, werden wir immer verurteilen, aber das muss ja nichts Schlechtes sein. Sie können nicht aufhören, etwas Bestimmtes zu tun, indem Sie sich einfach befehlen, es künftig zu unterlassen. Nutzen Sie Ihre positiven und negativen Werturteile (vor allem, was den Partner und nahestehende Personen betrifft), um herauszufinden, was Sie in sich verdrängt haben und wie Sie es integrieren können. So wird aus dem Gegenstand der Verurteilung ein Gegenstand der Beobachtung.

Wenn wir die abgelehnten Aspekte unseres Selbst anerkennen, die zu unseren verletzten und verborgenen Inneren Zwillingen wurden, bekommen wir Gelegenheit, ihre Bedürfnisse zu erfüllen. Überlegen Sie, was Sie diesen Aspekten geben können, um sie stärker ans Ganze anzubinden. So können Sie lernen, sie zu lieben. Das ist die Art und Weise, wie wir uns uns selbst und anderen Menschen nähern sollten.

Um Ihnen dies näher zu erläutern, möchte ich hier ein Bild verwenden: Stellen Sie sich Ihre Haut als Gefäß vor.

In diesem Gefäß gibt es eine ganze Reihe kleinerer Gefäße. Manche Menschen haben mehr von diesen kleineren Gefäßen in sich als andere. Jedes Gefäß steht für eine Person mit einer ganz eigenen Persönlichkeit, mit Glaubenssätzen, Ängsten, Traumata, Wünschen, Bedürfnissen und Vorlieben. Jede hat ihr eigenes Ego. Sie sehen also, dass wir keine Singularitäten sind. Sie sind, wie alle anderen Menschen, viele. Jeder kleine Gefäßmensch ist ein *Teil* unser selbst. Diese Teile stehen an unterschiedlichen Punkten, was ihr Wachstum und ihre Entwicklung angeht.

Wenn unser Bewusstsein aufgrund eines Traumas gespalten wird, dann teilt sich unser Ich – und das kann es wieder und wieder tun. Unser Selbst-Gefühl zersplittert. Wir haben vielleicht *einen* Körper, doch innerhalb dieses Körpers finden sich verschiedene Ichs, eine ganze Reihe Innerer Zwillinge. Manche dieser Aspekte lassen wir aus ihrem Gefäß heraus, sodass sie durch unseren Körper mit anderen Menschen in unserer Welt Verbindung aufnehmen können. Doch wann immer diese Teile aus ihrem Gefäß herauskommen und unseren Körper »übernehmen«, halten wir ihre Wahrnehmungen, Glaubenssätze, Ängste, Traumata, Wünsche und Bedürfnisse fälschlicherweise für *alles*, was wir sind. Dabei ist dieser verborgene Innere Zwilling nur ein kleiner Teil unser selbst und darüber hinaus noch ein unglücklicher, unerfüllter Aspekt. Wenn Sie sich jedoch in dem Augenblick, in dem das passiert, dessen bewusst sind, werden die Karten in Ihrem Spiel des Lebens neu gemischt.

WIE IHRE INNEREN ZWILLINGE IN IHNEN AGIEREN

Fassen wir also zusammen: Sie wissen nun, dass das Universum wie ein Spiegel funktioniert. Logischerweise folgt daraus: Wenn Sie in Ihrem Leben lähmende Einsamkeit erfahren, dann ist dies genau das, was sich in Ihrem Inneren zwischen Ihren Inneren Zwillingen abspielt. Sie sind nicht miteinander verbunden. Sie stehen nicht in harmonischem Austausch. Das liegt daran, dass einige Ihrer Inneren Zwillinge in vollkommen verschiedenen Realitäten leben.

Lassen Sie mich Ihnen dazu ein Beispiel geben: Eine Frau, mit der ich gearbeitet habe, entdeckte, dass einer ihrer Inneren Zwillinge sie beschützen sollte. Vor ihrem geistigen Auge erschien er als Ritter. Dieser Ritter hielt einen zweiten Inneren Zwilling, der sich als schöne Jungfrau zeigte, in einem Kerker gefangen. Der ritterliche Innere Zwilling war davon überzeugt, dass der Jungfrau-Innere Zwilling dort sicher war und sich wohlfühlte. Das war die Realität des Ritters.

Um meiner Klientin die Integration beider Aspekte zu ermöglichen, veranlassten wir den Ritter, sich einmal umzudrehen und der Jungfrau von Angesicht zu Angesicht zu begegnen. Als er das tat, erkannte er, dass es dem jungen Mädchen eben nicht gut ging. *Ganz im Gegenteil.* Als er den Blick auf sie richtete, merkte er, dass die Jungfrau im Sterben lag. Sie siechte dahin, weil sie emotional ausgehungert war.

Doch damit des Unglücks nicht genug: Nun war auch zu sehen, dass tief im Verlies ein Loch war, durch das andere Innere Zwillinge eindringen konnten. Zu ihnen gehörte auch ein *Innerer Richter.* Diese anderen Aspekte schlugen das junge Mädchen regelmäßig blutig, bis es keine Luft mehr bekam. Das war die »Realität«, die der Jungfrauen-Zwilling jahrelang erfahren hatte. Dabei war der Ritter-Zwilling fest davon überzeugt gewesen, dass die Jungfrau in Sicherheit war und gut versorgt wurde.

Meine Klientin war zu mir gekommen, weil sie sich so unendlich einsam fühlte. Sobald wir ihre innere Welt erkundet hatten, wurde klar, dass wir einen Weg finden mussten, diese beiden Aspekte in dieselbe Realität zu holen. Unser Ziel war es, die beiden Inneren Zwillinge dazu zu bringen, die Perspektive des jeweils anderen einzunehmen, damit sie die gleiche Sicht hatten. Und genau das müssen auch Sie tun, wenn Sie unter tiefer Einsamkeit leiden.

Eine gute Möglichkeit, um diese verschiedenen Aspekte in dieselbe Wirklichkeit zu holen, besteht zunächst einmal darin, ein Bewusstsein für den jeweils anderen Teil zu erzeugen. Dazu brauchen wir einen Ort in unserem Geist, an dem sie alle zusammenkommen können. Um zu meinem Beispiel vom Ritter und der Jungfrau zurückzukehren: Als der Innere Zwilling »Ritter« sehen konnte, dass sich seine Wirklichkeit von jener der Jungfrau unterschied, konnte die Ritterpersönlichkeit die Gefühle, Bedürfnisse, Gedanken, ja die persönliche Wahrheit des jungen Mädchens *annehmen.* Sie beschlossen, gemeinsam in ein Hobbit-Land zu ziehen, wo der Ritter über das junge Mädchen wachen konnte, während sie sich in einem zauberhaften Hobbit-Häuschen allmählich erholte. Gemeinsam beschlossen sie, dass die Jungfrau die Unterstützung von drei anderen Inneren Zwillingen akzeptieren würde, die nach Ansicht des jungen Mädchens und des Ritters vertrauenswürdig waren.

Wann immer Sie innerlich gespalten sind, ist die Wahrscheinlichkeit hoch, dass diese beiden inneren Aspekte Ihrer selbst nicht *dieselbe Wirklichkeit* erleben. Sobald Sie die beiden Teile zur Annahme der jeweils anderen Realität bewegen können, entsteht eine dritte Realität, in der beide Aspekte leben können. Dann können beide Inneren Zwillinge gesehen, gehört, verstanden, gefühlt werden ... und beide haben dann jemanden, der *mit* ihnen ist – auf derselben Seite, in derselben Realität.

Wenn Sie Ihre Inneren Zwillinge zusammenbringen, sind sie nicht mehr in ihrer jeweils eigenen Wirklichkeit gefangen. Dann werden auch Sie in Ihrem Leben nicht mehr der Einsamkeit ausgesetzt sein. Einer der Hauptgründe für Ihre Einsamkeit ist, dass die Fragmente in Ihnen, Ihre Inneren Zwillinge, voneinander getrennt waren und sich allein und isoliert gefühlt haben. Und somit waren sie auch isoliert vom Bewusstsein, das zu Ihrer Essenz gehört. Je mehr Verbindungen Sie hier schaffen, je mehr Sie innerlich integrieren, desto eher werden Sie bereit sein, authentische und nachhaltige Beziehungen zu Freunden und nahestehenden Menschen aufzubauen.

Das hört sich zunächst recht abstrakt an, doch je mehr Ihr Gewahrsein wächst, desto eher werden Sie in der Lage sein, die verschiedenen Persönlichkeiten in sich selbst zu erkennen. Sie werden mit klarem Blick sehen, inwiefern diese sich bekriegen. Meditation, Zeiten der Ruhe, Tagebuch-Führen und andere Techniken können Ihnen helfen, mit Ihren inneren Aspekten in Berührung zu kommen. Und natürlich können Sie die Tatsache nutzen, dass Sie, wann immer Sie an einem anderen Menschen einen Charakterzug hassen oder lieben, sicher sein können, diese Eigenart in sich zu tragen, als Inneren Zwilling, der sich nach Anerkennung, Heilung und Integration sehnt.

VERSTEHEN, WOMIT SIE SICH IDENTIFIZIEREN

Identität ist der Zustand, ganz man selbst zu sein, ein separates Selbst, das man auch als »Ego« bezeichnen könnte. Sie können kein Gefühl für sich selbst haben, ohne das Gefühl, dass es da noch andere gibt. Wann immer wir etwas mit unserem Selbst assoziieren, identifizieren wir uns damit. Es wird ein Teil unser selbst. Wir machen es zu uns. Das ist Anhaftung – Identifikation.

Viele spirituelle Lehrer legen großen Wert auf die *Des-Identifikation* mit den Dingen der Außenwelt, vor allem mit anderen Menschen. In meinen Augen ist es nicht die Identifikation mit äußeren Dingen, die uns leiden lässt, sondern die Identifikation mit Dingen, die wir als *unser Innerstes* erleben.

Wir identifizieren uns in ganz besonderem Maß mit drei grundlegenden Aspekten unseres Selbst: unserem Körper, unserem Geist und unseren Emotionen. Jeder dieser drei Aspekte ist ein unterschiedlicher Ausdruck des Quellen-Bewusstseins. Wir halten diese Aspekte meist fälschlich für die *Totalität* unseres Seins. Wie ein Künstler, der sich mit seinem Bild so sehr identifiziert, dass er vergessen hat, wer er letztendlich ist, und dass er *mehr* ist als nur sein Bild.

In unserem Fall bedeutet das: Wir denken, wir *sind* unsere Emotionen, wir *sind* unser Körper und wir *sind* unsere Gedanken. Das hat zur Folge, dass wir so stark an ihnen anhaften, dass sie uns Leid verursachen. Jene Menschen, die schmerzliche Emotionen erleben, schmerzliche Gedanken hegen und einen schmerzenden Körper haben, empfinden das Leben als Qual.

Selbst auf die Gefahr hin, dass Sie dabei vielleicht in eine Haltung der Selbstablehnung geraten, möchte ich Ihnen empfehlen, den Prozess der Des-Identifikation zu beginnen. Entscheidend ist dabei, dass Sie dies auf eine Art und Weise tun, die Anhaftungen von Ihnen abfallen lässt wie die Blütenblätter einer Rose. Das geschieht ganz von selbst, wenn Sie sie dem Licht des Bewusstseins aussetzen. Wenn Sie sie hingegen mit Gewalt beenden wollen, zementieren Sie sie nur auf ewig. Und Sie werden sich dabei schlecht und abgelehnt fühlen. Das könnte eine intensive Überlebensreaktion provozieren, weil Sie sich ja selbst ablehnen.

IDENTIFIZIEREN SIE IHRE PERSÖNLICHKEITSASPEKTE

Der beste Weg dazu ist die Erkenntnis Ihrer einzelnen Aspekte. Nehmen Sie ein Blatt Papier zur Hand und schreiben Sie alles auf, womit Sie sich Ihrer Ansicht nach identifizieren.

Ein Beispiel: In dem Augenblick, in dem Sie von meinen *Freunden sprechen, identifizieren Sie sich mit Ihren Freun-*

den, weil Sie sie als »mein« ansehen. Von nun an sind Sie ihnen durch Anhaftung verbunden. Bei jeder Aussage, die mit den Worten »Ich bin [so oder so]« beginnt, identifizieren Sie sich mit dem genannten Aspekt. Sagen Sie: »Ich bin sexy«, dann identifizieren Sie sich mit dem Sexysein.

Versuchen Sie, die Gedanken und Glaubenssätze, mit denen Sie sich identifizieren, offenzulegen. Nehmen wir beispielsweise den Satz: »Geld wächst nicht auf den Bäumen.« Das könnte ein Satz sein, mit dem Sie sich identifizieren. Versuchen Sie auch, die Emotionen aufzuspüren, mit denen Sie sich identifizieren. Gewöhnlich sind es solche, die häufig wiederkehren. Das könnte zum Beispiel Enttäuschung sein. Dann versuchen Sie herauszufinden, mit welchen Aspekten Ihres Körpers Sie sich identifizieren. Sehen Sie sich als »fett« an, dann identifizieren Sie sich auf der körperlichen Ebene mit dem Dicksein.

Alles, womit Sie sich identifizieren, löst gewöhnlich heftige Reaktionen aus. Ihr Ego hat diesen Aspekt als Teil der Gesamtheit Ihres Seins akzeptiert. Wann immer diese Aspekte bedroht sind, wird Ihr Ich reagieren und zum Angriff übergehen. Das Ego hat Grund, diese Aspekte Ihres Lebens bewahren zu wollen, selbst wenn sie Ihnen Kummer bereiten. Es sieht den Verlust dieser Aspekte als Auslöschung seiner selbst. Manchmal identifizieren wir uns so sehr mit unserem Schmerz, dass das Ego denkt, es müsse uns ununterbrochen Schmerz erfahren lassen.

So weit, so gut. Unsere eigentliche Praxis hier ist es, die Dinge zu erkennen, mit denen wir uns identifizieren, und zwar möglichst in dem Augenblick, in dem sie auftauchen. Am leichtesten fällt dies mit unseren Emotionen. Starke Emotionen können Sie als Alarmsignal sehen, das Sie aufrüttelt und Ihnen sagt, dass hier eine Identifikation vorliegt und Sie dies merken sollen. Es ist ein Weckruf, der uns mahnt, in aller Achtsamkeit präsent zu bleiben und zu beobachten, was sich tatsächlich in uns abspielt. Dieses Erkennen versetzt Sie in die Lage des Beobachters. Sie nehmen Ihrem temporären Selbst gegenüber die Perspektive des Beobachters ein, statt sich in dessen Perspektive hineinziehen zu lassen.

Wenn sich eine starke Emotion bemerkbar macht, treten Sie ihr innerlich entgegen, statt darauf zu reagieren und zu versuchen, sie zu verdrängen. Wenn Sie sie fühlen, nutzen Sie das Gefühl als Erinnerung daran, dass nun Ihr Emotionskörper aktiv wird. Er wird aufgeladen wie ein Elektrozaun. Vergessen Sie nicht: Es ist nicht die Emotion selbst, die das Leid verursacht, sondern die Tatsache, dass Sie sich mit ihr identifizieren.

Dieses Gewahrsein, dieses Das-Gefühl-beim-Namen-Nennen und es voll zu spüren, ist alles, was nötig ist, um die Identifikation damit aufzulösen. Versuchen Sie nicht, sich das Gefühl auszureden oder es zu verändern. Erkennen Sie es einfach als das, was es ist, und lassen Sie es zu. Sie werden noch oft erleben, dass sich Ihnen Einsichten offenbaren, wenn Sie Ihre Emotionen beobachten. Vielleicht kommen Sie ja dahinter, was dieses Gefühl ausgelöst hat und welche Bedeutung Sie dem Auslöser zumessen. Dann tut sich vielleicht auch die Erkenntnis auf, was Sie tun müssen, damit sich das Gefühl von selbst auflöst.

In puncto Gedanken läuft der Prozess dann ganz genauso ab. Indem Sie einen Gedanken erkennen, ihn beobachten und ihn da sein lassen, geben Sie ihm keine Nahrung. Dann zieht er keine ähnlich gearteten Gedanken nach sich, und Sie sind in der Lage, den Gedankenfluss anzuhalten. Wie gewaltig wird das sein, wenn Sie die negative Spirale Ihrer Gedanken zum Stillstand bringen können?

Was den Körper angeht, so denken wir, wir sind unser Körper. Und wenn unser Körper sich verändert, denken wir, wir verlieren unsere Identität. Also üben Sie sich darin, Ihren Körper zu beobachten, als wäre er eine *Erfahrung*, die Sie im Moment machen, und nicht *das, was Sie sind.* Wenn Sie Ihren Körper erkennen, ihn sehen, fühlen und bewusst erfahren, dann sind Sie in diesem Augenblick *nicht* Ihr Körper. Sie des-identifizieren sich mit ihm.

Auf dieselbe Weise sind Sie nicht Ihr Ego, sind nicht dieses vereinzelte Selbst. In dem Augenblick, in dem Sie die Identifikation mit diesen Vorstellungen auflösen, indem Sie sich des Egos oder des abgespaltenen Selbsts bewusst werden, sind Sie *all diese Dinge nicht mehr.* An diesem Punkt sind Sie sich in aller Schärfe bewusst, wer und was Sie *nicht* sind. Das größte Hindernis zwischen Ihnen und Ihrem wahren Selbst ist also beseitigt, und Sie können sich erneut Ihres einheitlichen Bewusstseins erfreuen.

SELEKTIVE IDENTIFIKATION

Die Des-Identifikation hilft uns wirklich weiter, außer wir nutzen sie zur selektiven Identifikation. So war es beispielsweise bei uns Menschen über Jahrtausende hinweg üblich, sich mit dem Akzeptablen zu identifizieren und das Inakzeptable abzulehnen. Ein traditioneller Guru ist jemand, der sich mit einem dieser Teile identifiziert und *nur* diesen Part des Egos leben und gedeihen lässt. Nur dieser eine Innere Zwilling darf aus seinem Gefäß heraus.

Nehmen wir mal einen Guru, der für sich ein akzeptables Menschenbild schafft (seine Vorstellung von der Erleuchtung): Das ist ein Mensch, der nie wütend wird, der immer sofort vergibt, der keine weltlichen Bedürfnisse hat und ständig auf das Positive konzentriert bleibt. Wenn dann in einem solchen Menschen Wut hochkommt oder ein weltliches Bedürfnis oder ein negativer Gedanke, dann wird er all das leugnen, zurückweisen, verdrängen und als »Nicht-Ich« betrachten. Er wird die Persona des Guru annehmen. Alles, was nicht dazu passt, wird er ablehnen und sich selbst und anderen vormachen, dass er nie etwas anderes empfindet als diese akzeptablen Aspekte seiner selbst. Die Wirklichkeit und Wahrheit anderer Aspekte kann er nicht anerkennen. Das wird er so lange tun, bis er sein Gewahrsein aller seiner anderen Aspekte einbüßt. Dann hält er den Guru-Teil für die Gesamtheit seiner selbst, weil er alle anderen Teile ausschließt. Das ist seine tägliche Praxis. Das ist die Praxis der Selbstablehnung, denn ob es ihm nun gefällt oder nicht: Die Aspekte, die er ablehnt, gehören genauso zu *ihm*. Sein Ego ist dann die »Vorstellung von einem erleuchteten Wesen«. Alles andere kann er nicht zulassen. Und er muss sich alles aus dem Blickwinkel dieser Identität erklären. Das ist die stärkste Anhaftung, die man sich vorstellen kann. Mit Integration hat das nichts zu tun. Das ist vielmehr selektive Identifikation.

Doch der Rest des Egos verschwindet ja nicht einfach. Tatsächlich ist er so unterdrückt, dass die schiere Energie des Unterdrückens ihn weiter nährt. Dann wird er aktiv, allerdings ohne dass wir uns dessen bewusst wären und es kontrollieren könnten. An diesem Punkt entwickelt der Guru meist ein Doppelleben, das von der bewussten Persönlichkeit auch noch gerechtfertigt wird. So kann der Guru zum Beispiel hemmungslos Kinderschändung betreiben, während er seinen Schülern Ethik predigt. Seine Identifikation mit der Guru-Persönlichkeit auf Kosten aller anderen Persönlichkeitsanteile ist so stark, dass er sich zur Legitimierung seiner Handlungen einredet, er würde die Kinder segnen, indem er Sex mit ihnen hat.

Ihr authentisches Selbst ist nicht einer dieser Aspekte. Es ist ALLE diese Aspekte und gleichzeitig KEINER davon. Authentizität heißt, dass wir alle unsere inneren »Selbste« zusammenkommen lassen, als Einheit rund um die Essenz. Das ist Integration. Warum also machen wir's nicht einfach? Weil es sehr viel schwieriger ist, einen schmerzlichen Persönlichkeitsanteil zu integrieren, als ihn in eines der Gefäße zu verbannen. Es ist viel schwieriger, einen schmerzlichen Persönlichkeitsanteil zu integrieren, als sich selektiv mit einer Persona zu identifizieren, die keinen Schmerz fühlt. Es ist wirklich schwierig, sich in Integration zu üben in einer Welt, die glaubt, dass Güte und Rechtschaffenheit und Heilung und Tugend durch selektive Identifikation erlangt werden kann. Aber wir sind einsam, wir sind isoliert, und daher muss das Zeitalter der selektiven Identifikation zu seinem Ende kommen. Das Zeitalter der Integration, das zu wahrer Authentizität führt, ist angebrochen.

WAS IST LIEBE?

Das, womit sich die meisten Menschen identifizieren möchten, was die meisten Menschen anziehen möchten, ist Liebe. Aber was ist Liebe? Wir verwechseln Liebe häufig mit dem Gefühl der Anerkennung. Anerkennung ist der Bruder der Liebe, denn wenn wir etwas anerkennen, ziehen wir es an und akzeptieren es als Teil unser selbst. Indem wir etwas anerkennen, lehnen wir es grundsätzlich nicht ab.

Doch auf der allergrundlegendsten Ebene bedeutet etwas zu lieben, es als Teil unser selbst zu betrachten. Das ist mehr eine Erfahrung als eine Idee. Liebe ist einbeziehend. Sie ist die energetische Bewegung hin zur Einheit. Wenn Sie etwas lieben, dann ziehen Sie es energetisch an und beziehen es in sich ein.

Die gegenteilige Schwingung zur Liebe ist *Angst*. Etwas zu fürchten heißt, es von sich abzutrennen. Angst ist ausgrenzend. Sie ist die energetische Bewegung hin zum Individualismus. Wenn Sie etwas fürchten, dann stoßen Sie es fort. Sie grenzen sich dagegen ab. Wir werden uns in Teil III näher mit der Angst beschäftigen. Im Augenblick wenden wir uns wieder der Liebe zu, denn diese öffnet uns den Zugang zu einer der grundlegendsten Erfahrungen in diesem Universum: der Einheit. Wir nehmen die Dinge dieser Welt als getrennt wahr, aber diese Wahrnehmung ist natürlich eine Illusion. Wir bestehen alle aus derselben Energie, die sich nur in verschiedenen »Dingen« ausdrückt.

Sie werden sich erinnern, dass wir die unterschiedlichen Aspekte unseres Selbst als Splitter, Fragmente oder Innere Zwillinge bezeichnet haben. Hin und wieder erkennt sich eines dieser Fragmente positiv in einem anderen Fragment wieder. In diesem Augenblick geht es davon aus, dass dieses Fragment mit ihm identisch ist. Das ist Liebe. Und vergessen wir nicht, dass die Trennung eine Illusion ist. Denn auch was wir als Illusion wahrnehmen, ist immer noch Teil des *einheitlichen* Bewusstseins (das wir »Gott« oder »die Quelle« nennen), denn es gibt nichts, was *nicht Teil* Gottes oder der Quelle wäre. Aus diesem Grund können wir *Angst* als Illusion innerhalb des Quellenbewusstseins nennen, dessen *Wahrheit* die Liebe ist.

Wenn wir über das Gegenteil der Liebe nachdenken, werden wir schnell merken, wie schädlich dies ist. Wenn wir denken: »Ich hasse« oder »Ich will nicht« oder »Ich mag das nicht«, wenn wir negative Urteile fällen, dann ist das die Energie, die die Dinge *von uns wegtreibt*. Sie treibt uns weg von der Einheit und hinein in die Einsamkeit. Das ist das Gegenteil von Liebe, und es verursacht uns Schmerz.

Es gibt letztlich nur einen Schmerz in diesem Universum, und das ist die Trennung. Es gibt letztlich nur eine Form von Glück in diesem Universum, und das ist die Einheit. Wann immer Sie Schmerz empfinden, heißt das, dass Sie sich von irgendetwas getrennt fühlen. Wann immer Sie glücklich sind, heißt das, dass Sie sich mit etwas verbunden fühlen.

Um aus vollen Zügen leben zu können, müssen wir uns den Dingen, die uns Angst machen und die wir hassen, mit einer ganz neuen Frage zuwenden: »Wie kann ich diesen Gegenstand lieben?« Die Antwort darauf ist letztlich ganz einfach: »Wie könnte ich das nicht?« Selbst wenn Sie den Menschen oder das Ereignis im Augenblick hassen, ist es

Teil Ihrer selbst, ob Ihnen dies nun gefällt oder nicht. Weil Sie untrennbar sind von der Quelle oder Gott, ist auch dieser Gegenstand untrennbar damit verbunden. Er ist Teil der Einheit, und Liebe heißt, dass Sie ihn als Ihr Selbst annehmen. Selbst wenn Sie ihn wegschieben, ist er doch Teil dieses Universums, das letztlich eins ist. Also ist auch dieser Gegenstand Teil Ihrer selbst.

MACHEN SIE DIE LIEBE ZUR ZENTRALEN MISSION IN IHREM LEBEN

So findet letztlich alles zusammen. Der positive Aspekt der Quelle sollte lernen, den negativen Aspekten aktiv Liebe zuteilwerden zu lassen, statt sie zu verdrängen. Die negative Seite hingegen muss lernen, die Liebe anzunehmen und sich so einzubringen. Jahrtausendelang war die Dualität im Universum wie ein Krieg zwischen Gut und Böse, und beide Seiten lehnten es kategorisch ab, sich im jeweils anderen zu erkennen.

Doch die Weltenlehrer sahen dies meist anders. Als die Verkörperungen des Göttlichen wie der Buddha oder Christus in die Welt traten, lehrten sie nicht über Gut und Böse. Sie lehrten vielmehr die Liebe. Und sie lehrten uns nicht, unsere Liebe selektiv zu verteilen. Jesus, der sich um die Leprakranken in den Dörfern kümmerte, befahl seinen Jüngern, *alles* gleichermaßen zu lieben. Er lehrte uns, auch das zu lieben, was wir im Moment noch von uns weisen. Er lehrte uns, bedingungslos zu lieben. Und er machte deutlich, dass dieses Gebot keine Ausnahmen kennt, einfach weil es keine Ausnahmen gibt.

Der Buddha erkannte seinen Gegner Mara, die Verkörperung alles Weltlichen, als Teil seiner selbst. Er betrachtete Mara als Ursache seiner eigenen Erleuchtung. Und er lehrte uns nicht, Mara auszugrenzen und ihn zu besiegen, uns also von ihm getrennt zu sehen. Er empfahl seinen Schülern (im übertragenen Sinn), Mara auf einen Tee hereinzubitten. Und diese Wahrheit über die Liebe bildet so oder auf eine andere Weise das Herzstück der Lehren aller großen religiösen oder spirituellen Führer.

Das Universum will, dass wir zur Einheit zurückfinden. Es ruft uns nach Hause. Es ruft uns seit Jahrhunderten wieder heim. Die Einheit schickt Verkörperungen ihrer selbst in die Welt wie Buddha, Christus oder andere erleuchtete Wesen, um uns nach Hause zu rufen. Leider hören die meisten Menschen diesen Ruf nicht. Sie verdrehen ihn, damit er in ihren kulturell eingeschliffenen Widerstand passt.

Auch hier stoßen wir wieder auf das grundlegende Prinzip: Das Universum ist ein Spiegel unser selbst. Wir sind ein Mikrokosmos im größeren Makrokosmos. Wir sind ein Fraktal Gottes. Damit das Universum eins werden kann, müssen wir eins werden. Das können wir, indem wir uns in Integration üben. Was heißt, wir müssen alle Aspekte von uns, die wir aktuell ausgrenzen, lieben lernen. Wir müssen sie zu uns heranholen und uns selbst in ihnen erkennen. Die Zeit der bedingungslosen Liebe ist angebrochen.

Ich habe in der Einführung schon erläutert, dass Einsamkeit mit der Zahl Drei zu tun hat. Diese Zahl verbindet die beiden vorausgehenden Zahlen zu einem neuen Element, das die Gegensätze harmonisch *vereint*. Die Drei ist also die Zahl der Integration. Wenn Gut und Böse die Gegensätze sind, ist das Einssein das Element, das sie verbindet. Die Integration ist der Prozess, bei dem dieses dritte Element verwirklicht wird. Es liegt allein an uns, nach diesem Ziel zu streben. Wenn wir dies tun, öffnen wir uns ganz natürlich für die Verbundenheit und überwinden die Einsamkeit, die uns schon viel zu lange quält.

TEIL II

DER PFEILER DER SCHAM

Vollkommen schnörkel-, aber nicht substanzlos
sein Selbst zu lieben im Angesicht der Widrigkeiten des Lebens,
ist keine geheuchelte Kunst.
Ist unser Wert denn ein so mageres Ding, dass wir es nicht sehen können?
Die Jahreszeiten des Lebens verdecken es mit dicken Spinnweben
und lassen uns beinah vergessen, welches Potenzial … unser Wert hat.
Und alles, was darum herum stirbt,
lässt es ergrünen.

WERT

von Teal Swan

DER PFEILER DER SCHAM

Der zweite Grundpfeiler der Einsamkeit ist die Scham, einer der am stärksten missverstandenen Aspekte des sozialen Lebens. Das liegt daran, dass die meisten Menschen denken, Scham sei nichts weiter als die geistige und emotionale Reaktion auf Erfahrungen, Glaubenssätze und Gedanken, die unser Selbst kränken. In Wahrheit setzt das Empfinden von Scham sehr viel früher ein und gehört zu den grundlegenden Faktoren der Spaltung.

Um ein klares Bild von Scham zu bekommen, stellen Sie sich eine Seeanemone vor. Wenn Sie eine Seeanemone mit dem Finger anstupsen, verschließt sie sich sofort. Diese *Reaktion* wird vom Instinkt gesteuert. In anderen Worten: Die Seeanemone muss nicht erst darüber nachdenken, was sie tut.

Diese Instinktreaktion lässt sich mit dem angeborenen Kampf-Flucht-Reflex des Menschen vergleichen. Sie müssen sich nicht erst den Kopf darüber zerbrechen, ob Sie sich vor einem auf Sie zukommenden Auto in Sicherheit bringen. Wenn Ihr Körper eine Bedrohung registriert, reagiert er, und Sie erleben seine unmittelbare Reaktion. Scham ist solch eine ursprüngliche Reaktion, die in unseren Organismus eingebrannt ist wie der Kampf-Flucht-Reflex. Interessanterweise gilt dasselbe auch für die *Liebe*.

Einer der zentralen Gedanken in diesem Buch ist der, dass es im Universum letztlich nur zwei grundlegende energetische Impulse gibt: den, etwas von uns wegzustoßen, und den, etwas zu uns heranzuholen. Wenn wir bestimmte Dinge erblicken, zum Beispiel Dinge, die wir für niedlich halten, lösen diese in uns die instinktive Reaktion aus, sie an uns heranziehen zu wollen. Wenn wir etwas als bedrohlich erleben, versuchen wir instinktiv, es wegzuschieben.

Liebe ist die instinktive Reaktion, etwas heranzuziehen. Angst hingegen ist der instinktive Impuls, etwas wegzustoßen. Scham hingegen ist die instinktive Reaktion, *sich* von *sich selbst* wegzustoßen. Natürlich geht das nicht, weil Ihr Bewusstsein sich ja als etwas Ganzes erlebt. Der einzige Weg, *sich selbst* von *sich selbst* zu entfernen, ist die Zersplitterung. Daher können wir sagen, dass *Scham ein Mechanismus der Abspaltung*, ja der Unterdrückung ist. Scham bewirkt eine innere Trennung.

WIE FÜHLT SICH SCHAM AN?

Die Scham hat eine Art »Empfindungs-Signatur«, das heißt, Sie spüren dieses Gefühl im Körper. Es äußert sich in ganz bestimmten Empfindungen, genauso wie die Liebe. Am häufigsten macht sich die Scham mit starken Schmerzen in der Brust- oder Herzgegend bemerkbar. Möglicherweise röten sich auch Hals, Brust und Wangen. Oder Sie haben das Gefühl, plötzlich »soooo klein mit Hut« zu sein. Und natürlich würden Sie in solch einem Moment am liebsten im Erdboden versinken.

Als Babys reagieren wir meist wie die Seeanemone. Wir treten mit der Welt durch *gefühlte Empfindungen* in Kontakt. Wir sind reaktive Geschöpfe. In dieser Phase unseres Lebens »prägt« sich die Welt uns ein. Anders lässt sich das kaum ausdrücken. Sie prägt uns mit den Empfindungs-Signaturen unserer Erfahrungen und mit den Instinktreaktionen, die diese Empfindungen in uns auslösen.

Als Babys lernen wir zunächst auf der Instinktebene, bevor wir die Entwicklung zu kognitiven Wesen vollziehen.

Jeder Affekt, jede Emotion wird als einzigartig erfahren, wie eine Signatur. Wenn jemand, in den Sie verliebt sind, Sie küsst, spüren Sie dies im Körper auf eine ganze bestimmte Weise. Von jemandem geküsst zu werden, in den Sie verknallt sind, fühlt sich anders an als von einem Freund zum Abschied liebevoll umarmt zu werden. Diesen individuellen Gefühlen können wir zwar Namen geben, doch letztlich handelt es sich dabei um Empfindungen. Wir kennen sie, wir erinnern uns ihrer, weil wir sie in unserem Körper gespürt haben. Das sind *Empfindungs-Signaturen.*

Dazu möchte ich Ihnen eine kleine Übung vorschlagen. Schließen Sie die Augen und stellen Sie sich so lebhaft wie möglich vor, in eine Zitrone zu beißen. Was geschieht in diesem Moment in Ihrem Körper? Vermutlich haben Sie die Reaktion auf die Säure am Gaumen gespürt als eine Art Krampf. Und Sie haben ein wenig Speichel produziert. Ihr Körper hat reagiert, als hätten Sie ganz real in eine Zitrone gebissen. Öffnen Sie nun die Augen. Sie essen keine Zitrone. Sie haben die *Empfindungs-Signatur* des Zitrone-Essens erlebt.

Als Kinder speichern wir diese Empfindungs-Signaturen als Folge der Tatsache, dass wir zu den Menschen in unserem Umfeld in Beziehung stehen beziehungsweise dass eine solche Beziehung fehlt. Noch bevor wir uns selbst als mit unserer ureigensten Identität ausgestattet erleben, reagieren wir instinktiv auf die Menschen und Dinge in unserem Umfeld. Wenn Sie ein Kleinkind ohne Steckkissen oder Decke auf den Armen halten und seine Ärmchen hängen herab, hat es das Gefühl zu fallen und reagiert reflexartig, als müsse es sich festklammern. Man nennt dies den »Moro-Reflex«. Wir reagieren also instinktiv auf die Behandlung, die wir von anderen erfahren.

Im Gegensatz zu vielen anderen Spezies, die auf der Erde leben, ist der Mensch für sein Überleben lange Zeit auf seine Artgenossen angewiesen. Daher sind die größten Gefahren für ein Kleinkind nicht Hunger, Durst oder ein fehlender Unterschlupf, sondern schlicht Isolation. Jede Trennung von der Gruppe zieht möglicherweise tödliche Gefahren aller Art nach sich. Deshalb können wir davon ausgehen, dass die größte Bedrohung (und damit die größte Angst) des Menschen der Mangel an Verbundenheit mit anderen ist.

Dieser Mangel an Verbundenheit kann viele Formen annehmen. Er kann sich zum Beispiel als Liebesentzug zeigen, als Missbrauch, als Übersehen- oder Verlassen-Werden, als fehlende Unterstützung oder direkte Ablehnung. Vor diesem Hintergrund kann man die Scham ansehen als organische Instinktreaktion auf die Erfahrung, emotional, mental oder körperlich verstoßen zu werden. Letztlich ist sie die Folge der traumatischen Erfahrung, die Liebe eines anderen Menschen zu verlieren. Dann versinken wir nicht nur in diesem angeborenen Gefühl der Scham, sondern auch in einem tiefen Verlustgefühl. Und meist können wir kognitiv nicht begreifen, warum wir diese Scham empfinden, warum uns dieses Verlustgefühl quält.

DIE WURZELN DER SCHAM

Die Scham schlug ihre Wurzeln in uns in einem Alter, in dem wir noch nicht über unser Selbst *nachdachten*. Dazu waren wir damals noch viel zu klein. Stattdessen reagierten wir instinktiv auf uns selbst so, wie die Menschen um uns herum auf uns reagierten. Diese Instinktreaktion prägt sich uns schon als Babys, ja bereits im Mutterleib ein. Manchmal spielen sogar noch die Umstände, unter denen die Empfängnis stattfand, mit herein. Das Problem ist, dass die Empfindungs-Signatur dieser Reaktion, das heißt, die Internalisierung (Verinnerlichung) der Reaktion, die wir in anderen auslösen, uns als Instinkt eingeprägt wird und danach nicht mehr reifen kann. Sie wird zur Basis, auf die wir andere Emotionen und Gedanken, die diese Signatur bestätigen, setzen.

Wenn unsere ersten Bezugspersonen uns voller Abscheu ansehen, uns ignorieren, böse zu uns sind, uns blamieren und kritisieren, unsere Bedürfnisse nicht erfüllen oder keine Bindung zu uns aufbauen, lernen wir, dass die Welt kein sicherer Ort ist und wir besser auf der Hut sein sollten. Und wir erfahren uns selbst vor dem Hintergrund der Reaktion anderer. Wenn wir einen anderen Menschen bräuchten und merken, dass dieser Mensch sich von uns zurückzieht, weil er uns selbst (oder irgendetwas an uns) als unerwünscht wahrnimmt, dann prägt sich uns die Vorstellung ein, *unerwünscht zu sein.* Diese Erfahrung, die sich auf der instinktiven, auf der somatischen Ebene abspielt, bringt uns dann dazu, uns energetisch und emotional abzulehnen. Denn im Grunde muss ich mich ja selbst wegstoßen, wenn ich unerwünscht bin.

Natürlich besteht die einzige Möglichkeit, wie wir uns selbst wegstoßen können, darin, dass wir uns innerlich aufspalten, während wir diese auf unseren Empfindungen gründende Erfahrung, grundlegend schlecht, kaputt, fehlerhaft, falsch und unerwünscht zu sein, in unserem Herzen tragen. Die Emotionen, die wir in jenem Moment erfahren, werden uns eingeprägt als diejenige Empfindungs-Signatur, die zur Grundlage unserer Selbstwahrnehmung wird.

Sehen Sie es mal so: Hätten Sie keinen Spiegel im Bad, hätten Sie auch keinerlei Vorstellung von Ihrem Aussehen. Sie kennen sich selbst also nur als das Bild, das der Spiegel »zurückwirft«. Und die Menschen in unserem Umfeld sind für uns wie ein riesiger Spiegel. Wenn jemand sagt: »Warum bist du nur dauernd so zornig?«, dann halten Sie sich selbst für einen zornigen Menschen. Wenn jemand Sie ansieht, als sei mit Ihnen irgendetwas nicht in Ordnung, dann empfinden Sie sich selbst als mangelhaft. Wenn jemand Ihnen sagt, dass Sie schön sind, dann betrachten Sie sich selbst als schön.

Wir nehmen die Art, in der andere auf uns reagieren, als Spiegelung dessen, was wir sind. Und als Kind stellen wir diese Spiegelung nicht infrage. Wir fragen uns nicht, ob der Spiegel in Ordnung ist. Ganz im Gegenteil, wir nehmen ihn als Tatsache hin, wir »schlucken« ihn. Unser Selbstbild ist eben das, was wir von außen gespiegelt bekommen. Stellen wir uns ein Kind vor, dessen Mutter keine Kinder wollte, weil sie keine Verpflichtungen haben und ihr Leben nach ihren eigenen Wünschen führen wollte. Der Spiegel (die Mutter) wird den Wert des Kindes nie exakt widerspiegeln können, weil sein Bild von ihrem eigenen Gefühl des »Ich will dich nicht« getrübt ist.

Das Bild, das dieses Kind gespiegelt bekommt, ist das einer Bürde, ungewollt und unbedeutend. Doch es stellt den Spiegel nicht infrage, sondern »schluckt« das Bild. Um sein Überleben zu sichern, wird dieses Kind sein Verhalten dem Bild anpassen – es wird sich selbst als grundlegend wertlos betrachten.

Die Scham verwurzelt sich also in einem Alter in uns, in dem wir noch nicht über uns selbst *nachdenken*. Wir sind da einfach noch zu jung. Stattdessen reagieren wir instinktiv auf uns selbst vor dem Hintergrund der Reaktion anderer. Mit dieser Instinktreaktion werden wir schon als Babys oder bereits im Uterus geprägt. Selbst die Umstände unserer Empfängnis spielen hier häufig eine Rolle.

Die Emotionen, die wir als »Scham« bezeichnen oder damit in Verbindung bringen – wie Entmutigung, Sich-Zurücknehmen, Demütigung, Schüchternheit, Verlegenheit, Befangenheit –, sind in Wirklichkeit *Sekundärreaktionen* auf die ursprüngliche Reaktion der Scham. Als Kleinkinder beginnen wir dann, unser kognitives Selbstbild mental um diese ursprüngliche, biologisch-organische, erlernte affektive Reaktion Scham herum aufzubauen. Wir beginnen,

Gedanken zu hegen wie: »Mit mir stimmt etwas nicht.« Dann empfinden wir Selbsthass oder -ekel. Bei Jugendlichen und Erwachsenen schlagen diese Empfindungen häufig um in zerstörerische Verhaltensweisen wie Alkoholmissbrauch, Co-Abhängigkeit, Jähzorn oder Selbstverletzung. Der Scham ist deshalb so schwer beizukommen, weil sie in unsere ursprünglichsten Lernzentren einprogrammiert ist, auf dieselbe Weise wie andere Instinktreaktionen, zum Beispiel der Kampf-Flucht-Reflex.

Scham wirkt wie ein fundamentales, häufig abstraktes, aber tief sitzendes negatives Selbstgefühl – ein »Schmutzfleck«, ein »Schandmal« tief innen im Kern. Und nichts, was Sie tun, um dieses negative Selbstgefühl »in Ordnung« zu bringen, zu heilen, scheint auch nur an der Oberfläche des Problems zu kratzen. Nichts reicht tief genug, um so weit in Ihren Kern vorzudringen, dass der »Schmutzfleck« davon berührt wird.

EIN KOMPLEXES BILD VON AUF SCHAM GRÜNDENDER EINSAMKEIT

In dem Kapitel über den ersten Pfeiler der Einsamkeit habe ich erklärt, wie es in unserer Kindheit zur Trennung kommt. Dieselben Umstände drängen uns immer tiefer in die Scham hinein. Als Kinder werden wir in eine unerleuchtete Gesellschaft hineingeboren, die von kollektiven sozialen und kulturellen Werten geprägt ist. Und wenn wir eine Sache wertschätzen, verdammen wir gewöhnlich ihr Gegenteil.

So mag Selbstaufopferung ein hoher sozialer Wert sein, während Selbstsucht als negativ abgestempelt wird. Wir halten das eine für gut und das andere für schlecht. Um unsere soziale Ordnung aufrechtzuerhalten, sozialisieren wir unsere Kinder, indem wir sie zu einem Verhalten erziehen, das die Gesellschaft, in der wir leben, gutheißen kann. Wir trichtern unseren Kindern unsere sozialen und kulturellen Werte ein und belohnen sie, wenn sie sich daran halten. Und wir bestrafen sie, wenn sie diesen Wertvorstellungen zuwiderhandeln.

Wenn wir als Kinder also wollen, dass unsere Bedürfnisse erfüllt werden, dass wir in dieser Gesellschaft überleben und Liebe, Zugehörigkeit, Unterstützung und Geborgenheit erfahren, haben wir nur eine Option: Wir müssen die Werte der Gesellschaft übernehmen, in die wir hineingeboren wurden.

Ein Beispiel: Stellen wir uns mal vor, dass Sie als Kleinkind nackt ins Wohnzimmer gelaufen sind. Sie leben aber in einer Gesellschaft, die Sittsamkeit hochhält und öffentliche Nacktheit verurteilt. Die Erwachsenen in Ihrem Umfeld würden auf Ihr Verhalten also augenblicklich reagieren und es unterbinden. Sie würden vermutlich ärgerlich reagieren, Sie in Ihr Zimmer zurückschicken oder mit Strafe drohen. Diese Missbilligung wäre für Sie schlimm genug, sodass Sie Peinlichkeit und Erniedrigung empfinden. Die Erfahrung wäre so schmerzlich, dass Sie sie künftig auf jeden Fall vermeiden würden. Sie reagieren folglich wie gewünscht: Um solche Erfahrungen künftig zu vermeiden, würden Sie den sozialen Wert der Sittsamkeit *zu Ihrem eigenen machen.*

Menschen, die mit chronischen Schamgefühlen zu kämpfen haben, wurden von Erwachsenen diszipliniert, die bewusst oder unbewusst schlechtes *Verhalten* gleichsetzten mit schlechtem *Charakter (Sein).* Zu einem Kind, das einen Keks aus Mamas Dose klaut, kann man entweder sagen: »Du bist ein böses Mädchen!« Oder: »Ich habe doch Nein gesagt. Warum machst du das trotzdem?« Das Kind kann zwischen diesen negativen Reaktionen der Eltern nicht unterscheiden. Es kommt auch nicht auf die Idee, dass seine Eltern sich schlecht oder falsch verhalten könnten.

Eines wollen wir hier noch klarstellen: Bei der Scham geht es ums Schlecht-*Sein*, bei den Schuldgefühlen um schlechtes *Verhalten*. Es ist schon schlimm genug, Schamgefühle als Reaktion auf etwas zu entwickeln, was man getan hat, weil man sich danach als schlechter Mensch fühlt. Bei manchen Menschen allerdings wird die Scham zur Grundbefindlichkeit. Wenn Sie unter Gefühlen erdrückender Einsamkeit leiden, die sich auch in Gesellschaft anderer Menschen nicht auflösen, dann ist die Scham Ihr Grundzustand. Wenn dieses Gefühl chronisch wird, wenn Sie sich ständig ungenügend, unterlegen, wertlos und nicht gut genug fühlen, dann wird die Scham zur Wurzel Ihrer geringen Selbstachtung, weil Sie nie an die Messlatte heranreichen, die man Ihnen so unendlich hoch gelegt hat.

Noch ein Beispiel: Stellen Sie sich vor, Sie stammen aus einer christlichen Familie, in der Homosexualität als abartig betrachtet wird. Sie sind aber *gay*. Um in dieser Familie überleben zu können, nehmen Sie die Werte der Bibel an. Ihre Norm lautet also: »Ich muss heterosexuell sein.« Aber tief in Ihrem Inneren wissen Sie ja, dass Sie kein Hetero sind und dass Sie Ihre eigene Norm nie werden erfüllen können. Dann wird die Scham zum Dauerzustand.

DIE SCHAM UND DAS »SOLLEN«

Scham empfinden wir, wenn wir unseren Standards nicht genügen. Doch wir können solche Normen nicht behandeln, ohne über das »Sollen« in unserem Leben zu sprechen. Stellen wir uns vor, Sie sind im Auto unterwegs und sehen einen Mann, der mitten auf die Fahrbahn läuft, um eine Leiter aufzuheben, die gerade von einem Lastwagen gefallen ist. Die Reaktionen auf diese Handlung können sehr unterschiedlich ausfallen: Ein Fahrer ist vielleicht stocksauer, weil er dem Mann unvermittelt ausweichen musste. Ein anderer dankt Gott für die Tapferkeit, mit der dieser Mann sein Leben riskiert, um andere vor einem möglichen Unfall zu bewahren.

Hat dieser Mann Frau und Kinder, dann fühlen diese sich vielleicht betrogen, weil ihr Gatte und Vater sein Leben riskiert, ohne auch nur eine Sekunde an sie zu denken. Ein Polizist hält den Mann vielleicht für dämlich und ärgert sich, weil er es nicht den Behörden überlassen hat, die Leiter zu entfernen. Ein Fernsehmoderator hingegen lädt ihn vielleicht in seine Sendung ein und stellt ihn als Helden vor. All diese Reaktionen unterscheiden sich voneinander, weil sie auf unterschiedlichen Bedürfnissen, Erfahrungen und *Werten* beruhen.

Werte werden von Bedürfnissen bestimmt. Wenn ich rechtzeitig an meinem Arbeitsplatz erscheinen muss, weiß ich einen schnellen Weg zu schätzen und ärgere mich über jeden, der mich am zügigen Vorwärtskommen hindert. Lege ich hingegen besonderen Wert auf einen sicheren Weg zur Arbeit, werde ich alles gutheißen, was dies sicherstellt. Brauche ich meinen Mann, finde ich alles gut, was ihn in meiner Nähe hält, reagiere jedoch negativ auf alles, was ihn von mir entfernt. Halte ich mich für verantwortlich für die Sicherheit der Öffentlichkeit, dann mag ich Menschen, die sich an Regeln halten, und werde wütend auf andere, die ihr Leben riskieren. Bin ich Fernsehmoderator und brauche immer eine gute Story, dann entwickle ich eine gewisse Vorliebe für Helden.

Glaubenssätze, Regeln und Werte bilden sich als Reaktionen auf Bedürfnisse heraus. Diese werden zur Grundlage unserer Normen, die sich dann in das »Sollen« übersetzen lassen. Sie bilden das Fundament, die Grundlage, auf der wir entscheiden, ob wir etwas tun, fühlen, sagen oder denken sollen.

Nehmen Sie also Ihre Glaubenssätze, Regeln und Werte unter die Lupe. Betrachten Sie sie vor dem Hintergrund, dass »all das als Reaktion auf die seinerzeitigen Bedürfnisse von Eltern, Gesellschaft oder Kultur entstand«. Sie haben diese Glaubenssätze, Regeln und Werte übernommen, damit

Sie akzeptiert und geliebt wurden. Was man Ihnen auf diese Weise beigebracht hat, wurde die Basis all der Sollte-Regeln in Ihrem Leben, die Sie im Normalfall nicht infrage stellen. Doch Glaubenssätze, Werte und Regeln verändern sich, wenn sich die zugrunde liegenden *Bedürfnisse* ändern.

Besonders wichtig beim Umgang mit der Scham ist, dass wir die Scham nicht bekämpfen können, ohne *mehr* davon zu erzeugen. Wenn wir Scham empfinden, gehen wir meist in Abwehrhaltung. Das fühlt sich dann an, als gingen die Leute um uns herum auf Eiern oder auf sehr dünnem Eis. Wir schieben die Schuld anderen zu, manchmal auf sehr aggressive Weise. Anderen die Schuld zu geben, lenkt unsere Aufmerksamkeit von unseren eigenen Fehlern und unserer eigenen Unsicherheit ab. Jemand anderer liegt angeblich *falsch*, damit wir uns *im Recht* fühlen können. Wenn wir mit Scham zu kämpfen haben, verzehrt uns die Verachtung für andere.

NARZISSMUS NEU BETRACHTET

Menschen mit starken Schamgefühlen werden häufig extrem narzisstisch (auf sich selbst konzentriert), ohne das auch nur zu merken. Wenn ihnen dies bewusst wäre, würde es ihr Schamgefühl nur noch verstärken. Dabei hat Narzissmus absolut nichts mit übermäßiger Selbstliebe zu tun, ganz im *Gegenteil.* Beim narzisstischen Menschen nimmt die Beschäftigung mit den eigenen Interessen, Bedürfnissen und Wünschen zwanghafte Züge an, weil sie innerlich verhungern. Sie machen sich auf, um Anerkennung, Überlegenheit, Bewunderung und Bedeutung in der Außenwelt zu suchen, doch dieses Streben nach Aufmerksamkeit ist nur das Bemühen, die innere Leere des Sich-wertlos-Fühlens zu füllen.

Heute definiert man Narzissmus als den »Versuch, Befriedigung aus Eitelkeit und egoistischer Bewunderung eigener Vorzüge zu ziehen«. Man betrachtet ihn als eine Form selbstzerstörerischen Stolzes. Doch diese Definition ist *absolut unpassend.* An Narziss, der Gestalt aus der griechischen Mythologie, ist ja nichts grundlegend Falsches. Sein Spiegelbild zu bewundern und Befriedigung daraus zu ziehen, ist ja im Grunde eine gesunde Reaktion. Jedenfalls viel gesünder, als sich ständig zu kritisieren oder nach Selbstlosigkeit zu streben.

Unsere Kultur jedoch, die jahrtausendelang unter dem Einfluss der institutionalisierten Religionen stand, betrachtet Selbstliebe als pure Eitelkeit und Stolz. Beides aber gilt in vielen Kulturkreisen als Sünde. Und so wurde Narziss bedauerlicherweise nicht nur zum Paradebeispiel für Stolz und Eitelkeit, sondern auch für sündige Selbstliebe. Mit dem Ergebnis, dass wir Selbstliebe mit Selbstsucht verwechseln, obwohl sich beide Emotionen massiv voneinander unterscheiden.

Wenn wir uns also mit Narzissmus beschäftigen, müssen wir zunächst den Unterschied zwischen Selbstliebe und Selbstsucht klären und verstehen. Viele Menschen halten den Narzissmus irrtümlich für eine übersteigerte Form von Selbstliebe. Ein Narzisst jedoch liebt sich nicht. Er empfindet vielmehr einen heftigen Mangel an Ressourcen, die ihn nähren könnten, zum Beispiel Liebe. Und wenn wir ein tief verinnerlichtes Gefühl der Einsamkeit empfinden, fehlt es uns im Leben an Liebe.

Selbstliebe ist eine tiefinnere Zuneigung zu sich selbst. Selbstsucht hingegen heißt, dass Sie sich nur um Ihr eigenes Wohl, Ihre persönlichen Interessen kümmern, ohne Rücksicht auf die Konsequenzen für andere Menschen. Selbstsucht ist kein natürlicher Zustand. Sie tritt nur auf, wenn wir uns ganz auf den *Mangel* in unserem Leben konzentrieren und ihn für normal halten.

Aber werfen wir doch kurz einen Blick darauf, wie Narzissmus gewöhnlich entsteht. Narzissten entstammen in erster Linie aus dysfunktionalen Familien. Meistens fand das betreffende Kind keine Mittel und Wege, sich den Fantasien anzupassen, die ein oder beide Elternteile in Bezug auf seine Persönlichkeit oder sein Verhalten hegen. Das Kind kam einfach nicht dahinter, wie es den Erwachsenen gefallen könnte – was dazu führte, dass man es schließlich für eigensinnig und schwierig hielt. Für ein »Problemkind« eben. Der jeweilige Elternteil nahm das Verhalten des Kindes persönlich und entwickelte Widerstände gegen den Nachwuchs. Das Kind wurde offen oder unterschwellig für sein So-Sein bestraft. Vermutlich hat man dem Kind immer wieder vorgehalten, es sei selbstsüchtig und undankbar. Seine wichtigste Bezugsperson entwickelte tief im Innersten eine Abneigung gegen das Kind und sah es unbewusst als *Bedrohung.*

Ein zweiter und recht häufiger Weg in den Narzissmus bahnt sich ebenfalls in einer dysfunktionalen Familie. Hierbei bildet sich meist das Muster der Co-Abhängigkeit heraus. In diesem Fall war das Kind durchaus in der Lage, sich den Fantasien der Eltern anzupassen. Das Kind fand schnell heraus, wie es dem betreffenden Erwachsenen gefallen konnte. Aber dazu musste es sich selbst aufgeben. Es verhielt sich so, wie der Erwachsene sich das vorstellte, damit es seine Bedürfnisse erfüllt bekam und sich emotional sicher fühlen konnte. Das Resultat: Es wurde als »Wunderkind« betrachtet. Unter solchen Bedingungen lernt ein Kind, dass es unmöglich ist, für das geliebt zu werden, was man in Wahrheit ist. Und so befriedigt es weiterhin manipulativ die Bedürfnisse der anderen, damit seine eigenen Bedürfnisse erfüllt werden. Alles in seinem Leben wird zu einer stillschweigend vollzogenen geschäftlichen Transaktion. Hinter jeder guten Tat steckt die Erwartung, im Gegenzug etwas zurückzubekommen. Obwohl diese Menschen sich häufig hilfreich und großzügig zeigen, ja sich sogar selbst aufopfern, haben sie dabei nur sich selbst im Sinn.

In einer dysfunktionalen Familie sind die Beziehungen zwischen Kindern und Bezugspersonen auf der emotionalen, vielleicht sogar auf der körperlichen Ebene von Feindseligkeit geprägt. Das führt dazu, dass diese Kinder keine gesunde Beziehung zu ihren Bezugspersonen aufbauen können und ein von Selbstsucht und Feindseligkeit bestimmtes Weltbild entwickeln, weil sie tief in ihrem Inneren wissen, dass sie nicht als die geliebt werden, die sie sind.

Ein Mensch, der in einem derartigen Umfeld aufwächst, wird als Erwachsener glauben, die Welt sei genauso beschaffen wie die Beziehung zu seinen Bezugspersonen/Eltern: ohne jede Wärme, Akzeptanz oder Liebe. Daher verschließt diese Person sich emotional. Sie denkt, die Welt sei von Unsicherheit und Manipulation bestimmt und jeder kämpfe nur für sich selbst. Ein solcher Mensch hat jede Hoffnung verloren, liebenswert zu sein. Er fühlt sich wertlos und macht sich auf in den Kampf, endlich ein positives Selbstgefühl zu entwickeln. Es ist weiter nicht verwunderlich, dass er als Kind ständig Scham, Misstrauen, Zorn und Bedürftigkeit empfindet. Diese Gefühle gehen dann auf den Erwachsenen über. Denn in einer absolut lieblosen Welt, in der dieser Mensch angeblich keine Liebe verdient, kann er auch keine Liebe bekommen. Und andere Menschen können seine Bedürfnisse nicht aus freien Stücken erfüllen. Daher muss er die anderen manipulieren, um seine Bedürfnisse zu befriedigen.

Viele Menschen, die es nach Ruhm verlangt, kommen aus Verhältnissen wie den eben beschriebenen. Ihr ganzes Leben wird zum ständigen Streben nach Selbstwert. Der eigentliche Grund, warum so viele Hollywood-Stars keine Beziehung längerfristig aufrechterhalten können, liegt darin, dass ihre Lebensgeschichte in puncto Liebe der obigen Schilderung entspricht. Narzissmus ist keine psychische Störung, er ist vielmehr ein *Anpassungsvorgang.* Die Anpassung, die das Kind leisten muss, um unter derartigen Umständen überleben zu können, erfüllt es mit einer undurchdringlichen Einsamkeit. Der Narzisst will nichts Böses. Er ist nur überwältigt *von auf Scham gründender Einsamkeit.*

ENTWICKLUNGSTRAUMATA UND SCHAM ALS GRUNDPFEILER DER EINSAMKEIT

Erleiden wir während unserer kindlichen Entwicklung ein Trauma, dann verzögert oder unterbricht dies unseren natürlichen Wachstumsprozess. Damit wir uns gut entwickeln können, müssen bestimmte Bedürfnisse erfüllt werden. Ein bisschen wie bei einem Setzling, der Wasser, Sonnenlicht und Nährstoffe braucht, um zu einem schönen, starken Baum heranzuwachsen. Der Baum ist im Setzling als *Potenzial* angelegt. Wenn die Bedürfnisse des Setzlings befriedigt werden, kann er sein Potenzial verwirklichen. Wachstum und Entwicklung finden nur statt, wenn unsere Bedürfnisse gestillt werden und unser Potenzial somit auf ideale Entwicklungsbedingungen stößt.

Ein Entwicklungstrauma aber friert uns manchmal zeitlich ein, sodass wir zwar körperlich heranwachsen, emotional oder mental aber stehenbleiben. Wir gehen davon aus, dass ein Erwachsener, auch wenn seine Grundbedürfnisse nicht befriedigt wurden, diese Bedürfnisse nicht mehr hat, weil er ja nun erwachsen ist. Doch diese Annahme ist genauso unsinnig, wie zu glauben, ein Setzling könnte ohne Wasser und Sonnenlicht zum Baum werden. Selbst ein Erwachsener muss sich noch darum bemühen, jene Dinge zu bekommen, die ihm als Kind vorenthalten wurden.

Unsere Gesellschaft akzeptiert die Wahrheit über Entwicklungstraumata nicht, daher ist sie auch nicht in der Lage, diese zu heilen. Heilung bedeutet in diesem Zusammenhang, die Grundbedürfnisse, die wir dem Kind oder Jugendlichen zugestehen, zu stillen – aber beim erwachsenen Menschen.

Ich bin überzeugt davon, dass die Gesellschaft in den kommenden Generationen diesbezüglich einen gewaltigen Schritt nach vorne tun wird. Es wird Zentren geben, wo diese Bedürfnisse erfüllt werden. Die Fragen, die sich die Gesellschaft stellen muss, lauten: »Wie können wir Möglichkeiten für Erwachsene schaffen, ihre fehlenden kindlichen Erfahrungen nachzuholen? Wie können wir ihre Bedürfnisse erfüllen, damit die Menschen sich auf natürliche Weise weiterentwickeln können?«

Nach Aussagen vieler Eltern beziehungsweise Familientherapeuten, die mit Kindern im Alter von zwei bis drei Jahren arbeiten, ist dies eine besonders wichtige Zeit im Leben des Kindes, weil es eben zu dieser Zeit seine Autonomie entwickelt, ein Gefühl für sein Selbst im Bezug zu anderen. Erleidet das Kind aber ein Entwicklungstrauma, dann kann sich bei ihm gerade dieser Bereich nicht natürlich ausbilden.

Das führt dazu, dass sich zwar sein Körper zu dem eines Erwachsenen entwickelt, das Selbstbild aber nicht »mitwächst«. Und dasselbe gilt für die Fähigkeit, zwischen sich und anderen zu unterscheiden. Im Grunde sind viele Menschen einfach Kleinkinder, die in den Körpern von Erwachsenen stecken.

DIE WURZELN EMOTIONALER VERNACHLÄSSIGUNG

Das kollektive Bewusstsein der Menschheit hat sich im Lauf der Geschichte stets weiterentwickelt. Wir haben dabei viele dunkle Zeitalter durchlebt, aber auch häufige Phasen des Erwachens. Heute befinden wir uns mitten in etwas, das ich als »emotional dunkles Zeitalter« bezeichne. Manche Menschen, Sie eingeschlossen, sind dabei, aus diesem Zeitalter zu erwachen. Aber worum handelt es sich dabei eigentlich? Um das Zeitalter der Unwissenheit in Bezug auf Emotionen.

Viele Menschen verstehen Emotionen einfach nicht. Sie wissen nicht, welche Funktion sie erfüllen, noch was sie damit anfangen sollen. Das ist ein sehr ernstes Problem, da Emotionen ja schließlich die Grundlage unserer Lebenserfahrung bilden.

Die Menschheit muss in Bezug auf ihr Verständnis von Emotionen in vielerlei Hinsicht erwachen. In diesem Buch möchte ich Ihnen jedoch eine ganz besondere Form von Erwachen vorstellen, die meiner Ansicht nach das Herzstück unseres dysfunktionalen Erwachsenendaseins betrifft. Bei Letzterem geht es um eine Epidemie, die für mehr chronisches Unglück und Selbstmorde verantwortlich ist als alle anderen Ursachen zusammengenommen.

Viele der Leser dieses Buches haben emotionalen Missbrauch persönlich erfahren, sei es in Form offener Drohungen, von Schuldzuweisungen, Demütigungen, Ausbeutung und Isolation, um nur einige seiner Ausdrucksformen zu nennen. Doch es gibt eine weitere Form emotionalen Missbrauchs, die schwieriger zu erkennen ist und noch tiefere Narben hinterlässt. Diese Form des Missbrauchs nimmt heute epidemische Ausmaße an: *emotionale Vernachlässigung.* Die Scham ist ein wichtiger Nebeneffekt emotionaler Vernachlässigung.

Emotionale Vernachlässigung lässt sich wohl am besten so erklären: als Trauma, das nicht auf einem bestimmten Tun, sondern auf einem Unterlassen beruht. Die klassischen Formen emotionalen Missbrauchs gehen häufig mit emotionalem Aushungern einher. Doch kann ein Mensch einen anderen auch emotional vernachlässigen, ohne ihn ganz offen emotional zu missbrauchen.

WIE EMOTIONALE VERNACHLÄSSIGUNG SICH BEI ERWACHSENEN AUSDRÜCKT

Emotionale Vernachlässigung beginnt gewöhnlich in der Kindheit, daher wollen wir unser Augenmerk zunächst darauf richten. Stellen wir uns vor, da gäbe es ein Mädchen namens Mary, das Opfer emotionaler Vernachlässigung wurde. Mary ist mittlerweile erwachsen und hat einen tollen Job als Anwältin. Aufgewachsen ist sie in einer Kleinstadt in Colorado als Jüngstes von drei Geschwistern.

Wenn Mary auf ihr Leben zurückblickt, sieht sie etwas, das wohl jedermann als »schöne Kindheit« bezeichnen würde. Ihre Familie war finanziell gut gestellt, es fehlte Mary buchstäblich an nichts. Ihre Eltern haben nie gestritten und sind auch heute noch verheiratet. Allerdings duldeten sie keinerlei negative Gefühlsäußerungen von ihren Kindern. Sobald eines der Kinder weinte, jammerte oder schrie, wurde es auf sein Zimmer geschickt.

Jetzt drücken wir mal auf die Taste für den schnellen Vorlauf. Mary fragt sich heute, warum sie so ist, wie sie ist. Sie hat keine Ahnung, warum sie jedes Wochenende ausgeht und sich bis zur Bewusstlosigkeit betrinkt. Sie begreift nicht, warum keine ihrer Beziehungen mit einem Mann hält. Und sie schämt sich zutiefst, weil sie immer wieder an Selbstmord denkt.

Sie fragen sich vielleicht auch, warum das so ist. Aber überlegen wir doch mal, ob es Mary in ihrem Leben vielleicht *emotionale Vernachlässigung* erfahren hat. Es liegt in der Verantwortung der Eltern, sich auf die Bedürfnisse ihrer Kinder einzustellen. Und zwar nicht nur, was Essen, Trinken, Kleidung, Hygiene und ein Dach über dem Kopf angeht. Eltern sind auch für die emotionalen Bedürfnisse ihrer Kinder verantwortlich, denn ein Kind braucht es, gesehen, gehört und gefühlt zu werden. Wenn ein Kind all das nicht bekommt, entsteht keine Nähe, und das Kind lernt nicht, wie es intime Beziehungen mit anderen Menschen anknüpfen kann.

Wird ein Kind getadelt, weil es emotionale Bedürfnisse hat und diese von den Eltern befriedigt sehen möchte, dann signalisieren die Eltern dem Kind, dass an ihm etwas nicht stimmt und dass es nicht liebenswert ist. In der Folge wird das Kind blind für seine emotionalen Bedürfnisse, ja es hat sogar Angst vor seinen Gefühlen.

Es ist die Aufgabe der Eltern, eine emotionale Bindung mit ihrem Kind einzugehen, ihm ihre ungeteilte Aufmerksamkeit zu schenken und es als einzigartiges Individuum anzuerkennen, das ein Recht auf seine Gefühle hat. Wurden jedoch schon die Eltern als Kinder emotional vernachlässigt, wie hätten sie dann lernen sollen, ihren Kindern das zu geben, was sie auf der Gefühlsebene brauchten?

Werfen wir vor diesem Hintergrund nochmals einen Blick auf Marys Kindheit, erkennen wir, dass ihre Eltern es vielleicht gut meinten und den Frieden im Haus bewahren wollten, doch sie haben mit ihrer Erziehung ihre Kinder darauf konditioniert, ihre negativen Gefühle oder Gedanken für sich zu behalten. Negative Emotionen galten als schlecht und wurden nicht toleriert. Wann immer Mary solche Gefühle hatte, schämte sie sich dafür. Sie zog sich zurück und ließ sie niemand anderen sehen.

Als Teenie versuchte sie, diesen Gefühlen zu entkommen, indem sie zu trinken anfing. Das macht sie heute noch so. Und weil sie so daran gewöhnt ist, diesen beschämenden Teil ihrer selbst für sich zu behalten, ist sie nie über das dritte Date mit einem Mann hinausgekommen. Sie war immer schon extrem einsam. Und ganz egal, ob ihre Eltern sie nun tatsächlich geliebt haben oder nicht, Mary *fühlte* sich als Kind auf jeden Fall ungeliebt.

Langer Rede kurzer Sinn: Mary fühlte sich von der Welt isoliert. Sie sah sich sich als Außenstehende und hatte die Empfindung, dass niemand sie wirklich kannte. Daher dachte sie oft: »Welchen Sinn hat das Leben denn noch?« Eines Tages, als sie sich wieder zutiefst einsam fühlte, nahm sie sich das Leben. Und niemand hatte auch nur geahnt, wie es um sie stand. Es war ein Schock für all ihre Bekannten, weil kein Mensch gewusst hatte, wie viel Schmerz Mary tagtäglich durchlitt.

Marys Eltern liebten ihre Tochter und deren Geschwister. Von außen wirkten sie alle wie eine vollkommene Familie, eigentlich beneidenswert. Die Eltern waren sich der emotionalen Bedürfnisse ihrer Kinder einfach nicht bewusst. Da sie diese Bedürfnisse somit auch nicht erfüllen konnten, brachten sie Mary Lektionen bei, die letztlich zu ihrem Tod führten.

BEGREIFEN, WAS FEHLT

Die meisten Menschen, die als Kinder unter emotionaler Vernachlässigung litten, behalten ihren Kummer entweder für sich oder sie laufen von Psychiater zu Psychiater, weil sie verzweifelt zu verstehen suchen, was ihnen fehlt. Viele kämpfen gegen die Wogen der Selbstverachtung an, weil sie einfach nicht begreifen, warum sie so fühlen.

Der Grund liegt eben genau darin, dass emotionale Vernachlässigung nicht offen zutage tritt. Da geht es beispielsweise um die Ermutigung, die Sie nie bekommen haben. Den Trost, den man Ihnen nicht gespendet hat. Die liebevolle Unterstützung, die einfach nicht kam. Die aufmunternden Worte, die nie gesagt wurden. Das Zugehörigkeitsgefühl, das Sie nie hatten. Das Verständnis, das man Ihnen nie entgegenbrachte.

An diesem Punkt unserer Geschichte lassen Eltern ihre Kinder stets irgendwann emotional im Stich. Wenn dies nur gelegentlich geschieht, unterhöhlt das die Grundfesten ihres Lebens nicht so sehr, dass sie noch als Erwachsene darunter leiden. Dies ist nur dann der Fall, wenn die emotionalen Bedürfnisse eines Kindes dauerhaft unbeachtet bleiben. Warum aber geschieht dies so häufig? Weil emotionale Vernachlässigung von Generation auf Generation unbemerkt »weitervererbt« wird … bis endlich irgendjemand sich der Tatsache *bewusst* wird.

Tatsächlich halten sich viele Familien, in denen der emotionale Hunger grassiert, sogar für besonders liebevoll. Da heißt es dann: »Die Familie ist für uns alles«, während jedes einzelne Familienmitglied sich einsam und leer fühlt und in Beziehungen keine Nähe herstellen kann.

Wenn Ihre emotionalen Bedürfnisse in der Kindheit nicht befriedigt wurden, werden Sie auch als Erwachsener Schwierigkeiten haben, sie zu stillen. Daher endet emotionales Ausgehungert-Sein so häufig in Co-Abhängigkeit. Doch bevor Sie jetzt all das vom Tisch wischen und sich sagen: »Ich bin nicht co-abhängig. Ich bin der unabhängigste Mensch, den ich kenne. Ich wurde ganz sicher nicht emotional vernachlässigt«, möchte ich Sie daran erinnern, dass gerade sehr unabhängige Menschen die größten Probleme damit haben, ihr Bedürfnis nach der Nähe zu anderen Menschen zu erfüllen.

Um die Auswirkungen des emotionalen Hungers in Ihrem Inneren zu heilen, müssen Sie lernen, authentisch zu sein – mit sich selbst und mit anderen Menschen. Denken Sie daran, dass wahre Intimität nichts mit Sex zu tun hat. Echte Intimität entsteht, wenn Sie den anderen wirklich sehen, spüren und hören und selbst gesehen, gespürt und gehört werden. Ich werde auf die Themen »Authentizität« und »Intimität« in Teil IV und V dieses Buches noch näher eingehen.

WIE DECKEL-EMOTIONEN FUNKTIONIEREN

Kein Baby kommt auf die Welt und hasst sich selbst. Diese Wahrheit müssen wir ganz tief in uns einsinken lassen. Wir hassen uns nur, wenn uns die Außenwelt Ablehnung spiegelt. Leiden Sie heute unter Selbsthass, dann wurden bestimmte Aspekte Ihrer Persönlichkeit von den Menschen abgelehnt, deren Aufgabe es gewesen wäre, Sie zu lieben. Und weil Sie diese Seiten, die Teil Ihrer Wahrheit sind, nie zum Ausdruck bringen durften, ohne dass diese sofort schlechtgemacht wurden, haben Sie das Spiegelbild der Ablehnung *verinnerlicht* und behandeln sich selbst heute so, wie die anderen Sie behandelt haben. Sie verhalten sich so, als würde mit Ihnen etwas nicht stimmen, als wären Sie böse und müssten bestraft werden.

Hass ist eine *Deckel-Emotion.* Diese funktionieren wie die Eisschicht auf einem tiefen See. So wie das Eis das Wasser bedeckt, verdeckt die Deckel-Emotion ein tieferliegendes Gefühl. Das Eis auf dem See verhindert, dass Sie im Wasser versinken. Die Deckel-Emotion verhindert, dass Sie mit der darunterliegenden Emotion in Berührung kommen und sie fühlen müssen.

Deckel-Emotionen wie Hass existieren, um uns vor noch intensiveren Gefühlen zu schützen. Sie sind natürliche Abwehrmechanismen im Emotionskörper. Zorn beispielsweise kaschiert häufig fundamentale Angst. Resignation überdeckt meist Verzweiflung. Gefühlstaubheit ist eine Deckel-Emotion für seelische Erschütterungen oder Verwirrung. Wenn wir endlich in der Lage sind, achtsam bei einer Emotion zu bleiben, steigen wir häufig zu einer noch tiefgründigeren Ebene hinab. Das ist tatsächlich so, als würden wir das Eis des Sees durchstoßen und ins Wasser eintauchen.

Schauen wir uns also den Selbsthass näher an, der eine Deckel-Emotion für seelische Verletzungen ist. Wenn wir etwas hassen, dann sagen wir in Wirklichkeit: »Ich wurde von dieser Sache verletzt.« Wenn wir Selbsthass oder Abscheu vor uns selbst empfinden, sagen wir damit, dass *wir uns von uns selbst verletzt fühlen.* Die Frage ist nur: Wie? Wenn wir Selbsthass empfinden, dann wurden wir von einer frühen Bezugsperson abgelehnt, die uns eigentlich hätte lieben sollen. Wut ist eine Deckel-Emotion für die vollkommene Hilflosigkeit und Ohnmacht, die wir empfinden, wenn wir von jemandem verletzt werden. Sie hat sich in uns entwickelt, weil wir nichts tun können, um den Menschen, der uns ablehnt, dazu zu bringen, uns zu lieben. Wir sind also machtlos, und das macht uns wütend.

Wenn Selbsthass übermächtig wird, kann er in Selbstverletzungen umschlagen. Interessanterweise tritt dieses Verhalten nicht nur beim Menschen auf. Tiere in Gefangenschaft reagieren ganz genauso: Auch sie verletzen sich häufig selbst. Was sagt uns das? Dass ein Mensch, der sich selbst verletzt, sich als Gefangener fühlt. Ausnahmslos. Der Mensch, der seine Gliedmaßen mit einem Messer verletzt, fühlt sich wie ein Tier im Käfig. In seinem Käfig hat er keine Möglichkeit, negative Emotionen wie Verzweiflung, Hass und Zorn auszudrücken, also werden sie verinnerlicht. Und diese Energie hat kein anderes Ventil, als *sich nach innen gegen das Selbst zu wenden.* Das ist ihre einzige Ausdrucksmöglichkeit: sich selbst zu verletzen.

Des Weiteren möchte ich mich hier noch kurz mit dem Aspekt der Selbstaufgabe befassen. Sie erinnern sich sicher noch, was ich über die innere Zersplitterung gesagt habe, die uns mit einer Reihe von Inneren Zwillingen zurücklässt. Wenn wir uns als Singularität erleben, als Individuum – was ja das »Unteilbare«, das »Einzelding« heißt –, dann ist Selbstaufgabe kaum zu begreifen. Wie können wir uns nur selbst im Stich lassen? Aber wenn Sie sich mit Ihren verschiedenen inneren Teilen sehen, dann kann man sinngemäß auch sagen, dass ein Teil Ihrer selbst einen anderen Teil im Stich lässt. Das ist das Wesen der Selbstaufgabe.

Es gibt viele Formen der Selbstaufgabe, aber ich möchte hier ein Beispiel herausgreifen. Stellen Sie sich vor, ein Teil Ihrer selbst hat vor etwas Angst. Ein anderer Teil aber ignoriert diese Angst einfach. Er übernimmt die Kontrolle und zwingt Sie, trotzdem zu tun, wovor Sie Angst haben. Das ist eine Form der Selbstaufgabe. Oder stellen Sie sich vor, ein Teil Ihrer selbst fühlt sich verwundbar, aber Verwundbarkeit ist nicht erlaubt. Sie identifizieren sich mit dem Gedanken: »Ich bin nicht schwach. Ich bin stark.« Also verleugnen Sie Ihre Verwundbarkeit und treiben fleißig Sport, damit Sie stark wirken. Sie wollen irgendetwas in der Außenwelt, das Sie für schwach halten, verprügeln oder demütigen. Aber um das zu tun, müssen Sie sich von dem verwundbaren Aspekt Ihrer selbst abkoppeln. Nun stellen Sie sich vor, dass dieser Aspekt tief ins Unbewusste abgedrängt wird. Auch das ist eine Form der Selbstaufgabe. Selbstaufgabe findet immer dann statt, wenn ein oder mehrere Teile Ihrer selbst den Bedürfnissen anderer Teile keinen Platz einräumen, sie ablehnen und ignorieren. Vermutlich erkennen Sie jetzt, dass unser Erwachsenenleben meist aus einer endlosen Reihe von Akten der Selbstaufgabe besteht.

DIE LEHRE EINES HUNDES

Es fällt mir schwer, die folgende Geschichte zu erzählen, aber in ihr spiegeln sich einige wichtige Wahrheiten über die Scham wider, daher werde ich sie Ihnen dennoch erzählen. Als ich so Anfang zwanzig war, nahm ich eine sehr schöne, kleine apricotfarbene Französische Bulldogge bei mir auf, die ich Caput nannte. Wo ich aufgewachsen war, gehörten Hunde zur Familie wie Kinder. Sie schliefen nachts mit uns im Bett und saßen mit uns auf der Couch beim Fernsehen. Außerdem bekamen sie nur das beste Futter. Viele Jahre von Caputs Leben verliefen auf diese Weise. Er war der rote Faden in meinem Leben.

Er begleitete mich durch Anfang und Ende mehrerer Beziehungen und auf insgesamt 17 Umzügen. Ich hing total an diesem Hund. Doch ich hungerte so unendlich nach einer *sicheren Bindung* an einen Menschen, dass ich, als ich eine Beziehung zu einem Mann einging, der ein anderes Verhältnis zu Hunden hatte als ich, einen Konflikt heraufbeschwor. Der Mann wollte keine Hunde auf dem Sofa und konnte nicht schlafen, wenn Caput im Bett neben ihm schnarchte.

Eines Nachts reagierte mein Partner besonders frustriert, weil Caput wieder laut schnarchte. Er meinte, er würde lieber im anderen Zimmer schlafen. Das verursachte bei mir heftige Verlustängste. Da ich ohnehin unter starken Trennungsängsten litt, musste ich mich zwischen dem Gefühl des Verlassenseins entscheiden und der Horrorvorstellung, meinen Hund in ein anderes Zimmer zu geben, wo jemand nächtigte, der mit seinem Schnarchen gut zurechtkam.

Ich sagte mir, dass Caput vielleicht ein wenig verwirrt sein, aber vermutlich akzeptieren würde, dass er woanders schlafen müsse, solange er nur jemanden hatte, der bei ihm war. Also gab ich ihn Graciela, einer Frau aus unserer Gemeinschaft. Ich hatte ein fürchterlich schlechtes Gewissen, aber die Angst, gleich zu Beginn der Beziehung von meinem Partner verlassen zu werden, wog schwerer. Caput folgte mir immer noch durchs Haus und jammerte, wenn ich es verließ.

Keine vier Wochen später musste ich meine erste dreiwöchige Europa-Tour antreten. Als ich zurückkam, hatte Caput mich ersetzt. Nun folgte er Graciela durchs Haus und winselte, wenn sie fortging, ganz egal, wer sonst noch da war. *Ich fühlte mich betrogen.* Ich begriff einfach nicht, dass ich es war, die ihn weggestoßen hatte. Nur weil ich für ihn nicht mehr verfügbar war, hatte er gelernt, sich an jemand anderen zu binden.

Im Jahr darauf zog meine ganze Community nach Costa Rica. Wir nahmen alle Haustiere mit, schließlich gehörten sie zur Familie. Doch es ergaben sich verschiedene Veränderungen, sodass wir die Gemeinschaft aufteilen mussten. Einige von uns würden dauerhaft in Costa Rica bleiben, andere – wie ich und die Mitglieder, an denen ich am meisten hing – reisten zwischen verschiedenen Ländern hin und her.

Zu Letzteren gehörte auch Graciela. Leider genießen Hunde nicht denselben gesetzlichen Status wie Menschen. Das hieß, sie konnten nicht einfach mitreisen. Möglicherweise wäre dies für sie auch zu anstrengend gewesen. Und so schien es das Beste zu sein, Caput in Costa Rica zu lassen. Graciela meinte, das sei schon in Ordnung, wenn die anderen sich nur gut um ihn kümmern würden.

Als Graciela abfuhr, litt Caput buchstäblich wie ein Hund. Er heulte ihr wochenlang hinterher und fraß auch nicht mehr. Er litt unter einem Verlassens-Trauma. Dann aber kam mein Manager aus Deutschland zu Besuch. Da er Hunde liebte, schloss Caput sich ihm an. Sie schliefen zusammen in einem Bett, und Caput folgte ihm, wo auch immer er hinging. Der Hund schien sich stabilisiert zu haben und wieder mit sich im Reinen zu sein.

Doch natürlich änderten sich die Umstände erneut, und mein Manager musste mit mir auf Tour gehen. Am Tag nach seiner Abreise winselte Caput ununterbrochen. Andere Mitglieder unserer Gemeinschaft versuchten, ihn zu trösten, aber er zeigte zunehmend Anzeichen von Verwirrung. Er hyperventilierte. Man fand ihn in der Dusche, wo er die Wand anstarrte. Außerdem verweigerte er Fressen und Trinken. Bei jedem Gewitter entwickelte er enorme Ängste, und eines Tages verschwand er in der Dämmerung.

Die ganze Community suchte ihn tage- und wochenlang. Suchmannschaften durchforsteten jeden Quadratzentimeter Land und patrouillierten durch alle Straßen der Stadt. Handzettel wurden verteilt und eine hohe Belohnung ausgesetzt. Caput war zu diesem Zeitpunkt zehn Jahre alt. Er war noch nie weggelaufen. Und er war ein Hund, der unglaublich an Menschen hing, mehr als jeder andere Hund, den ich je kennengelernt hatte. Doch so sehr wir uns auch bemühten, wir fanden nicht heraus, was mit ihm passiert war. Ich litt stark unter Schuldgefühlen und machte mir schreckliche Sorgen, ob er überhaupt noch lebte. Am Ende mussten wir die Lektion lernen, die Caput uns mit der Tragödie seines Verfalls und seines Verschwindens erteilte.

So hat sich die Geschichte im Großen und Ganzen zugetragen. An jenem Abend, als ich beschloss, Caput zu Graciela zu bringen, rechtfertigte ich das, indem ich mir sagte, dass Caput ja nicht an mir hinge, sondern vielmehr ich an ihm. Am Tag, als Graciela beschloss, ihn bei den anderen zu lassen, rechtfertigte sie das damit, dass Caput ja eigentlich mein Hund war und er gar nicht so sehr an ihr hinge. An dem Tag, als mein Manager entschied, dass es in Ordnung sei, Caput bei den anderen zu lassen, während er auf Tour ging, rechtfertigte er das damit, dass Caput ja schließlich der Hund der Gemeinschaft war und ja gar nicht an ihm hinge.

Der kollektive unbewusste Schatten der Community war, dass niemand – mich eingeschlossen – erkannte, wie sehr Caput an uns hing. Das führte dazu, dass niemand die Verantwortung für die Bindung übernahm, die Caput *ja tatsächlich zu uns aufgebaut hatte.* Der kollektive unbewusste Schatten, der zu dieser Tragödie führte, war Scham. Die Scham, die wir empfanden, hatte uns voneinander getrennt.

WIESO SCHAM ZUR ISOLATION FÜHRT

Wenn Sie Scham empfinden, haben Sie das Gefühl, irgendetwas an Ihnen sei dermaßen falsch und schlecht, dass ein anderer Mensch unmöglich Ihre Nähe suchen könnte. Sie strampeln sich ab und bemühen sich verzweifelt, für andere wertvoll zu sein, es sich zu verdienen, *nicht verlassen zu werden.* Aber weil Sie nicht glauben, menschlicher Nähe wert zu sein, lauert das Verlassenwerden in Ihren Augen immer und überall. Die einzige aus Ihrer Perspektive sichtbare Zuneigung ist die, die Sie anderen Menschen entgegenbringen. Die Zuneigung anderer für Sie erkennen Sie jedoch nicht.

Deshalb empfinden Sie alle Beziehungen als unsicher. Sie verspüren keinerlei Zugehörigkeit. Und noch wichtiger: Weil Sie die Zuneigung, die ein anderer für Sie empfindet, nicht fühlen können, können Sie diese Beziehung auch nicht pflegen. Stattdessen tun Sie genau das Gegenteil: Sie sagen sich, dass es ja ohnehin egal ist, ob Sie anrufen oder nicht. Ob Sie bleiben oder gehen. Ob Sie für den anderen etwas tun oder nicht. In Ihrem Kopf haben Sie abgespeichert, dass Sie *für niemanden so wichtig sind*, dass ihn das kümmern würde. Und das wird zur sich selbst erfüllenden Prophezeiung.

Wenn wir nicht erkennen, wie tief die Zuneigung anderer zu uns ist und wie sehr sie uns brauchen, verletzen wir sie, weil wir ihnen die Botschaft vermitteln: »Du bedeutest mir nichts.« Dann kehren sie uns natürlich den Rücken, weil sie sich von uns nicht geliebt fühlen. Und wir sehen zu, wie sie die Tür hinter sich ins Schloss werfen, und sagen uns: »Siehst du. Ich hab's dir ja gleich gesagt. Niemand liebt dich und alle verlassen dich.«

Mit einem Wort: Wenn Scham unser Leben beherrscht, werden wir am Ende einsam sein, aus dem einfachen Grund, weil wir glauben, dass keiner uns mag. Wir können nicht sehen, dass andere Menschen wirklich an uns hängen, dass sie mit uns verbunden sind und uns brauchen. Wir aber empfinden das nicht so. Wären wir dazu fähig, würden wir die anderen Menschen um uns herum spüren. Aber das sind wir nicht.

Am stärksten unter Einsamkeit leiden all jene Menschen, die sich selbst das Leben nehmen oder es zumindest versuchen. Niemand bringt sich um, wenn er um seinen Wert für andere weiß. Einer der Gründe, warum Menschen Selbstmord begehen, ist, dass sie die Zuneigung anderer nicht fühlen können. Sie treiben durch eine Welt, in der sie ihrer Meinung für andere entbehrlich sind, in der die Menschheit ohne sie besser dran wäre. Aber Sie sind verbunden, Sie sind der Verbundenheit würdig, ganz egal, wie düster Ihnen die Dinge im Augenblick erscheinen mögen. Letztlich zählt es auch nicht, ob Sie der Verbundenheit würdig sind, denn Tatsache ist: Die Menschen stehen in Kontakt mit Ihnen. Es gibt eine ganze Menge Leute, von denen man sagen kann: »Der hat es wirklich nicht verdient, dass man ihm Wertschätzung entgegenbringt.« Aber nicht einmal das ist von Bedeutung, weil es trotzdem Menschen gibt, die mit dieser Person in Beziehung stehen. Viele Menschen *sind ganz real mit Ihnen verbunden.* Daher sind Sie auch in der Lage, ihnen mit dem, was Sie tun oder nicht tun, tiefen Schmerz zuzufügen.

VERLEUGNEN SIE DIE SCHAM NICHT – AKZEPTIEREN SIE SIE

Die eigenen Schamgefühle anzuerkennen, ist der beste Weg, ihnen ein Ende zu bereiten. Das Gegenteil bestünde darin, *die Scham abzuwehren.* Abwehr heißt: Jemand sagt oder tut etwas, das bei Ihnen eine bestimmte Reaktion auslöst, und statt dieses Gefühl (oder was auch immer) zu akzeptieren, verdrängen oder ignorieren Sie es. Oder Sie spiegeln es dem Menschen zurück, der es ausgelöst hat.

Rufen Worte anderer Menschen alte, nicht verarbeitete Verletzungen aus der Kindheit wach, wird die Empfindung von Scham ausgelöst. In einem solchen Fall reagiert man meist mit *Abwehr.* Man nennt diesen Prozess auch »Projektion«, das bedeutet, wir projizieren unsere Scham auf den anderen.

Hier ein Beispiel, wie sich dieser Mechanismus in einer Familie auswirken kann: Eine Mutter empfindet Scham, weil ihr Kind ihr gegenüber negative Gefühle äußert. Nun fühlt sie sich als schlechte Mutter. Damit aber wird ihr Ego nicht fertig, vermutlich weil eine alte Wunde aufgerissen wird. Also projiziert die Mutter ihre Scham auf das Kind: Sie beschließt, dass mit dem Kind etwas ernsthaft nicht stimmen kann. Oder nehmen wir eine Ehefrau, die ihren Mann betrügt. Sie schämt sich, kann aber die Scham nicht annehmen. Also redet sie sich ein, dass der *Fehler* bei ihrem Mann liegt, weil er ihr nicht genug Aufmerksamkeit geschenkt hat.

Häufig kommt es dort zu solchen defensiven Projektionen, wo gesetzte Grenzen überschritten werden. Angenommen Ihr Freund verletzt eine solche Grenze, indem er sich von Ihnen etwas ausleiht, ohne vorher zu fragen. Sie ärgern sich und geben ihm zu verstehen, dass das nicht okay war. Ihr Freund schämt sich, akzeptiert seine Scham aber nicht, sondern projiziert sie auf Sie zurück, indem er sich einredet, Sie seien ein schrecklicher Mensch und ein ganz mieser Freund, weil Sie knausrig und selbstsüchtig sind.

Erweitern wir das Szenario noch ein bisschen: Sie führen ein Gespräch mit Ihrem Freund und erklären ihm, Sie könnten nicht glauben, dass er je hatte denken können, sein Verhalten sei in Ordnung. Wie dumm könne man denn schließlich sein? Nun, damit *verstärken Sie seine Scham noch.* Dass er dieses ungute Gefühl nun abwehrt und auf Sie zurückprojiziert, wird damit tausendmal wahrscheinlicher. Vermutlich kündigt er Ihnen jetzt die Freundschaft und will Sie nie wiedersehen. Wie gesagt: Die Geschichte wird noch komplizierter, wenn bei beiden Beteiligten mit Scham besetzte Erfahrungen ausgelöst werden, die der eine auf den anderen projiziert, wenn er ihm die Schuld an dem ganzen Debakel gibt.

Doch es gibt einen Weg, dieses Verhaltensmuster bei sich selbst aufzulösen, sodass es unsere zwischenmenschlichen

Beziehungen und unser Umfeld nicht mehr belasten kann. Wir bleiben einander verbunden, und unsere Beziehungen behalten ihren harmonischen Charakter. Voraussetzung dafür ist aber, dass Sie *Ihre Scham annehmen.*

Ein Beispiel: Ein Mann hat Streit mit seiner Partnerin, weil er, so der Vorwurf, *emotional unzugänglich* sei. Er rechtfertigt sich mit der Behauptung, dass seine Partnerin einfach zu bedürftig sei. Damit projiziert er seine Scham auf sie und macht sie zum Schurken in dem Spiel. Blickte er stattdessen in sein Inneres, würde er vielleicht sehen, dass er sich schämt, weil er das Gefühl hat, *emotional nicht für andere da sein* zu können. Wenn er das erkennt, kann er seine Scham akzeptieren und damit umgehen lernen.

Wenn Sie in einer Beziehung leben, sollten Sie sich angewöhnen, die »Verantwortung für Ihre Gefühle zu übernehmen«, wenn Sie Streit haben. Legen Sie eine Pause ein, in der Sie und Ihr Partner den Blick nach innen richten, um herauszufinden, wofür Sie sich in dieser Situation schämen. Und genau das sollten Sie Ihrem Partner dann mitteilen. Das ist eine wirklich gute Technik, aber ich möchte Sie vor einem eindringlich warnen: Hat Ihr Partner gerade seinen Schutzschild gesenkt und Ihnen *gesagt*, wofür er sich schämt, dann lassen Sie sich bloß nicht dazu hinreißen, das Gesagte gegen ihn zu verwenden. Damit würden Sie nämlich Ihre Scham nur noch stärker auf Ihren Partner projizieren. Mit einer derart aggressiven Haltung würden Sie Salz in die Wunden Ihres Partners reiben. Vergessen Sie nicht, wovor wir alle uns am meisten fürchten: Dass wir uns und den anderen unsere Scham eingestehen, nur um dann von unserer Umwelt dafür verurteilt zu werden.

Ihre Scham zu akzeptieren, gibt Ihnen hingegen die Möglichkeit, den Konflikt in Ihrem Inneren zu beenden und zurückzufinden zum Einssein. Nehmen Sie Ihre Scham an, dann lösen sich auch zwischenmenschliche Konflikte auf, und Sie können mit anderen Menschen in Verbindung treten.

SPIEGLEIN, SPIEGLEIN AN DER WAND

Wie bereits ausgeführt rührt das tiefinnere Gefühl der Scham daher, dass wir unser Spiegelbild »geschluckt« haben. Wir gründen unser Selbstbild auf das Bild, das unsere Umwelt uns widerspiegelt, darauf, wie andere Menschen auf uns reagieren. Zeit also, den Spiegel selbst infrage zu stellen. Wie exakt ist das Spiegelbild, das er Ihnen zurückwirft oder zurückgeworfen hat? Liefert Ihnen der Spiegel vielleicht ein Zerrbild? Ist sein Glas in Wirklichkeit schief und krumm?

Der Knackpunkt dabei ist, dass wir auf andere Menschen in einer Weise reagieren, die mit den Betreffenden gar nichts zu tun hat. Eine Mutter, die einen anstrengenden Job hat und daher ständig gestresst ist, reagiert unter Umständen ihren Kindern gegenüber recht gereizt, wenn sie abends nach Hause kommt. Mit den Kindern an sich hat das eigentlich nichts zu tun. Wenn sie ihre Gefühle nun nicht akzeptieren kann und den Kindern nicht klarmacht, dass es nicht an ihnen liegt, dass sie so gestresst ist, dann werden die Kinder ihre Reaktion verinnerlichen und ein Selbstbild von sich als »Ich bin eine Belastung« entwickeln.

Wenn wir das Spiegelbild schlucken und glauben, mit uns stimme etwas nicht, dann bedeutet das, dass unsere Bezugspersonen *uns* zum Problem gemacht haben. Sie haben ihre Scham auf uns projiziert, indem sie uns für alles die Schuld gaben. Das Spiegelbild, das wir schlucken, zeigt uns als Wurzel allen Übels.

Das führt dazu, dass wir als Erwachsene alles persönlich nehmen. Wann immer jemand negativ auf uns reagiert, wann immer es Probleme gibt, haben wir das Gefühl, das alles sei nur unser Fehler. Wir übernehmen die Verantwortung für alles, was schiefgeht.

Wenn Sie daher das nächste Mal in eine Situation geraten, in der Sie alles persönlich nehmen, fragen Sie sich: Könnte es sein, dass mir der andere gerade ein verzerrtes

Spiegelbild zurückwirft? Lassen Sie mich Ihnen ein paar Beispiele geben: Wenn jemand unfreundlich zu Ihnen ist, könnte das vielleicht daran liegen, dass er gerade in einer belastenden Lebenssituation steckt? Vielleicht in einer gescheiterten Beziehung? Wenn jemand auf mich wütend wird, habe ich vielleicht unbeabsichtigt einen wunden Punkt aus seiner Vergangenheit berührt? Wenn jemand mich als Schlampe beschimpft, hat das vielleicht damit zu tun, dass er selbst nicht zu seiner Sexualität stehen kann? Wenn jemand mich wie Dreck behandelt, weil ich kein Geld habe, kann das daran liegen, dass sein Vater ihm beigebracht hat, er sei nichts wert, wenn er kein Geld habe?

Mit solchen Überlegungen erweitern Sie Ihre Perspektive und akzeptieren das Zerrbild, das andere Ihnen zurückspiegeln, nicht mehr unkritisch – das heißt, Sie »schlucken« das Spiegelbild nicht länger einfach.

WAS IST DEINS, WAS IST MEINS?

Wenn wir mit Scham zu kämpfen haben und deshalb, ob wir wollen oder nicht, immer und an allem die Schuld zugewiesen bekommen, sind wir außerstande, zwischen eigener und fremder Verantwortung zu unterscheiden. Aus diesem Grund möchte ich Ihnen folgende Übung ans Herz legen, die Ihnen erlaubt, bei Konflikten oder in anderen Problemsituationen auseinanderzuklamüsern, was dabei in Ihren Verantwortungsbereich fällt und was nicht.

Diese Übung ist auch dann hilfreich, wenn es nicht um zwischenmenschliche Konflikte geht.

Nehmen Sie sich einen Stift, dazu ein Blatt Papier und legen Sie zwei Spalten an. Über die eine schreiben Sie »Meins« und über die andere: »Nicht Meins« oder »Seins/Ihres«.

Schließen Sie dann die Augen und rufen Sie sich die negative Situation ins Gedächtnis, aber so, als wären Sie nur Beob-

achter von außen. Ein objektiver Unbeteiligter, der alles sieht und alles weiß. Nun fangen Sie an, die Situation »auseinanderzunehmen«. Ordnen Sie die gefundenen Elemente einer der beiden Spalten zu.

Das folgende Beispiel stammt von einer meiner Klientinnen, die diese Übung nach der Scheidung von ihrem Mann machte.

SEINS

- *Seine Eltern führen eine klassische narzisstisch-co-abhängige Beziehung und haben ihm diesen Beziehungsstil anerzogen.*
- *Er war damals noch ein Kind und für die Ehe nicht bereit.*
- *Er will nicht für eine Frau da sein. Das hat er mir selbst so gesagt.*
- *Er kann sich nicht auf andere einstellen. Er sagte selbst, es sei ihm egal, ob er andere verletzen würde. Seine »Ehrlichkeit« hat immer etwas Grausames.*
- *Er entschied sich, mich zu heiraten, obwohl er von meiner klinischen Depression wusste ... Er nahm einfach an, dass er in der Ehe damit nicht konfrontiert würde.*
- *Er hat einfach aufgegeben, weil ihm der Druck, sich um mich kümmern zu müssen, zu viel wurde. Er hat das nicht geäußert und sich nicht um Hilfe für uns bemüht.*
- *Er baut sich auf Kosten anderer auf. Er LIEBT es, andere zu beschämen.*
- *Er versuchte nicht mal, die Ehe zu kitten oder eine Paartherapie anzufangen. Er reichte nur einfach die Scheidung ein.*
- *Er warf mir vor, zu schwierig zu sein. Er gab nicht zu, dass er eigentlich keine ernsthafte Beziehung möchte. Er wünscht sich vielmehr eine Trophäenfrau.*
- *Er interpretiert alles, was der Beziehung geschadet hat, zu einem Akt der Güte seinerseits um ... Zum Beispiel: »Es ist*

gut, dass ich in Beziehungen lieber Fersengeld gebe. Vor solchen Frauen muss man einfach davonlaufen.« Er kann und will nicht einsehen, dass auch er Fehler gemacht hat.

- *Er kann sich nicht auf Beziehungen einlassen. Sobald auch nur die geringste Schwierigkeit auftritt, ist er weg.*
- *Er kann keine Beziehung führen, in der der andere Bedürfnisse anmeldet. Oder wie er es formuliert: »Ich lasse nicht zu, dass jemand sich auf mich stützt.« Er will eine unabhängige Frau, die von ihm gar nichts braucht. Jede Form von Abhängigkeit ist seiner Ansicht nach »krank«.*
- *Er ist derart selbstsüchtig, dass er, als ich in den Wehen lag, nur daran denken konnte, dass* er *nicht genug Schlaf bekam. Gerade da hätte ich seine Unterstützung gebraucht.*

MEINS

- *Ich war so süchtig nach einem festen Partner, dass es mir egal war, mit wem ich mich zusammentat. Daher habe ich, was Männer angeht, überhaupt* kein *Urteilsvermögen. Ich werde wie eine Verhungernde, die bereit ist, giftige Nahrungsmittel zu sich zu nehmen. Ich habe ihn nicht geliebt. Ich wollte zu jemandem gehören, vor allem aber wollte ich zu seiner Familie gehören.*
- *Ich habe mit klinischen Depressionen zu kämpfen. Das ertragen manche Männer nicht.*
- *Ich habe ihn schon vier Wochen, nachdem wir uns kennengelernt hatten, geheiratet.*
- *Ich wollte unbedingt ein Kind. Ich war besessen von einer Schwangerschaft und log deshalb sogar mehrmals meine Freunde an, denn so bekam ich die Zugehörigkeit, die ich mir so verzweifelt wünschte. Es war mir egal, ob der Mann, mit dem ich zusammen war, das Kind wollte oder nicht.*
- *Ich schämte mich dafür, dass ich nicht sein kann wie »normale Menschen«.*

- *Ich hatte damals kein Geld für eine Therapie, was meinen Partner natürlich unter Druck setzte.*
- *Ich sagte ihm, dass ich zu Hause bleiben könne, wenn ich keinen Krippenplatz für das Kind bekäme. Das war nicht richtig. Mir war nicht klar, dass ich dazu nicht fähig war – ich konnte diese Begrenzung an mir nicht erkennen.*
- *Tief in mir habe ich, wenn ich ehrlich bin, das Gefühl, dass ich einen Mann brauche, der sich um mich kümmert.*

DAS GEGENGIFT FÜR SCHAM IST MITGEFÜHL

Mitgefühl ist eine Form der Verbundenheit. Es entsteht spontan und geht über Gedanken und Worte hinaus. Mitgefühl ist eine Form der Verbundenheit, weil es sich einstellt, sobald wir eine *anteilnehmende Gemeinsamkeit* mit jemandem empfinden. Mit anderen Worten: Wir erfahren unser Leid als *geteiltes Leid.* Geteilten Gefühlen wohnt ebenso Harmonie inne wie geteiltem Verständnis. Haben wir Mitgefühl, so empfinden wir Kummer, Verständnis und Sorge für das Leid von jemand oder etwas anderem. Ich möchte Ihnen die Idee des Mitgefühls auf so einfache Weise erklären, dass Sie sie nie wieder vergessen werden. Nachdem Sie diesen Abschnitt gelesen haben, wird Mitgefühl für Sie keine abstrakte Vorstellung mehr sein.

Mitgefühl entsteht ganz von selbst, wenn wir uns auf das Leid eines anderen Wesens einlassen können. Um Mitgefühl zu empfinden, brauchen Sie lediglich zum Schmerz des anderen eine bewusste Beziehung herzustellen. Wenn Sie Angst davor haben, sich bewusst mit jemandem zu identifizieren, sollten Sie sich fragen: »Warum? Was könnte mir denn meiner Vorstellung nach Schlimmes passieren, wenn ich mich auf diese Geschichte einlasse, wenn ich mich diesem Menschen nahe fühle oder mich selbst als eins mit ihm sehe?«

Als nächsten Schritt betrachten Sie die Gedanken, die sich als Antwort auf diese Fragen einstellen, voller Mitgefühl. So finden Sie heraus, welcher Teil von Ihnen diese ängstlichen Gedanken hegt, und können ihm mit Mitgefühl begegnen.

Falls Sie also nach wie vor Schwierigkeiten haben, Mitgefühl zu empfinden, dann nehmen Sie sich die Zeit, um tiefer auf die Angelegenheit und die Beteiligten einzugehen, etwas über sie in Erfahrung zu bringen und sie zu verstehen. Suchen Sie ganz bewusst nach dem, *was Sie mit dem anderen verbindet*. Nun finden Sie heraus, wie Sie sich mit seinem Schmerz verbinden können. In welcher Weise ist sein Schmerz derselbe wie Ihrer? Können Sie sich damit identifizieren? Lassen Sie Ihr Leben vor Ihren Augen Revue passieren. Wann haben Sie selbst einmal einen ähnlichen Schmerz empfunden? Wie hat sich das angefühlt? Was haben Sie in der Situation gedacht? Was haben Sie gebraucht, als Sie damals denselben Schmerz empfanden?

Sie werden spüren, dass sich die Verbundenheit des Mitgefühls nach dieser gedanklichen Analyse ganz von selbst einstellt. Es passiert ganz natürlich, sobald Sie eine gemeinsame Perspektive finden und sich nicht mehr als getrennt und anders als die Betroffenen wahrnehmen.

Ich lege Ihnen dringend ans Herz, sich diese Technik möglichst umfassend zu eigen zu machen. Sie wird *nicht nur Ihr Leben* enorm verbessern und Sie weniger einsam machen, denn Mitgefühl ist ohnehin die wichtigste Eigenschaft, die wir Menschen entwickeln können. Auf Mitgefühl beruht das Überleben unserer Spezies. Wir können nicht länger darauf warten, dass sich Mitgefühl irgendwann spontan und von selbst einstellt. Wir müssen schon daran arbeiten, die Fähigkeit des Mitfühlens in uns selbst auszubilden. Und wir beginnen damit, Mitgefühl mit den abgespaltenen Aspekten unser selbst zu entwickeln. Genau damit wollen wir uns im nächsten Abschnitt beschäftigen.

DIE BEDEUTUNG – DER ROTE KNOPF DER SELBSTZERSTÖRUNG

Wenn unsere Schamgefühle uns ständig vor unseren Inneren Richter zerren, müssen wir uns unbedingt klarmachen, dass wir die Welt durch eine Brille sehen. Sie haben gelernt, sich selbst und die ganze Welt durch die Brille der Scham zu betrachten. Das heißt: Aus allem, was Sie erleben, ziehen Sie den Schluss: »Irgendetwas stimmt mit mir nicht«. Doch diese vermeintliche Erkenntnis geht am wahren Kern der Erfahrung vorbei.

Die Menschheit ist seit Jahrtausenden auf Sinnsuche. Was aber heißt das konkret für uns Menschen von heute? Wir suchen nach einem Weg, jede Erfahrung, die wir im Leben machen, mit einer Bedeutung auszustatten. In dem Bemühen, den Sinn hinter unseren Erfahrungen zu entdecken, drückt sich eine höhere Form des Bewusstseins aus. Doch wir wissen nur zu gut, dass auf dem Weg zum Fortschritt gewöhnlich allerlei Fallgruben zu überwinden sind. Ein Beispiel: wenn man aus *egoistischen* Gründen sein Ego ablegen will. Im Menschen als solchem, in der Gattung, ist sozusagen eine Stolperfalle »eingebaut«, denn eben das Wunder unseres Bewusstseins bringt uns letztlich zu Fall. Wir besitzen die Fähigkeit, einen Sinn hinter etwas zu erkennen und entwickeln sie immer weiter – das zeichnet unsere Spezies einerseits vor anderen aus, andererseits ist gerade sie zugleich der Grund für unsere tagtägliche Selbstzerfleischung.

Wir machen im täglichen Leben die unterschiedlichsten Erfahrungen. Einige bewerten wir als positiv, andere als negativ. *Doch die Qualität der Erfahrungen unseres Alltagser-*

lebens wird vor allem durch eines geprägt – durch die Bedeutung, die wir dieser Erfahrung zumessen. So weiß man beispielsweise, dass sich der Geburtsvorgang mehr oder weniger schmerzhaft gestaltet, je nachdem welchen Sinn die werdende Mutter in ihm erkennt. Zwei Menschen können dasselbe Ereignis extrem unterschiedlich erleben, abhängig davon, wie sie diese Erfahrung interpretieren.

Stellen Sie sich vor, Sie müssten sich plötzlich unkontrolliert übergeben. Sie könnten nun auf den Gedanken kommen, dass Sie sich die Hände nicht richtig gewaschen und sich deshalb einen tödlichen Virus eingefangen haben. Das ist eine andere Erfahrung, als zu glauben, dass Ihr Körper sich endlich von all den Giftstoffen befreit, die Sie ihm jahrelang zugemutet haben, sodass Sie am Ende gesünder sein werden als je zuvor.

Es ist wichtig, diesen Unterschied klar zu verstehen: den Unterschied zwischen dem *tatsächlichen Ereignis* und *dem Sinn*, den Sie dieser Erfahrung geben. So etwas wie Sinn oder Bedeutung existiert nicht an und für sich. Daher muss eine Situation auch nicht notgedrungen nur *eine* Bedeutung haben. Der Sinn ist unsere Interpretation der Dinge. Wir sollten daher Interpretation nicht mit Wahrheit verwechseln. Wenn folglich eine Erfahrung nicht automatisch einen bestimmten Sinn hat, sind wir es, die sie mit Bedeutung füllen. Im Weiteren setzen wir die Erfahrung meist mit der Bedeutung gleich, die wir ihr gegeben haben. Das ist ein bisschen so wie beim Erdnussbutterbrot mit Marmelade: Die Erdnussbutterschicht ist die Erfahrung, die Marmelade der Sinn, den wir draufstreichen. Wenn wir beides vermengen, halten wir die dabei entstehende Mischung fälschlich für etwas eigenständiges Drittes. Das verstellt uns den Blick auf die Wahrheit der Erfahrung. Wir müssen lernen, die Erdnussbutter von der Marmelade zu trennen, die Erfahrung von der Bedeutung, die wir ihr geben. Nur so behalten wir einen realistischen Blick für die Wahrheit einer

Situation und können uns für eine Bedeutung entscheiden, die uns weiterbringt, statt uns zu schaden.

Wenn Sie nun denken, das sei doch alles Unsinn, dann bedenken Sie bitte: Sie können Ihr ganzes Leben ruinieren, nur weil Sie einem bestimmten Ereignis eine bestimmte Bedeutung zumessen. Ein Beispiel: Ein kleines Mädchen von drei Jahren möchte, dass sein Vater mit ihm Puppen spielt. Papa aber telefoniert gerade und zischt das Kind an, es solle ihn in Ruhe lassen. Für das Mädchen ist dies eine traumatische Erfahrung, die es sehr persönlich nimmt. Unterstellen wir nun mal, das Mädchen ordnet der Erfahrung folgenden Sinn zu: »Ich bedeute meinem Vater nichts.« In den Augen des Vaters hatte die Szene diese Bedeutung durchaus nicht. Seine Bedeutung lautete: »Ich habe im Moment zu tun.« Doch in dem Augenblick, in dem das Kind sich für seine Version entscheidet, schiebt sich eine Art Filter vor seine Augen. Von diesem Augenblick an sieht es alles, was zwischen ihm und dem Vater abläuft, durch diese Brille. Die Wahrheit, die konkrete Situation, wird nun von der Wahrnehmung überlagert, die durch diese spezielle Bedeutung erzeugt wird. Jede weitere Interaktion zwischen dem Mädchen und seinem Vater, bei der sich die Kleine mies fühlt, wird die negative Bedeutung weiter verstärken, die ihre Sicht aufs Leben nun bestimmt.

Das Brillenglas wird mit der Zeit immer dicker, bis es irgendwann nur mehr das durchlässt, was seine Optik bestätigt und verstärkt. Der Vater kann sein Kind über alles in der Welt lieben und alles Menschenmögliche für seine kleine Tochter tun, doch das ändert nichts mehr. Seine sämtlichen Bemühungen werden durch die Zerrbrille ruiniert, die das Kind mit drei Jahren aufgesetzt hat. Der Vater kann sich nicht erklären, warum das Mädchen, das mittlerweile zum Teenager herangewachsen ist, ständig auf ihn wütend ist. Das junge Mädchen entwickelt vielleicht die Vorstellung, sie könne einem Mann nichts bedeuten, denn schließlich bedeutete sie ihrem Vater ja auch nichts. In der Folge geht sie als erwachsene Frau ständig Beziehungen mit Männern ein, die emotional verschlossen sind. Oder sie überdeckt ihren Kummer mit den verschiedensten Süchten, hat aber keine Ahnung, warum sie so wenig Selbstachtung besitzt. Meine Metapher mit der Brille verdeutlicht doch sehr gut, warum zwei Menschen eine vollkommen verschiedene Wahrnehmung von ein und demselben Ereignis haben können.

Was ich Ihnen damit sagen möchte, ist dies: Die schmerzhafte Bedeutung, die Sie Ihren Erfahrungen beigegeben haben, ist nicht die wahre Bedeutung dieser Erlebnisse. Wir müssen uns klarmachen, dass wir Menschen bestrafen oder ausgrenzen allein aufgrund der Bedeutung, die wir ihnen zumessen. Wir müssen begreifen, dass für die meisten leidvollen Erfahrungen in unserem Leben nicht das konkrete Erlebnis verantwortlich war, sondern die Bedeutung, die wir ihm zugeschrieben haben. Ist das nicht eine plausible Antwort auf die Frage, warum manche Menschen uns gegenüber eine Abwehrhaltung einnehmen? Zu Missverständnissen mit anderen Menschen kommt es häufig, weil wir ein und dasselbe Ereignis gegensätzlich interpretieren.

Ziehen wir doch mal eine Ihrer frühkindlichen Erinnerungen heran. Lassen Sie sie vor Ihrem geistigen Auge Revue passieren und fragen Sie sich: »Welche Bedeutung habe ich dieser Erfahrung beigemessen? Was hatte sie aus meiner damaligen Sicht zu sagen?« Dann stellen Sie sich vor, wie Sie Ihre »Bedeutungsbrille« aufsetzen und alle späteren Ereignisse durch deren Gläser betrachten. Werden Ihnen nun bestimmte Dinge in Ihrem Leben klar? Werden Ihnen nun Ihre Beziehungserfahrungen deutlich? Und was, wenn die Bedeutung, die Sie dem Ereignis damals zugeschrieben haben, nun gar nicht korrekt war?

Und ich möchte Ihnen eine weitere Übung vorschlagen. Wann immer ein Erlebnis bei Ihnen bestimmte Emotionen auslöst, sollten Sie sich künftig fragen: »Welche Bedeutung ordne ich dem Ganzen zu?« Auf diese Weise lernen Sie zu unterscheiden zwischen dem, was wirklich passiert, und dem, was Sie in die Erfahrung hineinsehen. So bekommen Sie einen klaren Blick auf die Situation. Nehmen wir mal an, jemand macht Ihnen ein wirklich schäbiges Geburtstagsgeschenk und Sie sind deswegen unglücklich. Fragen Sie sich: »Welche Bedeutung messe ich dem bei?« Die Antwort könnte zum Beispiel lauten: »Dieser Person bin ich so wenig wert, dass sie sich nicht mal die Mühe macht herauszufinden, was mir Freude bereiten würde.« Nun können Sie, statt Ihre Deutung für die alleinige Wahrheit zu halten, diese infrage stellen oder dem Schenker sagen, was Sie in dem Geschenk sehen. Fragen Sie nach, ob es tatsächlich so gemeint war. Dadurch geben Sie dem anderen die Gelegenheit, die Sache aufzuklären. Und Sie haben die Wahl: Sie müssen Ihre Bedeutungsbrille ja nicht aufsetzen und können sich für die realistische Sicht entscheiden.

Trennen Sie zuerst die Erfahrung von Ihrer Deutung der Erfahrung. Hinterfragen Sie dann Ihre Deutung, anstatt sie einfach unreflektiert als Wahrheit zu deklarieren. Nehmen Sie die Brille ab, die Sie vor so langer Zeit aufgesetzt haben. Sie werden sehen: Ihre Welt wird sofort sehr viel klarer sein. Vielleicht erkennen Sie ja, dass Ihre Lebenserfahrungen keineswegs etwas darüber aussagen, ob Sie ein guter oder ein schlechter Mensch sind.

ICH KANN MICH NICHT SO VERÄNDERN, DASS ICH GEWOLLT UND GELIEBT WERDE (DER INNERE RICHTER)

Wenn Sie mit massiven Einsamkeitsgefühlen zu kämpfen haben, erleben Sie eine Art »abstrakter« Scham. Ich nenne sie »abstrakt«, weil Sie in diesem Zustand vermutlich hundert Dinge aufzählen können, die an Ihnen »verkehrt« sind.

Die letztlich gültige Antwort aber, WARUM Sie so schlecht und so unmöglich sind, dass keiner etwas mit Ihnen zu tun haben will, müssen Sie schuldig bleiben. Wir stoßen Dinge von uns weg, wenn wir sie aus irgendeinem Grund nicht haben wollen. Es ist also nur natürlich anzunehmen, dass Sie von anderen Menschen deswegen abgelehnt werden, weil diese Sie aus irgendeinem Grund nicht mögen. Damit aber ist Ihr Selbstbild ruiniert. Noch schlimmer: Bei manchen Menschen wird diese Erfahrung zur *Grundlage* ihres Selbstbilds. Sie suchen schon lange nach den Ursachen für die Ablehnung anderer. Sie möchten sich ja verändern, damit die anderen sie endlich lieben. Doch der *eigentliche Schmerz* hinter all dem ist das Gefühl, dass mit Ihnen »irgendetwas« nicht stimme, Sie sich aber nicht so verändern können, dass Sie gemocht werden. Folglich sind Sie wütend auf sich selbst. Dann sind Sie davon fest überzeugt, dass Sie für immer allein bleiben werden.

Wenn Sie sich als nicht liebenswert empfinden, werden Ihnen manche Leute den wohlmeinenden Rat geben: »Na, du musst dich eben selber lieben!« Das ist dann noch schmerzhafter, denn Sie hören in diesem Satz Folgendes: »Du musst dich selbst lieben, weil niemand anderer dich mag. Denn du hast nichts an dir, was dich liebenswert und angenehm macht.« Wir wollen schließlich nicht allein herumsitzen und uns abends selbst umarmen, damit wir einschlafen können. Wir wünschen uns Verbundenheit mit anderen. Deswegen möchte ich, dass Sie die Vorstellung, Sie müssten sich selbst lieben, einfach mal vergessen. Treten Sie den Gedanken in die Tonne. Und keine Sorge: Sie werden nicht herzzerreißend einsam sein, bis Sie eines Tages endlich gelernt haben, sich selbst zu mögen. Als wäre dies eine grausame Prüfung, die Sie bestehen müssten, um es zu verdienen, Beziehungen in Ihrem Leben zu haben.

Der wahre Schmerz hinter dem Grundpfeiler der Scham besteht darin, dass es keine Rolle spielt, ob Sie herausfinden, was an Ihnen nicht stimmt und dies dann reparieren, um endlich geliebt zu werden. Sie sind machtlos. Sie können nichts dagegen tun. Und so wird Ihr Bemühen immer verzweifelter. An diesem Punkt schlägt jene Stimme in uns, die uns Führung geben sollte, in Missbrauch um.

Auch hier lege ich Ihnen etwas ans Herz: Machen Sie sich klar, dass Ihr »Selbst« aus verschiedenen Persönlichkeiten besteht, die in Ihrem Körper leben. Für einen Großteil des Leids, das Sie täglich erfahren, sind die Beziehungen (oder deren Fehlen) zwischen diesen inneren Persönlichkeiten verantwortlich. Je stärker diese Inneren Zwillinge polarisiert sind, desto heftiger tobt der Konflikt zwischen den einzelnen Anteilen, desto mehr verleugnen sie einander gegenseitig. Einer dieser Persönlichkeitsanteile, den jeder in sich trägt, wacht darüber, ob wir uns an erlernte Regeln halten.

Mit unserer Geburt treten wir in eine Gesellschaft ein und müssen darauf vorbereitet werden, in dieser Gesellschaft erfolgreich zu sein. Unsere Eltern, Lehrer, Bezugspersonen und die Gruppe der Gleichaltrigen, in der wir aufwachsen, lehren uns, Richtig von Falsch und Gut von Böse zu unterscheiden. Sie wollen, dass wir Erfolg haben, indem wir uns den geltenden Standards anpassen. Also versuchen auch sie dahinterzukommen, was mit uns nicht stimmt, damit sie den »Fehler beheben« können. Selbst unser Schulsystem ist darauf ausgerichtet. Ist ein Kind schlecht in Mathematik, so werden Eltern und Schule mittels Nachhilfestunden und dergleichen darauf hinarbeiten, dass seine mathematischen Fähigkeiten sich verbessern. Folglich sind wir als Gesellschaft darauf ausgerichtet, uns gegenseitig zu korrigieren. In gewisser Weise ist es ja nett gemeint, wenn man uns »in Ordnung bringen« will, damit wir die Standards des Guten und Rechten erfüllen und nicht unter den sozialen Konsequenzen zu leiden haben, die uns drohen, wenn wir dagegen verstoßen. Doch wenn jemand uns bessern will, fühlt sich das gar nicht nett an, denn die Botschaft dahinter lautet: »Mit dir stimmt etwas nicht.« Wir fühlen uns von dem Betreffenden negativ beurteilt.

Solche negativen Werturteile vonseiten der Menschen in unserem Umfeld erleben wir als Ablehnung. Und das ist schmerzhaft und in höchstem Maße beängstigend. Denn Ablehnung bedeutet Isolation von den Menschen, von denen unser Überleben abhängt, und Bestrafung. Dieser Missbilligung passen wir uns auf eine ganz bestimmte Art und Weise an: Wir verinnerlichen sie. Wir werden also zu unserem ureigensten Polizisten, der dafür sorgt, dass wir die Regeln einhalten, um nicht verurteilt zu werden. Die Standards, denen Sie gerecht zu werden versuchen, sind die verinnerlichten Werturteile der sozialen Gruppe, in der Sie aufgewachsen sind. Erwartete Ihr Umfeld also Bestleistungen und Erfolg, wird der Persönlichkeitsanteil, der dies verinnerlicht hat, von Ihnen stets Spitzenleistungen fordern und Ihnen pausenlos einhämmern, wie schlecht Sie Ihre Sache machen. Wurden Sie hingegen in einer Umgebung groß, die Demut und Bescheidenheit verlangte, dann wird Ihr Innerer Richter Sie kleinmachen und kritisieren, wenn Sie sich für etwas Besonderes halten.

Lassen wir genügend Energie in ein Verhaltensmuster wie Selbstkritik fließen, wird es zu einem eigenständigen Anteil in unserem Persönlichkeitsspektrum. Es wird zu einem eigenen inneren Selbst beziehungsweise zu einem Persönlichkeitsanteil, der ein Eigenleben entfaltet. Jeder Mensch, der den Prozess der Sozialisation durchlaufen hat, ganz egal, wo und in welcher Art von Gesellschaft, trägt dieses kritische innere Selbst mit sich herum. Es ist diese innere Stimme, die ständig negative Kommentare über Sie und Ihr Leben abgibt. Wie angestrengt Sie auch versuchen mögen, diesen Aspekt Ihrer selbst zufriedenzustellen und seinen Standards gerecht zu werden, es misslingt immer. Es ist nicht von Bedeutung, wie sehr Sie sich bemühen, dieser

Stimme zu gehorchen und sich zu verändern. Nichts wird je gut genug sein, damit sie endlich schweigt. Ganz im Gegenteil, sie wird immer lauter zu Ihnen sprechen, je dringender Sie ihr gefallen wollen. Diese innere Stimme hat die Aufgabe, Sie vor der Beschämung durch andere zu schützen, indem sie ihnen zuvorkommt. Sie versucht auf verzweifelt schmerzhafte Weise, Sie zum Erfolg zu machen, und zwar auf der Grundlage der von Ihnen verinnerlichten Definition von Erfolg. Sie möchte, dass Sie den Beifall der Gesellschaft finden. Doch führt diese Strategie für den Umgang mit der Welt uns natürlich geradewegs in ein Leben voller Selbstbeschämung.

Das Traurigste dabei: Meist merken wir gar nicht, dass es sich bei diesem inneren Aspekt um eine Anpassungsleistung handelt, die wir selbst erbracht haben. Wir glauben, dieser Aspekt zu *sein*. Viele kennen diesen inneren Monolog, der ständig die Außenwelt kommentiert und alles aufzählt, was mit uns nicht in Ordnung ist. Das ist unsere innere Stimme. Wenn wir in einer Umgebung aufwuchsen, in der wir häufig beschämt wurden, wird die innere Stimme ausfallend. Von da an leben wir mit einem inneren Gewalttäter. Am Ende müssen wir Mittel und Wege finden, wie wir dieser Stimme, die wir fälschlicherweise für unser Selbst halten, beikommen können.

Wenn jemand Sie hasst, weil er zu dem Schluss gekommen ist, dass Sie als Mensch das Letzte sind, können Sie nichts dagegen tun. Laufen Sie, dann heißt es, Sie seien ein Versager, weil Sie nicht schwimmen. Schwimmen Sie, schimpft man Sie einen Versager, weil Sie nicht gelaufen sind. Sobald Ihre innere Stimme emotionale Gewalt anwendet, wird sie zur Stimme des Selbsthasses. Dann stehen Sie auf verlorenem Posten, denn was auch immer Sie vorbringen mögen, es wird gegen Sie verwendet. Brauchen Sie einen anderen Menschen, flüstert die Stimme Ihnen ein, Sie seien ein armseliger Co-Abhängiger. Sind Sie hingegen der unabhängige Typ, redet sie Ihnen ein, dass niemand Sie liebt und dass Sie beziehungsunfähig sind. Werden Sie wütend, sagt sie Ihnen, dass Sie psychische Probleme haben. Glauben Sie, dass Ihr Geist die Welt erschafft, und erkranken dann an Krebs, wird Ihre innere Stimme Sie einen Versager nennen, weil Sie nicht mal Ihre Gedanken kontrollieren können und deshalb jetzt Krebs haben. Streben sie auf einem bestimmten Gebiet nach Erfolg, zählt sie Ihnen alle Gründe auf, warum Sie scheitern werden. Das geht am Ende so weit, dass Sie die Hände in den Schoß legen, weil Sie Angst haben zu scheitern. Sie wird Ihnen alles unter die Nase reiben, was Sie angeblich nicht liebenswert macht, und Sie dazu anstacheln, all das in Ordnung zu bringen. Aber da Sie glauben, das niemals hinzubekommen, ziehen Sie sich lieber gleich ganz von allen Menschen zurück. Ihr Innerer Richter wird alles, was Sie an Fertigkeiten erwerben, als Waffe gegen Sie verwenden.

Dieser innere Aspekt gleicht einem Elternteil, dessen Liebe uns vergewaltigt. Der verzweifelt versucht, uns zum Erfolg zu treiben, damit wir keine Fehlschläge und Verletzungen einstecken oder Scham erfahren müssen. Der sich von uns wünscht, dass wir Erfolg haben, genug Geld verdienen, den perfekten Partner finden, einen angesehenen Beruf ergreifen und auch auf dem gesellschaftlichen Parkett eine glänzende Figur machen. Das geht so lange, bis wir unter seinem Druck ersticken. Wichtig ist hier die Erkenntnis, dass jener Part unseres Selbst, der kübelweise Scham über uns ausschüttet, gleichzeitig der ist, der für uns nur das Beste will. Wir müssen die Beweggründe dieses inneren Aspekts erkennen, um ihn in unsere Persönlichkeit integrieren zu können. Ungeachtet dessen, was Ihnen andere Menschen dazu gesagt haben mögen, sollen Sie eines wissen: *Dieser Aspekt ist nicht grundsätzlich gegen uns.* Es tritt sehr wohl für uns ein, aber auf eine völlig verquere Weise.

Doch es gibt einen Weg, diese innere Dynamik so umzukehren, dass sie zu unseren Gunsten agiert. Wenn wir anfangen, uns mies zu fühlen, können wir uns auf diese innere Stimme einstellen, auf die Gedanken horchen, die sie hervorbringt. Wir können hinhören, was sie sagt, und Ausschau halten nach den wunden Punkten, die sich hinter diesen Äußerungen verstecken. Ungefähr so, als würden wir irgendwo Rauch entdecken und machten uns auf die Suche nach dem Feuer, das ihn verursacht. Nehmen wir mal an, Sie sitzen mit Freunden beim Abendessen und sagen etwas, anschließend interpretieren Sie die Reaktion eines von ihnen auf Ihre Worte als negativ. Schon schimpft der Innere Richter los: »Du bist echt ein Idiot. Warum musstest du das auch sagen? Das hast du wieder sauber vermasselt. Vermutlich redet bald die ganze Runde über dich.« Das ist der Rauch. Die Flammen, die ihn verursachen, stehen für Ihren wunden Punkt. Der könnte zum Beispiel so aussehen: »Ich schaffe es einfach nicht, das Richtige zu tun oder zu sagen. Und ich habe Angst, dass die Leute mich ablehnen werden, wenn ich etwas Falsches sage.« Nun spüren Sie dem Schmerz in Ihrem Körper nach und den Gedanken beziehungsweise Worten Ihrer inneren Stimme, die ihn auslösen. Ihre innere Stimme ist Ihr Rauchmelder. Wann immer sie ertönt, brennt irgendwo ein offenes Feuer. Irgendetwas tief in Ihrem Inneren ist für Sie bedrohlich und schmerzlich. Es braucht Ihre Hilfe, um überwunden zu werden.

Wenn wir den Inneren Richter als einen Aspekt betrachten, der unsere Hilfe erbittet, um eine Situation zu verändern, in der wir Ablehnung riskieren, dann sehen wir allmählich ein, dass all diese schmerzhaften Gefühle uns eigentlich gar nicht wehtun wollen. Sie möchten vielmehr *unsere* Hilfe. Was also sollen wir tun? Wir helfen natürlich. Wir helfen, indem wir uns direkt mit den Flammen beschäftigen. Die Flammen sind sozusagen der wunde Punkt, der unter dem Sperrfeuer der Kritik verborgen liegt. Wir bekommen ein Gefühl für die Angst, die hinter der Kritik steckt, die uns dieser Aspekt um die Ohren haut. Dieser Persönlichkeitsaspekt versucht verzweifelt, uns vor Beschämung zu bewahren. Wir können den Inneren Richter sehen wie eine Schutzfolie, die sich über das Innere Kind gelegt hat, um es fremden Blicken zu entziehen. Wenn wir dies erkennen können, können wir auch anfangen, uns um diesen ängstlichen, verletzlichen und beschämten Aspekt zu kümmern, und zwar so einfühlsam, wie wir mit einem Kind umgehen würden. Das ist die Herangehensweise, die am Ende die Integration ermöglicht. Üblicherweise jedoch gehen wir anders vor. Wir verfangen uns in der Schutzfolie und glauben, einen inneren Gewalttäter in uns zu haben, der unser Feind ist. Wir erkennen nicht, dass sich unter der Kritik ein wunder Punkt verbirgt, der unsere Zuwendung bräuchte. Fangen wir aber an, uns um die verletzliche Seite hinter den harschen Worten unseres Inneren Richters zu kümmern, stellt er seine Angriffe ein.

Ein Beispiel: Nehmen wir mal an, Sie haben einen Autounfall mit Blechschaden. Sie sind natürlich ziemlich sauer auf den anderen Fahrer, weil er so unvermittelt gebremst oder nicht aufgepasst hat. Wenn Sie in dieser Situation Ihren Inneren Richter befragen, dann sagt er vielleicht Dinge wie: »Du hättest diesen Unfall wirklich verhindern müssen. Wo zum Teufel warst du denn mit deinen Gedanken? Jetzt guck nur, was du angerichtet hast. Das wird einen Haufen Geld kosten, und mal ganz ehrlich: Bei deinem Scheißjob ist Geld genau das, was du nicht hast!« Wir hören die kränkenden Äußerungen dieser Gestalt und betrachten sie als Rauch. Nun können wir untersuchen, welcher wunde Punkt sich darunter verbirgt. Die Situation ist schwierig und kaum in den Griff zu bekommen. Der wunde Punkt könnte sein: »Ich hatte solche Angst. Ich bin immer noch total geschockt und fürchte, dass ich vielleicht doch Schuld haben könnte. Wenn es meine Schuld war, bekomme ich sicher Ärger. Die Folgen möchte ich mir erst gar nicht ausmalen. Ich weiß einfach nicht, was ich tun soll.« Allein dadurch, dass Sie den wunden Punkt erkennen, haben Sie Ihr Bewusstsein dafür geöffnet. Schon das wirkt beruhigend.

Wir können diesen Prozess noch einen Schritt weiter vorantreiben. Wir können die Augen schließen und um ein geistiges, ein inneres Bild bitten, das uns jenen Teil unser selbst zeigt, der diese Verwundbarkeit fühlt. Vielleicht sehen wir dann ein sechsjähriges Kind vor uns, das sich in einer Ecke zusammenkauert. Dann stellen wir uns vor, wie wir auf das Kind zugehen und es in den Arm nehmen. Wir können seine Sichtweise akzeptieren, indem wir sagen: »Ich verstehe, wieso du gerade so viel Angst hattest. Das kam aus heiterem Himmel und ist natürlich sehr verwirrend. Es muss beängstigend sein, wenn man das Gefühl hat, gleich mächtigen Ärger zu bekommen. Aber du musst nicht wissen, was in diesem Fall zu tun ist.« Die Gefühle dieses Anteils unser selbst *als berechtigt anzuerkennen*, ist der entscheidende Schritt in dem ganzen Prozess. Nur so können wir uns für unsere Verwundbarkeit öffnen. Im nächsten Schritt konzentrieren wir uns darauf, wie wir das Kind trösten und seine Bedürfnisse erfüllen können. Versprechen Sie ihm, dass Sie nicht zulassen werden, dass es Ärger bekommt. Sie können auch eine Gestalt zu Hilfe rufen, bei der sich das Kind sicher fühlt. Einen Engel zum Beispiel oder die Großeltern. Jemanden, der es tröstet und ihm erklärt, dass Sie sich jetzt um das Problem kümmern werden und es selbst damit nichts mehr zu tun haben wird. Sagen Sie ihm Dinge, die der ganzen Situation ihren Schrecken nehmen: »Ich bin gut versichert gegen solche Sachen. Wir werden keinen Cent verlieren.« Oder: »Der andere hat auch Angst. Wenn er sich nicht genauso verletzlich fühlen würde wie du, dann würde er sich ganz anders verhalten.«

Dieser innere Aspekt ist ja ein Teil Ihres Selbst. Wenn Sie sich um ihn kümmern, tragen Sie Sorge für jenen Aspekt Ihrer selbst, der verwundbar ist. Dann müssen Sie sich nicht länger mit Scham herumplagen und dem Versuch, »besser« zu werden, um Verletzungen zu vermeiden.

Der Innere Richter wird somit zum Sprachrohr Ihrer Verwundbarkeit. Wenn wir seine Stimme hören, liegt es in unserer Macht, uns direkt mit der dahinterstehenden Verletzbarkeit auseinanderzusetzen und sie ebenso anzunehmen wie die alten Wunden, die sie verursacht haben. So können wir uns aus der Atmosphäre der Scham lösen, in der wir bisher immer gelebt haben.

DIE DREI WESENTLICHEN ASPEKTE DES SELBST KENNENLERNEN

In Teil I habe ich dargelegt, dass wir uns zwar als eine Person mit einer Persönlichkeit und einem Namen betrachten, die Wahrheit jedoch ganz anders aussieht. Mittlerweile wissen Sie, dass unser Selbst mehrere Aspekte hat, die ich unsere »Inneren Zwillinge« nenne.

Wenn ein Mensch in einer Atmosphäre der Scham aufwächst, bewirkt dies eine Aufsplittung seiner Persönlichkeit. Einige der inneren Aspekte, die dabei entstehen, halten speziell an der Scham fest. Ihre Funktion ist es, den Betreffenden vor der dahinterliegenden Verwundbarkeit zu schützen. Um diesen Vorgang besser verstehen zu können, stellen wir uns drei verschiedene Arten des Selbst vor, die wir als Reaktion auf Beschämung entwickeln, als Reaktion auf äußere Umstände, die uns speziell die Verwundbarkeit der Scham fühlen lassen.

1. *Wir entwickeln Selbst-Anteile, die verkörpern, wofür man uns gedemütigt hat. Damit spalten wir diese Aspekte von der Persönlichkeit ab, die wir der Welt zeigen. Zum besseren Verständnis nenne ich diese Aspekte das »Beschämte Selbst«.*
2. *Wir entwickeln Selbst-Anteile, die unsere Verletzlichkeit verkörpern. Diesen Aspekt nenne ich das »Verwundbare Selbst«.*
3. *Und wir entwickeln Selbst-Anteile, die das verkörpern, was aus unserer Sicht unsere Verwundbarkeit vor der Welt schützt. Dies können wir als das »Schützende Selbst« bezeichnen.*

Das hört sich zunächst kompliziert an. Lassen Sie mich Ihnen daher ein Beispiel aus meinem Leben geben, das zeigt, mit welchem »Beschämten Selbst« ich zu kämpfen hatte.

Ich wurde von einer Mutter großgezogen, die sich in den 1960er-Jahren für Frauenrechte engagierte und zu den BH-Verbrennerinnen gehörte. Sie hatte in ihrer Kindheit immer wieder erlebt, wie Frauen zu Objekten degradiert wurden, und wehrte sich daher vehement gegen jede Form von Sexualisierung der Frau. Als sich meine Sexualität entwickelte, ich Make-up, High Heels und sexy Klamotten tragen und mit Jungs flirten wollte, reagierte meine Mutter darauf sehr negativ. Sie musterte mich regelmäßig voller Verachtung, machte geringschätzige Bemerkungen und warf mir vor, alles zu zerstören, wofür sie und die Frauen ihrer Generation gekämpft hatten.

Mein Verhalten änderte ich deswegen zwar nicht, denn ich wollte sexuell nicht altmodisch sein. Aber tief in mir verspürte ich eine extreme Scham in Bezug auf mich als *sexuelles Wesen.*

Zudem wuchs ich in einer konservativen Mormonenstadt auf, was bedeutete, dass mein Umfeld mich ebenfalls als Schlampe behandelte. Obwohl ich meine Sexualität nie verleugnete, entdeckte ich ein »Beschämtes Selbst« in mir, das die Gestalt einer *Sirene* hatte. Vor meinem geistigen Auge erschien sie als wunderschöne nackte Frau auf einer einsamen Felseninsel, ein bisschen wie antike Darstellungen der Liebesgöttin Aphrodite. Sie war an den Felsen gekettet und konnte sich nicht bewegen. Ihre Verzweiflung war groß, denn ihr zu Füßen lagen die Skelette von Männern.

Aus der Szenerie vor meinem geistigen Auge wurde schnell klar, dass sich die nackte Frau nach Partnerschaft, Liebe, Geborgenheit und einer dauerhaften Beziehung sehnte. Doch immer wenn ein Mann auf die Insel kam und sich von ihrer offenkundigen Schönheit angetan zeigte, schossen gegen ihren Willen Laserstrahlen aus ihren Augen und streckten den Mann nieder, sodass er starb und zu ihren Füßen verweste. Da sie sich nicht bewegen konnte, konnte sie auch ihre Schönheit nicht verbergen. Ihr Schicksal war es, Männer auf ihre Insel zu locken, nur um sie dann zu töten. Und sie besaß nicht die Macht, dies zu ändern.

Als ich diesen Inneren Zwilling meiner selbst zum ersten Mal sah, war meine erste Reaktion purer Abscheu. Ich hielt diese Gestalt für böse. Erst als ich ihre Verzweiflung sah, erkannte, dass sie die Männer gar nicht töten wollte, begann ich zu begreifen, dass sie einfach nichts tun konnte, um deren Tod zu verhindern. Ich merkte, dass meine Sexualität der wahre Ursprung dieses Beschämten Selbst war.

Die versteckte Botschaft dieser Erkenntnis war, dass ich nicht verbergen konnte, ein sexuell attraktives Wesen zu sein. Aber man hatte mir eingetrichtert, dass dies für andere fatal sei. Es war böse. Da ich mit diesem »schlechten« oder »falschen« Aspekt meiner Selbst nicht verbunden bleiben konnte, spaltete er sich ab und wurde zum Sirenen-Selbst. Die Sirene war in diesem Szenario mein Beschämtes Selbst.

Wie die Geschichte ausging? Nun, ich machte mich auf eine meditative Reise, bei der ich die Ketten der Sirene löste und ihr ein Elixier einflößte, das ihre Augen daran hinderte, weiterhin tödliche Laserstrahlen auszusenden. Dann brachte ich sie in meinem kleinen Boot in eine Stadt. Dort vertraute ich sie einem Mann an, der ihr Seelengefährte hätte sein können und sie buchstäblich auf Händen trug.

Wir setzen der Integration dieser Selbst-Aspekte für gewöhnlich Widerstand entgegen. Wir nehmen ihnen gegenüber eine missbilligende, ablehnende Haltung ein. Wir wollen, dass sie »repariert« werden, sich ändern, verschwinden oder ausgetrieben werden. Aber mit dieser Einstellung verdichten wir nur die Atmosphäre der Scham in uns.

WIE ES ZUR ENTSTEHUNG WEITERER »BESCHÄMTER ZWILLINGE« KOMMT

Ich persönlich habe auch noch ein Verwundbares Selbst entwickelt, das als unschuldiger, hübscher Teenager namens Lily auftrat. Lily war eine Persönlichkeit, die sich herausbildete, nachdem man sie streng gerügt hatte, weil sie Lidschatten und roten Lippenstift trug. Sie war ein blasses, schüchternes junges Mädchen, das ein schweres, sackartiges Kleid mit langen Ärmeln trug. Der Saum reichte bis zum Boden.

Obwohl Lily noch ein Kind war, fühlte sie sich verletzlich, weil sie für ihre Experimente mit Make-up, das Männerblicke auf sich zog, scharf getadelt worden war. Lily war der Innere Zwilling, der die Verwundbarkeit aus der Scham für ihre aufkeimende Sexualität verkörperte. Sie war also nicht die Verkörperung dessen, weswegen ich gerügt worden war.

Das Schützende Selbst wiederum ist ein Innerer Zwilling, der sich herausbildet, um das Verwundbare und das Beschämte Selbst zu behüten. In dem Beispiel aus meinem

Leben wären dies Lily (mein Verwundbares Selbst) und die Sirene (mein Beschämtes Selbst). Das Schützende Selbst war die »Suchende«. Dieser Innere Zwilling brauchte einen Charakter, mit dem sich keiner gern anlegen wollte und der die Scham der anderen beiden Aspekte verdeckte. Als Mädchen hatte ich einige Episoden von *Xena – Die Kriegerprinzessin* gesehen. Mein Schützendes Selbst orientierte sich an diesem Vorbild. Die beiden anderen Aspekte waren eindeutig weiblich. Es waren die beschämten Aspekte der Sexualität in mir. Das Schützende Selbst aber war männlich und asexuell.

Hätten Sie mich als junge Frau gekannt, hätten Sie vermutlich auch mein Schützendes Selbst erlebt, wenn die Kriegerin in mir im Alltag übernahm. Das waren Momente, in denen ich mich rau und maskulin gab, Springerstiefel und kurzes Haar trug und mich weigerte, mit Mädchensachen zu spielen.

Das Trauma der Scham hat auch bei Ihnen die Abspaltung Innerer Zwillinge bewirkt, die denen ähneln, die ich soeben beschrieben habe. Jeder dieser Aspekte verfolgt seine eigenen Absichten, die sich nicht immer mit denen anderer Aspekte vertragen.

Glücklicherweise haben die Inneren Zwillinge auch ihre guten Seiten. In der nächsten Übung lernen Sie, diese für sich zu nutzen und Ihren inneren Aufruhr zu besänftigen.

WIE SIE NUTZLOS GEWORDENES NEUEN ZWECKEN ZUFÜHREN

Wenn Sie glauben, in Ihrer Jugend ein Beschämtes Selbst entwickelt zu haben, das seine Schuldigkeit längst getan hat, dann suchen Sie doch nach einer neuen Verwendungsmöglichkeit dafür.

Zuallererst gehen Sie in sich. Überlegen Sie, wann es Ihnen wirklich schlecht geht und Sie sich für sich selbst schämen.

Bitten Sie sodann darum, diesen Anteil Ihres Selbst sehen zu dürfen. Lassen Sie die Bilder, die dann kommen, in sich hochsteigen. Sobald Sie es deutlich sehen, wenden Sie sich voller Mitgefühl an Ihr Beschämtes Selbst. Sagen Sie ihm, dass Sie es gerne ganz verstehen würden, damit Sie es als wertvollen Teil Ihrer selbst annehmen können.

Hier eine kurze Zusammenfassung der Übung:

1. *Wir legen die Verwundbarkeit und die alten Narben frei, die hinter jeder Scham stehen. Wir werden uns auch der verletzten und beschützenden Anteile dieses Aspekts bewusst.*
2. *Wir finden Wege, uns um diese verletzten Anteile zu kümmern, indem wir sie voller Mitgefühl und Verständnis betrachten und ihre Bedürfnisse erfüllen.*
3. *Wir führen sie neuen Zwecken zu, indem wir die einzigartigen Bedürfnisse und Gaben nutzen, die jeder dieser drei Anteile für uns bereithält. Dann versöhnen wir sie mit dem Rest unserer inneren Persönlichkeiten, sodass alle diese Aspekte begreifen, wie sehr wir sie* **schätzen** *und* **brauchen**. *Unser Ziel ist es, in uns Verbundenheit und ein Gefühl der Zusammengehörigkeit herzustellen. Sobald sich alle Anteile der jeweils anderen Aspekte bewusst sind, vollzieht sich in diesem Gewahrsein die Integration.*

In meinem Fall könnte Schritt 3 aussehen wie folgt: Ich entdecke, dass mein Innerer Zwilling namens Lily, die für meine Verwundbarkeit steht, einzigartige Gaben und Bedürfnisse hat, die geschätzt und erfüllt sein wollen. Sie braucht es, dass ich sie um ihrer aparten Gesichtszüge willen mag und akzeptiere, dass sie schöne Kleider tragen und sich selbst hübsch machen will. Ich stelle fest, dass sie echtes Stilgefühl besitzt, das sich bisher nie hatte frei entfalten können. Jetzt als Erwachsene kann ich ihr erlauben, ihre legitimen Bedürfnisse und natürlichen Talente auszudrücken. Und so kann ich diesen lange verloren geglaubten Teil meiner selbst voller Freude annehmen.

Mit der *Sirene*, meinem anderen Inneren Zwilling, der mit Sexualität zu tun hatte, verfuhr ich wie oben geschildert. Ich machte mich auf eine meditative Reise, bei der ich sie vom Felsen befreite und ihr ein Elixier eingab, das ihre Augen heilte. Sie war die Verkörperung meiner sinnlichen Seite. Auch ihre Bedürfnisse und Talente waren lange verschüttet gewesen. Sie sehnte sich außerdem verzweifelt nach Liebe.

Ich erfüllte die Bedürfnisse meiner *Sirene*, indem ich mir im wirklichen Leben fließende Gewänder in wunderschönen Farben zulegte, um so meiner Weiblichkeit Ausdruck zu verleihen. Ich nutzte ihre kreative Sinnlichkeit als Triebkraft für meine künstlerischen Projekte, wann immer ich den Impuls dazu verspürte. Weil ich die Talente der Sirene nutzen lernte, wurde meine Kunst von einer wunderbar femininen Energie erfüllt. Ich stellte mir vor, wie sie die Insel, auf der sie so lange gefangen gewesen war, verließ und sich in die sicheren Hände eines Seelengefährten begab, der sie innig liebte. So wurde auch ihr Bedürfnis nach Liebe gestillt.

Die *Suchende*, also das Schützende Selbst, hatte Rückgrat und konnte Grenzen setzen. Ich bewahrte diese Begabungen und nutzte sie im wirklichen Leben, damit sie mich stärker machten. So konnte ich anderen gegenüber besser Grenzen setzen. Die *Suchende* wollte Frieden wahren, um Geborgenheit zu erfahren. Ich verwandte ihre Fähigkeiten, um dieses Bedürfnis zu erfüllen. Ich überließ es ihr herauszufinden, welche Leute in meiner Umgebung nicht mein Bestes wollten oder nur oberflächlich an mir interessiert waren. Auf diese Weise konnte ich ein Risiko eliminieren, das ich nicht länger in meinem Leben haben wollte. Als der Suchenden klar wurde, dass ich nicht mehr so intensiv beschützt werden musste, konnte sie auch ihr betont männliches Auftreten ablegen.

Sie sehen also, dass ich überall das Beste von meinen Inneren Zwillingen genommen hatte und diese Talente in neuen Aufgabenbereichen einsetzte. Ich entwickelte ein klares Verständnis ihrer Bedürfnisse und tat etwas, um sie zu erfüllen. Außerdem stellte ich diese drei Inneren Zwillinge einander vor und erklärte ihnen, dass ihre früheren extremen Verhaltensweisen nicht zu den übrigen Aspekten beziehungsweise meinem Leben als Ganzem passten.

Sobald sie das Gesamtbild kannten und ihre individuellen Bedürfnisse befriedigt waren, bewirkte ihr gestiegenes Gewahrsein, dass meine Inneren Zwillinge ganz von selbst anfingen, harmonisch zusammenzuarbeiten. So fand ich tieferen inneren Frieden, und mein Leben verbesserte sich entscheidend. Und das wird auch bei Ihnen so sein, wenn Sie diese Schritte befolgen. Sie können heil und ganz werden und im Einklang mit Ihren Inneren Zwillingen leben.

SCHAM UND DAS JUSTIZSYSTEM

Es gibt im Universum keine wahrhaft bösen Taten. Jede Handlung geschieht aus einem bestimmten Grund: Der Mensch, der sie ausführt, glaubt, dass er sich danach besser fühlen wird. Der Wunsch, persönliches Leid zu lindern, steht hinter jedem Mord, jeder Koks-Line, jedem Raubüberfall, jeder Rauferei, jedem Kauf und jeder Beziehung, auf die wir uns einlassen. Der Wunsch nach größerem Wohlbefinden ist an sich noch nicht verwerflich. Jede dieser Handlungen geschieht, weil wir in diesem Moment keinen effektiveren Weg sehen können, uns besser zu fühlen. Sie geschehen, weil wir unserer Verwundbarkeit entkommen wollen, statt uns ihrer direkt anzunehmen.

Ist das angekommen? Jedes Verbrechen, das je begangen wurde, geschah, um der Verwundbarkeit zu entgehen, um sie nicht direkt fühlen oder sich damit auseinandersetzen zu müssen. Eine Frau betrügt ihren Mann und dieser tötet sie, weil er die Verwundbarkeit der Eifersucht, bei der es um Verlustangst und Selbstachtung geht, so schmerzlich empfindet. Er will dieses Gefühl um jeden Preis abstellen. Statt sich seine Verletzung einzugestehen und nach Wegen zu suchen, dieses Gefühl zu lindern, tötet er lieber seine Frau, die diese Verwundbarkeit in ihm wachgerufen hat. Solche Menschen haben eine sehr komplexe Ansammlung Innerer Zwillinge, die im Grunde den unseren nicht unähnlich sind, nur dass diese sie dazu treiben, Gewalt anzuwenden und gegen soziale Normen zu verstoßen. Am Ende landen diese straffälligen Menschen in den Mühlen unseres Justizsystems.

Wenn heute jemand ein Verbrechen begeht, um seiner Verwundbarkeit zu entkommen oder auch seiner Scham, dann sperren wir denjenigen weg in ein brutales, häufig lebensgefährliches Umfeld, um ihn zu bestrafen und jeden Tag an seine Schlechtigkeit zu erinnern. Wir isolieren diese Menschen, um ihnen zu signalisieren, dass sie so schlecht sind, dass sie nicht mehr Teil der Gesellschaft sein dürfen.

Wenn wir Menschen bestrafen, entgeht uns dabei, dass wir damit nicht nur ihr Schützendes Selbst treffen, sondern auch das Verwundbare und das Beschämte Selbst. Dadurch verstärken wir ihre Scham jedoch nur. Und wir trennen sie von der Gesellschaft ab, was ihre unterdrückte Verwundbarkeit stärkt, die sie ursprünglich zu der kriminellen Aktivität bewegte.

Wenn wir die unterdrückte Verwundbarkeit durch Bestrafung verstärken, ist dies gleichsam Wasser auf die Mühlen des Schützenden Selbst. Wir beachten nicht, dass das Schützende Selbst – wie jeder gute Beschützer –, wenn es die Oberhand hat, sehr verletzend, gefährlich, ja sogar tödlich sein kann. Schließlich will es etwas sehr Verwundbares beschützen. *Und das Resultat?* Das Justizsystem bringt nur immer noch mehr Kriminelle hervor.

Doch wir haben die Möglichkeit, diesem Mechanismus des fortdauernden Leids ein Ende zu setzen. Ein neues

Justizsystem sollte nach dem Prinzip gestaltet sein, dass wir gerade jenen Menschen, für die wir uns am meisten schämen, die wir als »Verbrecher« bezeichnen, ermöglichen, sich ihrer Verwundbarkeit zu stellen und sich damit auseinanderzusetzen. Sie müssen erneut in die Gesellschaft integriert werden, damit sie sich zugehörig und nicht ausgestoßen fühlen.

Diese Bewegung innerhalb der Gesellschaft wird einsetzen, wenn wir den Mechanismus des fortdauernden Leids in uns selbst abstellen. Haben wir nicht eben erkannt, dass Sie gerade jene Aspekte Ihrer selbst, für die Sie sich schämen, in die Zugehörigkeit zurückholen müssen, statt sie weiterhin auszugrenzen? Und wenn Sie das erreicht haben, können Sie die besonderen Gaben der vorher ausgegrenzten Aspekte allen übrigen Aspekten zugutekommen lassen. Damit wird aller Scham ein Ende bereitet.

Wir können und sollten auch Häftlinge, Suchtkranke und alle anderen Menschen, die ein Problem mit ihrer Scham haben, mit dem oben beschriebenen Drei-Schritte-Prozess vertraut machen. Nur so können sie vollkommen geheilt werden. Nur so finden ihre inneren Bedürfnisse Erfüllung. Nur so haben diese Menschen eine Chance auf ein besseres Leben.

SUBLIMATION

Wenn wir unsere Emotionen unterdrücken, was jeder von uns an dem einen oder anderen Punkt tun muss, werden diese verdrängten Emotionen Teil unserer Persönlichkeit und Teil unserer Identität. Wir fangen an, sie als *Selbst* zu betrachten. Wenn Sie jedoch gegen einen der Aspekte Ihres Selbst Widerstände entwickeln, dann führt Sie das am Ende in eine emotionale Katastrophe, und zwar in den Selbsthass. Dabei spielt es keine Rolle, ob Sie nun einem positiven oder einem negativen Aspekt Ihres Selbst Widerstand entgegensetzen. Die Folge ist immer Selbsthass und am Ende die Selbstzerstörung.

Welche Lösung gibt es dafür? Ganz einfach: die Sublimation. Dieser Begriff stammt aus der Alchemie. Einfach ausgedrückt bedeutet »Sublimation«, dass man etwas in seinen höchsten spirituellen Aspekt umwandelt. Die höhere Form jeder Materie war nach Ansicht der Alchemisten Gold. Wenn wir ein besseres Leben haben wollen, ein Leben, in dem unsere negativen Persönlichkeitsanteile nicht ständig neues Unglück erzeugen, müssen wir zunächst einmal sämtliche ungeliebten Aspekte unserer Persönlichkeit er-kennen. Wir müssen sie an-erkennen, das heißt, uns dazu be-kennen und dann nach Wegen suchen, um das Gute an ihnen sehen zu können. Der letzte Schritt besteht dann darin, den fraglichen Aspekt in seine höchste Form umzuwandeln.

Ein Beispiel: Nehmen wir an, Sie fühlten sich als Kind ungeliebt und wurden bestraft, wenn Sie versuchten, die Liebe zu bekommen, die Sie brauchten. Die daraus resultierenden Gefühle von Frustration und Ohnmacht haben Sie unterdrückt. Mit den Jahren wurden Frustration und Ohnmachtsgefühl Teil Ihrer Persönlichkeit. Das führte dazu, dass Sie bestimmte Verhaltensweisen ausgebildet haben. Zuallererst wurden Sie zum *Energievampir*, weil Sie glauben, dass Sie nicht um die Dinge bitten dürfen, die Sie benötigen. Daher manipulieren Sie andere Leute, um ihnen die Energie abzuziehen, die Sie brauchen.

Mit der Zeit ging Ihnen dieses Verhalten so sehr in Fleisch und Blut über, dass man es als Teil Ihrer Persönlichkeit betrachten kann. Und diesen Teil können Sie nicht einfach überwinden oder beseitigen, weil dieser Aspekt mittlerweile zu dem gehört, was Sie sind. Sie haben daher nur eine Wahl: diesen negativen Persönlichkeitsanteil in etwas Positives zu verwandeln.

Also sehen wir uns an, wie das funktioniert. Sie sind ein *Energievampir*. Den Umgang mit Energie beherrschen

Sie meisterlich. Sie können diese Gabe ins Positive wenden, indem Sie zum *Energiearbeiter* oder *Geistheiler* werden. Schließlich besitzen Sie ja die Fähigkeit, negative Energie bewusst anzuziehen und sie in Ihrem Körper umzuwandeln. Das können Sie auch für andere Menschen tun, indem Sie ab jetzt die Krankheiten oder disharmonischen Energien anderer zu Ihren Energielieferanten machen. Sie müssen anderen Menschen nicht länger ihre Lebenskraft abziehen, wie Sie das im Augenblick tun, sondern können Ihre Gabe zur Manipulation von Energien für die Heilung Ihrer Mitgeschöpfe einsetzen.

Doch es gibt noch mehr Möglichkeiten. Durch Ihre langjährige Erfahrung als *Energievampir* sind Sie eine Meisterin des mentalen Schachspiels. Sie treiben Psychospielchen mit anderen Menschen. Der höchste (»sublimierte«) Aspekt dieses Charakterzugs besteht darin, die Psychospielchen zum Vorteil Ihres Gegenübers zu nutzen. Sie könnten zu einem erstklassigen Berater oder Psychotherapeuten werden. Sie können das Ego Ihres Gegenübers ausmanövrieren und ihm helfen, Züge an sich selbst zu erkennen, die ihm bislang völlig fremd waren.

Doch vielleicht liegen die Dinge bei Ihnen ja ganz anders. Wie aber finden Sie heraus, welche Aspekte an Ihnen vielleicht umgewandelt werden müssen? Beginnen Sie damit, sich selbst zu beschreiben. Welche Probleme haben Sie? Was sind Ihrer Ansicht nach die negativen Anteile Ihrer Persönlichkeit? Seien Sie vollkommen ehrlich zu sich selbst: Welche Ihrer Persönlichkeitsanteile mögen Sie nicht? Wenn Sie mit Ihrer Auflistung fertig sind, nehmen Sie sich die Zeit, darüber nachzudenken, welche »Goldschätze« in diesen Charakterzügen stecken. Wie können Sie ihr Potenzial positiv nutzen, die betreffende Eigenart ins Positive wenden? Was ist die »sublimierte« Form dieses Anteils?

Ein Beispiel: Vielleicht bin ich ein ängstlicher Mensch. Die sublimierte Form dieses Charakterzugs könnte so aussehen, dass ich ein sehr feines Gespür für die Energien um mich herum besitze. Das könnte mich zum perfekten Innenausstatter machen, weil ich die Energien eines Raumes sensibel wahrnehme. Ich erspüre, wo für welches Ding der richtige Platz ist und welchen Einfluss Farben auf die Menschen haben, die sich darin aufhalten. Ich könnte den Menschen ein Heim schaffen, in dem sie sich so wohlfühlen, wie sie sich das nach einem langen Arbeitstag wünschen.

Oder ich bin ein Rüpel, ein Rabauke, die Sorte Schulhofschläger, der andere immer nur herumschubst. Die sublimierte Form dieses Charakterzugs könnte sein, dass ich andere sanft dorthin dränge, wo sie sich voll entfalten können. Ich würde mich mit meiner kraftvollen Energie versöhnen und sie dort einsetzen, wo die Menschen einen Schubs vorwärts gebrauchen können. Rabauken neigen dazu, soziale Gruppen zu dominieren. Die sublimierte Form des Schulhofschlägers ist der Leader. Ich könnte mich mit diesem Persönlichkeitsanteil aussöhnen und Verantwortung übernehmen, wenn andere nicht wissen, wo es langgehen soll. Dann kann ich initiativ werden und die Leute zur Zusammenarbeit motivieren.

FINDEN SIE HERAUS, WAS SIE AN SICH NICHT MÖGEN

Schnappen Sie sich einen Stift und ein Blatt Papier und notieren Sie darauf die Namen aller Familienmitglieder und Bezugspersonen aus Ihren Kinder- und Jugendjahren. Lassen Sie unter den einzelnen Namen Platz und halten Sie dort fest, was diese Menschen Ihnen vorgeworfen und womit Sie in Ihnen Scham ausgelöst haben. Vergessen Sie nicht die Punkte, gegen die Sie sich innerlich gewehrt haben. Wenn Sie davon überzeugt sind, dass dieser Mensch mit seiner Kritik **unrecht hatte**, *machen Sie sich klar, dass Sie gegen diese Kritik rebelliert haben. Dahinter aber verbirgt sich Unsicherheit. Sie haben sich nämlich* *bestimmt insgeheim gefragt, ob diese Leute nicht doch recht haben könnten. Wenn Sie auf diese Kritik emotional reagierten, können Sie davon ausgehen, dass Sie diese Aspekte an Ihnen auch heute noch nicht schätzen. Gerade diesen Persönlichkeitsanteilen können Sie jedoch mithilfe der Sublimation beikommen.*

Oder Sie nehmen ein Blatt Papier und notieren mit der Hand, die Sie gewöhnlich nicht benutzen, was Ihr Innerer Richter Ihnen einsagt. Lassen Sie ihm die Zügel schießen. Er soll alles ausspucken, was er an Ihnen schlecht, falsch oder ungenügend findet. Ganz egal, wie schwer es Ihnen fällt, mit der »falschen« Hand zu schreiben: Dadurch verhindern Sie, dass Ihr Bewusstsein zensierend eingreift, und finden heraus, welche Eigenschaften Sie an sich nicht mögen, auch wenn Ihnen dies vorher nicht bewusst war.

POSITIVE VERSTÄRKUNG

In jedem Augenblick unseres Lebens befinden wir uns an einem Scheideweg. Wir können uns selbst negativ oder positiv sehen, wodurch wir uns entweder behindern oder uns frischen Wind in die Segel pusten lassen. Wenn wir uns von der Scham lösen wollen, sollten wir lernen, uns selbst positiv zu verstärken. Je mehr, umso besser. Anfangs werden Sie das wahrscheinlich wie eine lästige Pflicht empfinden.

Machen Sie sich bewusst, dass es dabei nicht um positive Affirmationen geht, die Probleme meist nur kaschieren. Sie wirken wie eine Schmerztablette, die das zugrunde liegende Leiden aber auch nicht heilt. Tatsächlich verstärken solche Affirmationen die innere Zersplitterung noch. Wenn wir beispielsweise eine Affirmation verwenden wie: »Ich liebe und akzeptiere mich«, dann setzen wir uns selbst einen Standard. Eine neue Erwartung. Damit aber zementieren wir gleichzeitig die Art von Wirklichkeit, die wir als akzeptabel betrachten. Die Persönlichkeitsanteile, die sich nicht geliebt fühlen, die andere Innere Zwillinge vielleicht sogar hassen, fühlen sich dann verleugnet und zum Schweigen verdammt. Wir nehmen ihnen den Raum zum Atmen und drängen sie immer weiter ins Unbewusste ab, sodass sie noch weniger Gelegenheit haben, echte Hilfe zu bekommen. Und sie werden mit einem Maß gemessen, dem sie niemals gerecht werden können.

Daher schlage ich Ihnen einen Ansatz vor, der alles andere als oberflächlich ist und nicht mit Verdrängung arbeitet. Denn ich bin der Auffassung, dass Sie alles in Ihrem Leben – ob nun äußere Umstände, Persönlichkeitsanteile, einzelne Ereignisse, Verhaltens- oder Denkmuster und so weiter – aus zwei verschiedenen Perspektiven betrachten können. Da ist zum einen die positive Sicht, mit der wir uns selbst bestärken. Und zum anderen die negative Perspektive, mit der wir uns selbst schwächen und behindern. Keine dieser Perspektiven ist »richtiger« als die andere. Nur fehlt der einen jedes Mitgefühl, weshalb sie die Zersplitterung in Ihnen verstärkt, weil Sie Ihnen keine Gelegenheit zur Integration und Weiterentwicklung bietet.

Und wieder ein Beispiel: Wenn ich sexuell missbraucht wurde, bin ich möglicherweise nicht fähig, beim Liebesspiel Lust zu empfinden. Und ich bin möglicherweise süchtig nach Zigaretten, weil ich auf diese Weise meinen Schmerz betäube. Die negative Sicht auf diese Situation wäre: »Man hat mir mein Leben zerstört. Ich werde nie eine gute sexuelle Beziehung haben können. Daher will niemand mit mir zusammen sein. Ich bin einfach nur ein nutzloser Süchtiger, der nicht von seiner Abhängigkeit loskommt.« Das ist der eine Blickwinkel. Wir sollten uns wirklich darin üben, Mitgefühl mit diesem Aspekt von uns zu haben. Doch damit ist es noch nicht getan. Wir sollten nämlich *auch* Mittel und Wege finden, dem gegenteiligen Aspekt eine Stimme zu geben, und das ist weit schwieriger. Wenn wir Scham empfinden, haben wir keinen Zugang zu dieser Seite von uns, solange wir uns nicht um den negativen Persönlichkeitsaspekt kümmern. Dazu aber müssen wir uns jene Perspektive zu eigen machen, die uns positiv verstärkt.

Im vorherigen Beispiel könnte diese verstärkende Seite so aussehen: Ich wurde missbraucht. Daher verstehe ich besser als jeder andere, wie eine gesunde sexuelle Beziehung aussieht. Die meisten Menschen wissen das nämlich nicht. Sie haben einfach nur Sex und verschwenden keinen weiteren Gedanken darauf. Potenziell könnte ich also eine bessere sexuelle Beziehung aufbauen als die meisten Menschen, eben weil mir so etwas widerfahren ist. Die Zigaretten haben mir geholfen, bis heute zu überleben, weil sie meinen Schmerz betäubt haben und das immer noch tun. Auch frisch Operierte brauchen Morphium, damit sie weiterleben und ihr Körper heilen kann. Schließlich würde ich von einem Menschen, der sich bei einem Autounfall sämtliche Knochen gebrochen hat, auch nicht verlangen, dass er ohne Morphium auskommt und sich vor Schmerz die Seele aus dem Leib schreit. Ich kann mir ja versprechen, dass ich weiter an mir arbeiten werde. Und mir diese Erleichterung gönnen, bis der Zeitpunkt gekommen ist, an dem ich solche Hilfsmittel nicht mehr brauche.

Wenn Sie diese Übung machen, möchte ich, dass Sie sie nicht als durch die negative Perspektive entwertet betrachten. Es geht vielmehr darum, beide Blickwinkel einzunehmen. Etwa so, als ließen Sie Licht in einen dunklen Raum fallen. Wenn Sie mit der Scham kämpfen, dann ist die Wahrscheinlichkeit groß, dass Sie diese Tür nie öffnen, dort niemals Licht hineinlassen. Oder Sie versuchen, die Dunkelheit zu vernichten, statt sie am Leben zu lassen und ins Licht zu integrieren.

IHR SELBSTACHTUNGS-WERKZEUGKASTEN

Wenn Sie unter Schamgefühlen leiden, schlage ich Ihnen folgende Übung vor, bei der Sie sich vorstellen, dass Sie eine Kiste besitzen, gefüllt mit »Werkzeugen«, die Ihnen zu mehr Selbstachtung verhelfen. Auch der Werkzeugkasten selbst sollte Ihren Gefallen finden – er sollte Ihren Schönheitssinn befriedigen wie ein liebevoll verpacktes Geschenk.

Und dann geht es ans Füllen: mit äußeren oder inneren Leistungen, die Sie vollbracht haben. Zum Beispiel mit Diplomen, Auszeichnungen, Pokalen, Medaillen und Fotos, die Sie auf dem Gipfel Ihres Erfolgs zeigen. Aber auch Dankesschreiben, nette Postkarten, Worte, die Sie ermutigt haben. Nette Gesten von anderen Menschen, die Sie zu schätzen wussten.

Natürlich kommt in Ihren Werkzeugkasten auch eine möglichst lange Liste mit allen Punkten, die an Ihnen gut und richtig sind. Dabei geht es um Ihre Stärken, Fähigkeiten, positiven Charakterzüge und alles, was Sie für andere getan haben. Schreiben Sie auf, wo Sie von anderen gelobt wurden für Dinge, die Sie persönlich schlecht fanden. Sie legen einfach alles hinein, was als Beleg dafür dienen kann, dass Sie gut *sind.*

Lassen Sie Ihre Kreativität spielen: Was bestätigt Sie in Ihrer Selbstachtung? Zum Beispiel Bilder, die bei Ihnen ein gutes Gefühl auslösen. Erinnerungen an Filme, Bücher oder Musik, womit Sie sich wohlgefühlt haben. Oder Fotos von Menschen, mit denen Sie sich identifizieren können, denen Sie zu ähneln glauben. Alles jedenfalls, dem Sie hundertprozentig positive Gefühle entgegenbringen.

Hier sind Ihnen wirklich keine Grenzen gesetzt. Wenn Sie Ihre Scham und Verwundbarkeit direkt angesehen und mit beidem gearbeitet haben, können Sie anschließend Ihren Werkzeugkasten hervorholen und darin herumstöbern. Dann finden Sie in Ihre Selbstachtung zurück.

Was unseren Selbstwert angeht, sollten wir vor allem eines tun: ihn zum Teufel schicken. Denn der »Wert« ist eine durch und durch abstrakte Idee. Sie können den Wert von Menschen oder Dingen nicht objektiv messen. Wert ist also kein Konzept, das in der Wirklichkeit verankert ist. Er ist immer subjektiv. Die Kriterien, anhand derer man den Wert einer Person bemisst, hängen ganz von der Gesellschaft ab, in der sie lebt.

Sehen Sie es mal so: Die Qualität des *Präsent-Seins* ist wertlos in einer Gesellschaft, die nur das *Tun* schätzt. Die Eigenschaft »äußere Schönheit« ist wertlos in einer Gesellschaft von Blinden. Vielleicht ist das der Grund, aus dem Sie sich wertlos fühlen: Die Eigenschaften, mit denen Sie auf die Welt kamen und die man andernorts gepriesen hätte, waren den Menschen in Ihrer Familie, Ihrer Kultur, Ihrer Gesellschaft nichts wert.

Wurden Sie zum Beispiel mit einer künstlerischen Begabung geboren, dies jedoch in eine Familie, für die außer intellektueller Leistung nichts zählt, dann wurden Ihre Gaben nicht wertgeschätzt. Damit aber signalisiert man Ihnen, dass *Sie* selbst nichts wert sind. Als Kind einer Künstlerfamilie hätte man Ihre spezielle Gabe sofort als wertvoll erkannt und hielte *Sie* selbst auch für wertvoll.

Wir müssen uns an die Idee gewöhnen, dass Wert immer subjektiv ist und sich häufig wandelt, mitunter auf irrationale, vollkommen von den Umständen abhängige Art und Weise. Wahrer menschlicher Wert lässt sich nicht ermitteln.

Er gleicht vielmehr dem Licht, das durch ein Fenster fällt. Sie werden mit diesem Licht geboren, und es ist immer da. Alle Menschen kommen damit auf die Welt. Im Lauf Ihres Lebens sammeln sich auf der Glasscheibe Traumata an wie Staub und Spinnweben. Immer wenn die Menschen in Ihrem Umfeld Ihr Licht nicht sehen, verdunkelt sich die Scheibe. Doch wenn Sie sie von Staub und Spinnweben gereinigt haben, merken Sie, dass das Licht nie aufgehört hat zu leuchten. *Es war immer da.*

DAS MOSAIK

Wenn wir Scham empfinden, fühlen wir uns innerlich gebrochen. Ironischerweise ist dieses Gefühl nicht einmal so falsch. Wir haben ja bereits gesehen, dass Sie, wenn Sie Scham empfinden, innerlich zersplittert sind. Ihr Innenleben ist also nicht harmonisch. Sie fühlen sich innerlich vielmehr wie zersplittertes Glas.

Wir alle haben mit dem zu kämpfen, *was ist.* Wir wollen die Dinge ständig verändern. Diese Tendenz ist wunderbar, weil sie unser Leben und unsere Welt ständig verbessert. Hätten wir einfach akzeptiert, dass der Mensch nicht fliegen kann, gäbe es keine Flugzeuge. Doch es gibt Menschen, die nicht einfach nur Probleme mit dem haben, was ist. Sie entwickeln sich regelrecht zu Kämpfern gegen den Status quo. Dieser Unwille zu akzeptieren, *was ist*, kann sehr viel Leid erzeugen. Und tatsächlich hält uns das vom Glücklichsein ab.

Ein Beispiel: Stellen Sie sich vor, jemand ist querschnittsgelähmt und rennt jahrelang gegen diese Wand an, diese Wahrheit, die ihn dazu zwingt, im Rollstuhl zu sitzen und nicht gehen zu können. Am Ende wird die Auflehnung gegen das Gelähmtsein zur Ursache all seines Leidens. Könnte er hingegen akzeptieren, dass er gelähmt ist, könnte er den Wert dieser Erfahrung anerkennen, und dann empfände er eine tiefe Erleichterung. Er würde vollkommen anders handeln als zuvor.

Gab er vorher all sein Geld für die körperliche Rehabilitation aus, was ihn immer noch tiefer deprimiert hat, bis hin zu Selbstmordgedanken, so könnte er nun jemanden einstellen, der ihm beibringt, Sitz-Ski zu fahren. Jetzt, wo er sein Gelähmtsein akzeptiert hat, könnte er bei den Paralympics mitmachen und anderen Menschen mit speziellen Bedürfnissen als Vorbild dienen. Dadurch würde er immer mehr seiner Persönlichkeitsanteile harmonisch integrieren.

Stellen Sie sich diesen Integrationsprozess, Ihren Weg zu *innerer Verbundenheit*, vor wie das Legen eines Mosaiks. Ich persönlich habe Mosaiken immer geliebt. Sie scheinen mir eine schöne Metapher für das Leben an sich zu sein. Jeder Mensch auf der Welt hat das Potenzial, ein solches Mosaik zu werden.

Als Sie hier auf diese Erde kamen, waren Sie wie eine intakte Glasscheibe. Sie wussten jedoch, dass Ihre Lebenserfahrung Sie in tausend Stücke zersplittern würde. Natürlich ist diese Erfahrung mit tiefem Schmerz verbunden. Vielleicht haben Sie Jahre damit zugebracht, an der Tatsache Ihres Zersplittertseins vorbeizusehen und Ihren inneren Brüchen Widerstand entgegenzusetzen. Wenn Sie aber wahrhaft leben wollen, dann können Sie sich die Splitter ansehen und ihre Schönheit erkennen beziehungsweise ihr Potenzial aufdecken.

Nehmen Sie die Splitter an, betrachten Sie sie mit Wohlwollen, dann werden Sie zu den Steinen Ihres ureigensten Mosaiks. Sie können sie wieder zusammensetzen, aber zu einer neuen Form, die sehr viel facettenreicher ist als es die noch intakte Glasscheibe am Anfang Ihres Lebens war. Wir alle besitzen die Fähigkeit, unser Selbst als wunderschönes Mosaik neu zu erschaffen. Warum also sollten Sie es nicht versuchen und gucken, wie sich das anfühlt?

Ein Mosaik zu erschaffen, ist ein wunderschönes Bild, denn tatsächlich werden wir nie authentisch sein, werden wir nie wahre Liebe erfahren, wenn wir zersplittert bleiben. Wir können unsere negativen wie positiven Aspekte nicht ablehnen und zurückweisen. Das gilt auch für die Menschen in unserem Leben. Sind Sie jedoch bereit, das unangenehme Gefühl auf sich zu nehmen, sich selbst und die anderen in der ganzen Fülle zu betrachten, dann sind Sie auf dem Weg zu Authentizität und Ganzheit. Sie verdienen es, Ihre Wahrheit voll und ganz in Besitz zu nehmen.

Es gibt eine bekannte Kindergeschichte der Autorin Janell Cannon (1993), die von einer kleinen Fledermaus namens Stellaluna handelt. Stellaluna findet sich in einem Nest voller Vögel wieder. Die Vögel nehmen Stellaluna als eine der ihren an. Doch immer wenn die Kleine sich mit dem Kopf nach unten an einen Ast hängt oder eine Grimasse schneidet, wenn sie wie die »echten« Vögel Käfer fressen muss, wird sie getadelt.

Der Anpassungsprozess geht so weit, dass Stellaluna schließlich glaubt, ein Vogel zu sein. Sie frisst Käfer, ohne das Gesicht zu verziehen. Sie bleibt tagsüber wach und schläft nachts. Sie leugnet alle Aspekte ihres Selbst (Zersplitterung) und vereinsamt immer mehr. Da sie sich nirgendwo zugehörig fühlt, weil sie ja ihre eigentliche Natur verleugnet, hungert sie nach Anerkennung. Sie hat immer das Gefühl, dass mit ihr etwas nicht stimmt. Sie fühlt sich nämlich selbst dann allein, wenn sie mit anderen Vögeln zusammen ist.

Am Ende ist Stellaluna vollkommen verzweifelt. In diesem Augenblick trifft sie auf den Fledermausschwarm, von dem sie seinerzeit getrennt wurde. Die anderen Fledermäuse erklären ihr, dass sie eine der ihren ist, und ermutigen sie, sich ihre wahre Natur zurückzuerobern. Und schon fühlt Stellaluna sich nicht mehr allein. Sie erkennt auch, dass sie ihre Freundschaft mit den Vögeln weiter pflegen kann, auch ohne ihre innerste Natur aufzugeben – die einer Fledermaus.

Geschichten wie diese sprechen uns an, weil jeder von uns aus eigenem Erleben kennt, wovon darin die Rede ist: Wir verleugnen uns selbst. Unsere Erfahrungen bringen uns dazu, unser Innerstes aufzusplittern. Dies geschieht vor allem, wenn die Menschen, von denen wir geliebt werden wollen, mit Zu- oder Abneigung auf uns reagieren.

Ironie des Schicksals: Im Lauf dieses Prozesses verlieren wir immer mehr von unserer Authentizität. Wir wünschen uns nichts sehnlicher, als geliebt zu werden, doch das größte Hindernis auf dem Weg zu wahrer Liebe ist mangelnde Authentizität. So wie Stellaluna, die keine Liebe fand und sich nicht geliebt fühlte, weil sie ihre Fledermausnatur verleugnete, werden auch Sie, so lange Sie nicht authentisch sind, keine Liebe finden. Denn dann identifizieren Sie sich mit nur einem Teil Ihrer selbst – zu Lasten aller anderen Aspekte. So aber können Sie nicht einmal diesen Persönlichkeitsanteil jemand anderem zueigen. Und der andere hat keine Gelegenheit, ihn zu lieben.

Setzen Sie sich also mit den hier vorgestellten Techniken auseinander. Denn letztlich besteht die Lösung für einen sinnvollen Umgang mit der Scham in einem Paradigmenwechsel. Statt die Scham zu verdrängen oder sie als Fehler zu korrigieren, müssen wir Wege finden, unser Schamgefühl zu integrieren. Sie wissen nun, dass hinter jedem Schamgefühl, das wir als erwachsener Mensch empfinden, eine beschämende Erfahrung aus der Kindheit steht. Und diese traumatischen Erfahrungen verursachen tiefe Wunden in unserem Emotionskörper.

Aus diesem Grund sollten Sie, wann immer Sie Scham

empfinden, sich in dieses Gefühl versenken. Lassen Sie sich vollkommen auf dieses Gefühl ein. Finden Sie zurück in

Ihren kindlichen Wesenskern, in die Erinnerung, was war, als man Ihnen diese Scham vermittelt hat. Und dann kümmern Sie sich um Ihr inneres Kind. In meinem Buch *Den Schatten umarmen – die Verletzungen der Seele heilen* beschreibe ich den von mir konzipierten *Completion Process*. Wenn Sie weiterhin mit Scham zu kämpfen haben, empfehle ich Ihnen, diese Methode zu erlernen und sie auf die Scham anzuwenden, die Sie empfinden.

TEIL III

DER PFEILER DER FURCHT

Die Stimme eines Kindes sagt:
Es ist besser, unser Herz leichtzumachen.
Es ist besser zu umarmen, statt das Leiden zu verdrängen.
Mütter weinen sich die Augen aus.
Ihre Söhne sterben auf fernen Straßen,
geküsst vom verdienstlosen Fieber des Krieges,
des Lebens beraubt.
Und alle Seelen sterben mit ihnen;
So wie alle Seelen leben,
wenn ein Neugeborenes die Freude der mütterlichen Brust erfährt.
Befreit von den harten Schalen der Kindheit
Lasst unsere Stimmen erklingen, um all dazu anzuprangern,
was uns zu Gefangenen gemacht hat.
Wie die Sterne hoch da oben
schimmert mein Herz ohne Unterlass.
Ich nutze sein Licht, um mich umzudrehen und meinen
wahren Feinden gegenüberzutreten,
aber da ist nur
Stille und Raum …
Reihenweise habe ich Wälle errichtet
gegen einen Feind, den es nicht gibt.
Alle Seelen werden frei,
wenn ich meine Wälle niederreiße
Stein um Stein,
doch ohne sie zu hassen.
Ich habe den Rat des Kindes angenommen.
Es ist besser, unser Herz leichtzumachen.
Es ist besser zu lieben, statt zu fürchten.
Und die Stimme eines Kindes sagt:
Es gibt keinen besseren Weg zur Liebe
Als die Angst selbst zu lieben.

ANGST

von Teal Swan

DER PFEILER DER FURCHT

Der dritte Pfeiler der Einsamkeit ist Furcht. Was aber hat Furcht mit Einsamkeit beziehungsweise Verbundenheit zu tun? Die Antwort lautet: Bei der Furcht geht es letztlich um Trennung. Im Kern ist Furcht nichts anderes als die Bewegung, etwas oder jemanden von uns wegzustoßen. Daher ist Furcht die Erfahrung auf Erden, die uns am stärksten isoliert. Je mehr Angst wir haben, desto einsamer sind wir. Ängste, die wir vor Beziehungen oder anderen Menschen empfinden, haben nur die Funktion, uns von unseren Mitmenschen abzukoppeln. Sie machen uns einsam, wo es um den Kontakt zu anderen geht.

Um dies zu veranschaulichen, visualisieren Sie bitte vor Ihrem inneren Auge, dass Sie zusammen mit einer Reihe anderer Menschen einen Kreis bilden. Nun stellen Sie sich vor, wie Sie vor diesen Menschen Furcht empfinden und sie wegstoßen. Wenn Sie das tun, befinden sich irgendwann alle außerhalb des Kreises – bis auf Sie. Sie sind der Einzige, der noch im Kreis steht, und damit *allein.* Nun visualisieren Sie das Szenario nochmals. Nur dass Ihre Furcht Sie diesmal dazu bringt, den anderen aus dem Weg zu gehen. Am Ende stehen wieder alle im Kreis – bis auf Sie. Sie stehen draußen… *allein.* So erzeugt Furcht Einsamkeit und verhindert, dass eine Verbindung zu anderen Menschen entsteht.

Am Beginn dieses Buches habe ich dargelegt, dass es im Universum nur einen wirklichen Schmerz gibt und das ist der Schmerz des Getrenntseins. Wenn wir Schmerz fühlen, dann weil wir in diesem Augenblick von etwas getrennt sind. Empfinden wir Schmerz in einer Beziehung, ist dies ein Anzeichen dafür, dass in uns eine Angst lebt. Wir müssen uns dieser Angst stellen. Menschen, die einsam sind, sind zutiefst ängstliche Menschen. Ihre Furcht ist die Erfahrung, etwas fortzustoßen.

Die Hölle ist kein Zustand, der außerhalb von uns existiert. Die Hölle ist *Angst.* Angst und Hölle sind ein und dasselbe. Daher können auf der Erde Höllenbewohner neben Himmelswesen leben. Der Himmel ist *Liebe.* Als Schwingung betrachtet ist Liebe das Gegenteil von Furcht.

Es ist wichtig, dass wir erkennen, worum es bei unseren Ängsten geht, vor allem bei unserer Grundangst. Unsere Grundangst ist das, was wir im Leben um jeden Preis vermeiden wollen. Unsere Grundangst ist also ein Teil unser selbst, den wir abgespalten haben und als etwas Fremdes betrachten. Das heißt, dass Sie noch einen Inneren Zwilling haben, einen Angstzwilling, der Ihrer Grundangst entsprungen ist. Tatsächlich können Sie sogar mehrere Angstzwillinge in sich tragen.

WIE WIR UNS UNSEREN TIEFSTEN ÄNGSTEN STELLEN

Ich möchte Ihnen hier noch einmal ein Beispiel aus meinem eigenen Leben geben. Auch ich habe kürzlich tief in mir sitzende Ängste freigelegt. Als ich zum ersten Mal in ein bestimmtes fremdes Land reiste, beschloss ich, eine Reihe von schamanischen Reisen zu unternehmen, um die Pflanzenmedizin besser zu erforschen. Bei einer dieser Reisen auf meinen Innenwegen sah ich mich gezwungen, nach und nach meinen tiefsten Ängsten zu begegnen – bis hin zu meiner Grundangst. Das ist die Furcht, dem Schmerz hilflos ausgeliefert zu sein, ohne Fluchtmöglichkeit, ohne Ausweg. Das ist meine größte Angst. Sie rührt aus einer Erfahrung her, die ich tatsächlich einmal gemacht habe.

Die verzweifelte Angst, die diese Erfahrung in mir ausgelöst hat, veranlasste mich, jenen Teil von mir, der diese Angst empfand, rigoros abzuspalten. So wurde er zu einem Inneren Zwilling und schlummerte lange Jahre in meinem Unbewussten.

Als ich mir schließlich dieses lange verlorenen Anteils bewusst wurde und meinen Angstzwilling mit meinem inneren Auge sah, wirkte sie von Kopf bis Fuß verbrannt. Nur ihre Augen waren noch erkennbar. Ihr rechtes Schienbein war vollkommen zersplittert. Sie konnte sich nicht bewegen, ja vor Schmerz nicht einmal atmen. Sie sah aus wie jemand, der so schwere Verletzungen erlitten hat, dass er auf die Intensivstation müsste.

Auf dieser inneren Reise erhielt ich zwei Botschaften: Um die Angst zu überwinden, müssen wir das Selbst lieben, *das Angst hat.* Und wir müssen jenes Selbst lieben, *vor dem wir am meisten Angst haben.* Wenn *lieben* heißt, etwas als Teil unser selbst anzunehmen, dann bedeutete das in diesem Fall, dass ich diesen Teil meines Selbst wieder integrieren musste. Und dass ich die Verantwortung für sein Wohlergehen zu tragen hatte. Ich musste also die Entscheidung treffen, diesem Teil meiner selbst – meinem Angst-Selbst – den Vorrang einzuräumen.

Ich musste also herausfinden, was sie brauchte, und mein Leben so umstellen, dass diese Bedürfnisse gestillt werden konnten. So tauchte ich ein in eine Zeit tiefer Heilung. Ich strich alle anstehenden Reisen. Ich lud meinen weiblichen Angstzwilling ein, meinen Körper zu übernehmen, damit ich ihre Bedürfnisse erfühlen konnte. Ich ließ mich ganz auf diese Bedürfnisse ein. Ich schlief morgens lange, nahm Meersalzbäder und ging liebevoll mit mir selbst um. Ich machte alle mir wichtigen Menschen mit diesem Teil meiner selbst bekannt. Ich bat sie, ihn in unsere Beziehung aufzunehmen. Ich bat die Leute, freundlich zu mir zu sein. Als dieser so zerbrechliche Innere Zwilling allmählich Heilung fand, nahm meine Angst vor anderen Menschen mehr und mehr ab. Ich begann allmählich, mich wieder bereit zu fühlen für das Leben.

Dann vollzog ich das Gleiche für alle anderen Aspekte meiner selbst, die Angst hatten und sich über die Jahre hinweg abgespalten hatten. Das war der Beginn eines langen Weges hin zur Verantwortung für meine Ängste. Statt sie als etwas zu betrachten, was mein Leben zu zerstören und mich klein zu machen versuchte, sah ich sie als ängstliche Kinder, die um meine Hilfe baten. Wenn ich diesen Hilfeschrei beantwortet hatte, empfand ich weniger Angst und fühlte mich weniger allein.

FURCHT IST ERBLICH

Selbst wenn wir in einer liebevollen Umgebung aufwachsen, erben wir fremde Ängste und die Überzeugung, es gäbe bestimmte Dinge, die zu schwierig für uns sind. Kaum eine Mutter kann es vermeiden, ihrem Kind Dinge zu sagen wie: »Sei vorsichtig oder du tust dir weh«. Wenn ein Kind ins Krabbelalter kommt, wiederholen Mütter diesen Satz ziemlich oft. Schon der Tonfall ihrer Stimme vermittelt die Botschaft: »Die Welt ist gefährlich, und wenn etwas passiert, kannst du nichts dagegen machen.«

Letztlich aber verdreht diese Botschaft die Wahrheit, denn es geht nicht darum, dass das Kind mit dem Geschehen nicht umgehen kann. Die Mutter hat Angst, dass *sie* es nicht kann. Wenn sie ihr Kind also bittet, vorsichtig zu sein, meint sie in Wirklichkeit: »Wenn dir etwas Schlimmes zustößt, kann ich damit nicht umgehen«. In unserer Kindheit haben wir auf diese Weise die Ängste unserer Mütter übernommen, ob wir uns dessen nun bewusst waren oder nicht.

Dasselbe gilt natürlich für unsere Väter und für andere Bezugspersonen in unserem frühkindlichen Umfeld. Wir übernehmen ihr Gefühl von Ohnmacht und Unzulänglichkeit, ohne es infrage zu stellen. Damit aber übernehmen wir auch das Angstgefühl, das damit unvermeidlich einhergeht. In diesem Kapitel werden wir uns nun mit den zwei grundlegenden Reaktionsmustern auf Angst beschäftigen: dem Versuch, *sie zu kontrollieren beziehungsweise sie zu vermeiden.*

Letztlich können wir nur eine von zwei Bewegungsrichtungen einschlagen: *auf etwas zu* oder *von etwas weg.* Wenn Sie Angst haben, stoßen Sie etwas von sich weg. Das bedeutet, dass Sie es als Teil Ihrer selbst *ausschließen.* Das ist das Gegenteil von Liebe, die etwas heranzieht, sodass wir es als Teil unser selbst *einbeziehen* können.

Die eigentliche Definition von Angst ist: Reaktion auf eine wahrgenommene Bedrohung. Wenn wir etwas als Gefahr wahrnehmen, heißt dass, dass wir uns körperlich, geistig oder seelisch auf mögliches Leid, auf Verletzungen einstellen. Natürlich wollen wir von so etwas weg. Üblicherweise stoßen wir es fort und bekämpfen es oder wir laufen davor weg. Aber es gibt noch eine dritte Möglichkeit: Wir können es *umformen*, sodass es keine Bedrohung mehr darstellt. Wir können es umformen, indem wir es in etwas verwandeln, das uns nicht mehr gefährlich ist.

Interessanterweise ist es nicht von Bedeutung, ob die Bedrohung real ist oder nicht. Das Einzige, was zählt, ist, ob wir etwas *als gefährlich wahrnehmen.* Angst ist ein Urgefühl, genauso wie Scham. Bei beidem handelt es sich um eine *Reaktion*, die instinktiv abläuft, ohne dass wir sie durch den Gedanken daran herbeiführen müssten. Unsere Reaktion entspringt einem Bauchgefühl, einem organisch-biologischen Affekt. Angst beginnt als instinktiver Impuls, die Gedanken kommen erst später.

Empfinden wir Angst, glauben wir, nicht sicher zu sein – vor Gefahr, Verletzung, Schaden oder Risiko. Fühlen wir uns in einer bestimmten Situation oder mit einem bestimmten Menschen unsicher, werden wir versuchen, uns die Situation oder den Menschen »vom Leib zu halten«. In diesem Verhalten spiegelt sich wider, was wir mit dem Teil von uns anstellen, der uns in der Vergangenheit Angst empfinden ließ – wir spalten ihn ab.

Ein Beispiel: Wenn einer unserer Persönlichkeitsanteile Wut ist, wir aber gelernt haben, dass wir von anderen abgelehnt werden, wenn wir unserer Wut freien Lauf lassen, dann empfinden wir es nicht als sicher, Ärger als Teil unserer Persönlichkeit zu akzeptieren, ja nicht einmal, ihn als zu uns gehörig anzuerkennen. Andere Leute sagen vielleicht: »Es ist doch in Ordnung, wenn man mal wütend wird.« Doch wenn Ihre Erfahrungen in der Vergangenheit Sie gelehrt haben, dass Wut eben nicht in Ordnung ist, sondern für Sie schwerwiegende negative Folgen haben kann, dann werden Sie Ihre Wut als Bedrohung erleben und sie immer fürchten.

Die Ängste, die wir in uns verbergen, sind hauptsächlich deshalb entstanden, weil es uns in der Kindheit ganz an Sicherheit fehlte oder weil wir das Gefühl der Sicherheit zu früh eingebüßt haben. Dann sehnen wir uns als Erwachsene danach, dass jemand uns beschützt und für uns sorgt, wobei wir uns der Tatsache, dass wir auch andere Möglichkeiten haben, uns sicher zu fühlen, überhaupt nicht bewusst sind. Wir tragen die Prägungen des kleinen Kindes als Erinnerung in uns. Dieses Kind war umgeben von gleichgültigen, wenig einfühlsamen oder gar feindseligen Riesen – mit anderen Worten: den Erwachsenen in unserem Leben. Angesichts dessen entschied das Kind in uns, dass es keine Sicherheit geben könne. Empfinden wir vor allem in Beziehungen Angst, kann es gut sein, dass dies unsere frühkindliche Realität war. Wir glauben einfach nicht, dass man sich in Beziehungen mit anderen Menschen sicher fühlen kann. Das aber quält uns, denn schließlich ist Verbundenheit etwas, wonach wir uns zutiefst sehnen.

DIE VIER GRÖSSTEN ÄNGSTE IN UNSEREN BEZIEHUNGEN

Im Rahmen von Beziehungen treten vor allem folgende Ängste auf:

1. **die Angst vor dem Verlassenwerden**
2. **die Angst vor Zurückweisung oder Ablehnung**
3. **die Angst, dem Schmerz hilflos ausgeliefert zu sein**
4. **die Angst, sein Selbst zu verlieren, auch »Vermaschung« genannt**

Das Verlassen-Werden ist eine »Austrittsverletzung«, wie man das in der Gerichtsmedizin nennt. Sie führt unmittelbar in die Isolation. Wenn ein Mensch uns verlässt oder wir glauben, verlassen worden zu sein, haben wir das Gefühl, die Verbundenheit mit ihm verloren zu haben, weil er von uns weggegangen ist.

Wenn wir uns zurückgewiesen oder abgelehnt fühlen, empfinden wir uns als »verstoßen«. Dies löst bei uns unmittelbar Schmerz aus.

Manchmal haben wir das Gefühl, dass wir aus bestimmten Gründen oder vielleicht auch aus einem eigenen Bedürfnis heraus jemanden nicht verlassen können, der uns geistigen, emotionalen oder körperlichen Schaden zufügt. Wenn dies der Fall ist, sind wir dem Schmerz hilflos ausgeliefert. Das ist das Wesen der Folter.

Zur »Vermaschung« oder dem Verlust des Selbst kommt es, wenn wir von unserem Partner vollständig aufgesogen werden, statt jene Verbundenheit zu erfahren, die wir uns wünschen, nämlich ganz ineinander aufzugehen. »Vermaschung« ist tatsächlich nicht gesund für die Beteiligten, daher haben wir solche Angst davor. Dazu kommt es, wenn ein Mensch Teil des anderen wird, aber nicht umgekehrt. Es fühlt sich also eher so an, als würden wir aufgefressen.

Die Grundangst hat letztlich zwei Seiten: Die erste ist, dass wir ohnmächtig hinnehmen müssen, *was wir nicht haben wollen.* Die zweite ist, dass wir uns unfähig fühlen, das *von uns Gewünschte* herbeizuführen. Wenn Sie Ihre Ängste untersuchen, werden Sie feststellen, dass jede einzelne von ihnen immer diese beiden Aspekte aufweist.

Sie werden außerdem feststellen, dass zur Angst immer auch Begehren gehört. Viele Menschen wissen das nicht. Wenn Sie sich unfähig fühlen, das zu bekommen, was Sie begehren, heißt das, dass Sie trotz Ihres starken Wunsches von Ihren Gedanken, Worten und Taten in die entgegengesetzte Richtung gezogen werden. Anders ausgedrückt: Zwischen Ihnen und dem von Ihnen Ersehnten klafft ein Graben.

Auf körperlicher Ebene macht sich dieser eher energetische Umstand in den körperlichen Symptomen der Angst bemerkbar. Es fühlt sich an, als würde *Ihnen* das Leben einfach widerfahren. Das wäre ja an sich noch kein Problem, wenn Sie die Gewissheit hätten, dass Sie mit dem, was *Ihnen* geschieht, umgehen können. Aber es ist ja das Wesen der Angst, dass Sie das Gefühl haben, nicht mit dem umgehen zu können, was das Leben Ihnen zumutet, was Ihnen im Augenblick passiert. Wenn ich Angst habe, mich zum Narren zu machen, kann ich mit der Erfahrung, mich zu blamieren, nicht umgehen. Ich habe das Gefühl, es nicht zu ertragen, wenn andere mich als dumm oder töricht betrachten.

ES IST UNMÖGLICH, DAS UNBEKANNTE ZU FÜRCHTEN

Eine der am tiefsten sitzenden Ängste ist die Angst vor dem »Unbekannten«. Das liegt daran, dass wir Menschen mittlerweile süchtig sind nach Wissen. Wir müssen einfach alles über alles wissen, und das zu jeder Zeit und an jedem

Ort. Das ist einer der Impulse, die Sie bewogen haben, dieses Buch zur Hand zu nehmen.

Dafür gibt es verschiedene Gründe, unter anderem den folgenden: Wenn wir etwas Neues lernen, setzt unser Gehirn chemische Stoffe frei, die ähnlich wirken wie Opium. Außerdem verschafft unser Wissensdrang uns einen evolutionären Vorteil. Wir werden auf jeden Fall Fortschritte machen, wenn wir auf »Lernen« programmiert sind. Ohne darüber nachzudenken, tendieren wir ständig zu neuen Erfahrungen, weil diese uns mehr lernen lassen und unseren Wissensdurst stillen.

Dieser Wunsch nach Wissenserwerb ist als solcher keineswegs negativ, aber er hat eine Schattenseite, nämlich dass Wissen für uns Menschen häufig die Funktion eines »Sicherheitsnetzes« erfüllt. Lassen Sie mich das näher erklären. Das Ego nutzt Wissen, um Dingen aus dem Weg zu gehen, vor denen es sich fürchtet, wie zum Beispiel körperlicher Schmerz, das Gefühl der Wertlosigkeit und der mangelnden Bedeutung. Das Ego weiß, dass wir für andere Menschen interessant werden, wenn wir mehr wissen als sie. Das trägt uns Anerkennung ein und einen gewissen Status. Außerdem benutzt das Ego Wissen, um die Untiefen der Ungewissheit zu umschiffen. So ein kognitiver Schlusspunkt hinter einem Problem gibt uns Sicherheit. Wenn das Ego ums Überleben kämpft, ist Wissen sogar noch wichtiger als Nahrung oder Wasser. Schließlich ermöglicht Wissen uns, Nahrung und Wasser zu finden.

Daher nehmen wir alle als gesichert an, dass wir uns *vor dem Unbekannten fürchten.* Aber das ist vollkommen falsch. Wir haben keine Angst vor dem Unbekannten. Wenn uns das Unbekannte Angst machte, würden sich Babys vor allem und jedem fürchten. Aber das tun sie nicht. Wir haben Angst vor dem, was wir aufgrund früherer Erfahrungen *auf das Unbekannte projizieren.* Sehen wir uns etwas Unbekanntem gegenüber, fängt unser Geist an, bereits vorhandene Ängste dort hineinzuprojizieren, weil er herauszufinden versucht, welche Schrecken das Unbekannte bergen könnte. Dann sucht das Ego einen Weg, diesen Ängsten aus dem Weg zu gehen. Wie Sie sehen, sind es also die *Projektionen*, die uns Angst machen.

Wenn wir beispielsweise nach zehn Jahren unseren Job aufgeben, um etwas ganz Neues anzufangen, brechen wir auf zu unbekannten Ufern. Doch wir fürchten nicht das Unbekannte *an und für sich*. Wir haben Angst vor einem möglichen Scheitern und vor der sozialen Ächtung, die uns danach treffen würde. Diese Angst entsteht, weil wir das Gefühl des Scheiterns und des Geächtetwerdens kennen und es um jeden Preis vermeiden möchten. Könnten wir lernen, unsere Ängste nicht auf das Unbekannte zu projizieren, verlöre es jeden Schrecken für uns.

Die meisten fühlen sich deswegen unbehaglich mit dem Zustand des Nicht-Wissens, weil sie fürchten, dass sie aufgrund mangelnder Information »schlechte« Erfahrungen machen und ihre Ängste sich bewahrheiten werden. Doch Ihre Ängste werden sofort schwinden, wenn Sie Ihr Augenmerk darauf richten, dass jede Erfahrung *ihren ureigensten Wert hat.*

Versuchen Sie, Ihr Denken dahingehend zu verändern, dass Sie einfach *akzeptieren*, nicht alles wissen zu können. Derart hohe Erwartungen an sich selbst zu stellen, ist grausam. Dahinter verbirgt sich meist eine Angst vor der Welt und dem Leben selbst. Machen Sie sich lieber eine andere Philosophie zu eigen: Das Leben beruht auf Forschen und Lernen, Abenteuer und Ausdehnung, mit einem Wort auf Neuentdeckungen.

Ein Zenmeister fasste dies einmal in folgende Worte: »Die Scheune ist niedergebrannt. Nun kann ich den Mond sehen.« Dieser Vers drückt sehr schön aus, dass selbst Dinge, die wir gewöhnlich für eine Tragödie halten, ihren eigenen Wert haben. Wenn wir es uns zum Prinzip machen, in allen

Lebenserfahrungen einen Wert zu sehen, verschwenden wir nicht so viel Zeit und Mühe darauf, bestimmte Erfahrungen zu vermeiden. Das allein ist schon eine echte *Befreiung.*

DAS AM STÄRKSTEN VERBREITETE VERMEIDUNGSVERHALTEN

Die meisten Selbsthilfeexperten, Psychologen und spirituellen Lehrer gehen das Thema »Angst« an, indem sie Ihnen sagen, dass es nichts gibt, wovor Sie Angst haben müssten, ja, dass Sie die Angst ablegen könnten. Es existieren verschiedene Ansätze, die Ihnen zeigen sollen, wie Sie die Ereignisse in Ihrer Welt unter Kontrolle bekommen: zum Beispiel »Ihr Geist erschafft Ihre Wirklichkeit« oder »das Gesetz der Anziehung«. Da für Angst der Glaube an die eigene Unfähigkeit, unangenehme Erfahrungen zu verhindern, zentral ist, leuchtet es ein, dass Sie nichts zu fürchten haben, wenn Sie Ihre Wirklichkeit kontrollieren können.

Ob die genannten Aussagen die Funktionsweise des Universums nun korrekt beschreiben oder nicht (und manche sind durchaus zutreffend), für den Umgang mit der Angst ist das kein passender Modus. Es ist tröstlich zu denken, dass wir, wenn wir unseren Geist kontrollieren können, auch unter Kontrolle haben, was uns widerfährt. Es ist beruhigend zu glauben, dass wir unsere Realität bestimmen können. Das Problem ist nur: Wenn wir das glauben, verdrängen wir unsere Angst bloß.

Und die Wahrheit lautet: Ein Vermeidungsverhalten bringt Sie nicht weiter. Denn damit bauen Sie nur Widerstände gegenüber den Dingen auf, denen Sie aus dem Weg gehen. Sie stoßen sie fort. In einem Universum wie dem unseren, das wie ein Spiegel funktioniert, bedrängt alles, was Sie vermeiden, Sie nur umso stärker.

Eine andere beliebte Bewältigungsstrategie ist das *positive Denken.* Diese Lehre geht davon aus, dass sich unsere Probleme von selbst lösen, wenn es uns gelingt, immer positiv zu bleiben. Das klappt nur nicht. Bei den meisten Ängsten geht es um Traumata, die wir bereits erlitten haben. Wenn wir auf der emotionalen Ebene verwundet werden, ist das genauso, als zögen wir uns eine körperliche Verletzung zu.

Es ist aber ein himmelweiter Unterschied zwischen positivem Denken um des Positiven willen, und positivem Denken in der Erwartung, damit Negatives auszublenden oder zu vermeiden. Mein Rat ist: Hören Sie auf, *die Furcht abzuwehren*. Lernen Sie lieber, *richtig damit umzugehen*.

Diesen Unterschied möchte ich Ihnen anhand eines Beispiels verdeutlichen: Wenn Sie in einen schlimmen Autounfall verwickelt waren und sich einen komplizierten Beinbruch zugezogen haben, dann wird kein positives Denken Sie heilen. Wenn Sie nicht ins Krankenhaus oder zum Arzt gehen und stattdessen lieber positive Gedanken hegen, lenken Sie sich nur von der Wirklichkeit ab. Und die sieht so aus: Sie haben ein medizinisches Problem, das medizinische Behandlung erfordert. Was passiert, wenn Sie dazu keine Anstalten treffen? Die Wunden an Ihrem Bein beginnen zu eitern. Wenn Sie die Infektion überleben, werden Sie vermutlich gehbehindert sein. Wenn wir also versuchen, etwas aus dem Weg zu gehen, macht es das nur schlimmer. *Und das gilt auch für die Angst.*

Genau dasselbe spielt sich auf der emotionalen Ebene ab. Wenn wir ein emotionales Trauma erleiden und es ignorieren, unterdrücken oder leugnen, weil wir ja *positiv denken wollen*, dann setzen wir die Konzentration aufs Positive nur ein, um dem *Negativen auszuweichen*. Das lässt die emotionale Wunde nicht heilen. Sie fängt an zu eitern. Alles in allem ist positives Denken eine tolle Technik – mit einer Ausnahme: Positives Denken wirkt nur, wenn wir es nicht als *Vermeidungsstrategie* einsetzen. Positives Denken kann und sollte nicht dazu benutzt werden, unsere Widerstände zu stärken.

EINE BESSERE STRATEGIE FÜR DEN UMGANG MIT DER ANGST

Wenn es um Ängste geht und das Gefühl, dem, was unsere Wirklichkeit ausmacht, ohnmächtig ausgeliefert zu sein, dann sollten wir nicht darüber nachdenken, wie wir unsere Realität *erschaffen* beziehungsweise *kontrollieren* oder wie wir die Angst *aus unserer Gefühlswelt verbannen* können. Wir sollten uns besser darauf konzentrieren, Vertrauen in unsere Fähigkeit zu entwickeln, alles bewältigen zu können, was immer auf uns zukommen mag. Glauben wir aufrichtig, allen Widrigkeiten des Lebens gewachsen zu sein, dann entsteht Angst nur dann, wenn unser Leben bedroht ist und der Kampf-Flucht-Reflex das Steuer übernimmt. Sind wir überzeugt, alles, was kommt, bewältigen zu können, dann jagt uns unser Alltag, dann jagen uns unsere Beziehungen nicht länger Angst ein. Dann kann die Angst uns keine Grenzen mehr setzen oder uns daran hindern, das Leben zu genießen.

Haben wir als Kinder aber häufig die Erfahrung gemacht, dass wir dem Leben nicht gewachsen sind, dann tragen wir eine *erlernte Hilflosigkeit* in uns, die ständige Angst verursacht. Als hätte sich die Angst des ohnmächtigen Kindes unserem gesamten Wesen *eingeschrieben*. Wir *erlernen die Hilflosigkeit* förmlich, und diese verschwindet auch nicht, wenn wir längst erwachsen sind und mit den fraglichen Situationen locker umgehen könnten.

Eines der bekanntesten Beispiele hierfür ist die Dressur junger Elefanten. Wird ein kleiner Elefant an einen Baum gebunden, den er noch nicht umreißen kann, glaubt er auch später, dass er Bäume nicht umreißen kann, obwohl er als erwachsener Elefant den Baum mit Leichtigkeit entwurzeln könnte. Genauso funktioniert die erlernte Ohnmacht in Bezug auf das Leben.

An diesem Punkt wird vermutlich auch klar, was die Angst mit der Scham verknüpft: Wenn wir das Gefühl haben, etwas nicht bewältigen zu können, dann schämen wir uns dafür. Wir sind nicht zufrieden mit uns, weil wir uns als unfähig betrachten. Das gilt insbesondere dann, wenn wir glauben, andere Leute *könnten* mit dieser Situation spielend umgehen. Wir kommen daher zu dem Schluss, diese Unfähigkeit bedeutete, dass mit uns etwas nicht stimmt. Wenn Sie also Angst empfinden, dann heißt das, dass Sie sich hier und jetzt *Ihrer selbst schämen.*

Daher werden wir bei der Angst denselben Weg gehen wie bei der Scham: Wir gehen zurück zu der ursprünglichen Erfahrung, die uns das Gefühl vermittelt hat, wir würden nicht fertig mit dem, womit das Leben uns konfrontiert, zurück zu der Erfahrung, die uns Angst eingejagt hat. Dann müssen wir einen Weg finden, diese ursprünglichen Erfahrungen aufzulösen. Wenn Sie glauben, das könnte für Sie ein Thema sein, möchte ich Ihnen mein Buch *Den Schatten umarmen – Verletzungen der Seele heilen* ans Herz legen. Darin ist der *Completion Process* beschrieben, der Ihnen hilft, konstruktiv mit Problemen umzugehen, die Sie in der Vergangenheit nicht aufarbeiten konnten.

Da es bei der Angst darum geht, dass es Ihnen an Vertrauen in Ihre Fähigkeit mangelt, die jeweilige Situation zu bewältigen, müssen wir uns darauf konzentrieren, den Schalter umzulegen: von »Ich kann das nicht« auf »Wie schaffe ich das?« Dann stellen Sie sich vor, wie Sie diese Situation meistern. Manchmal reicht das schon aus, um Ihre Angst und die erlernte Hilflosigkeit abzulegen.

DIE WAHL

Fühlen wir uns ohnmächtig, sind wir außerstande, eine persönliche Entscheidung zu treffen. Denn wenn Sie eine Wahl haben, dann ist Schluss mit Hilflosigkeit. Dann spüren Sie Ihre Macht. Die Vorstellung von »Macht« erschreckt allerdings viele Menschen. Das liegt daran, dass sie Macht mit Tyrannei und Manipulation gleichsetzen. Beides verursacht anderen Leid. Beides hat dafür gesorgt, dass *Macht* in unserer Gesellschaft eine so negative Bedeutung erhalten hat.

Wenn Sie sich Ihrer Macht aber tatsächlich bewusst sind, schwindet auch das Bedürfnis, andere zu manipulieren und zu kontrollieren. Wahre Macht macht uns frei. Sie öffnet uns für die Welt, statt uns von ihr abzuschotten. Persönliche Macht ist ein notwendiger Teil der Liebe.

Um Ihre persönliche Macht zu vergrößern, sollten Sie in jeder Lebenssituation Ihr Augenmerk darauf richten, welche Alternativen Sie haben. In den meisten Fällen sind das nämlich eine ganze Menge.

Sagen wir mal, Sie sollen einen Vortrag vor Publikum halten und haben deshalb die absolute Panik. Vielleicht sagen Sie zu demjenigen, der Ihnen den Vorschlag macht, sofort: »Oh nein, das *kann* ich nicht.« Damit meinen Sie eigentlich, dass Sie nicht *wollen.* Rein körperlich sind Sie dazu in der Lage. Es stimmt also nicht, dass Sie nicht können. Richtiger wäre es zu sagen: »Ich entscheide mich nicht dafür, mich auf ein Podium zu stellen und eine Rede zu halten.« Sie mögen eine ganze Reihe vernünftig klingender Gründe für diesen Entschluss haben. Ihre Macht stärken Sie aber nur, wenn Sie sich bewusst machen, dass Sie hier *die Entscheidung getroffen* haben, die Rede nicht zu halten. Und nicht mehr glauben, dass Sie es nicht *können.*

Ängste halten uns häufig innerhalb von Grenzen, die eigentlich gar nicht existieren. Wir begründen etwas viel zu oft mit der Feststellung: »Ich kann nicht«. Wir glauben, nicht zu können, was wir können möchten. Das Gegenteil ist der Fall. Andererseits gibt es natürlich Grenzen für jeden von uns. Ein Gelähmter kann keine Treppen steigen. Wenn es also um eine Situation geht, in der Ihnen etwas faktisch nicht möglich ist, dann stärken Sie Ihre Macht, wenn Sie Ihre tatsächlichen Grenzen anerkennen. Fragen

Sie sich: »Welche Alternativen habe ich angesichts meiner Grenzen?« Einschränkungen zu haben, ist nicht falsch. Es bleibt uns immer noch eine große Bandbreite an Möglichkeiten, selbst wenn wir unsere Grenzen akzeptieren.

Letztlich kommt es auf Folgendes an: Wenn wir vor einer Entscheidung bezüglich unseres Handelns oder unserer Optionen stehen, müssen wir uns selbst fragen: »Bringt diese Wahlmöglichkeit mir mehr Macht oder weniger?« Zu erkennen, dass Sie die Wahl haben, legt die Macht zurück in Ihre eigenen Hände, überlässt sie nicht länger anderen Menschen.

DIE GROSSE FRAGE

Beginnen Sie den Prozess zur Überwindung der Angst, indem Sie folgende Aussage als wahr akzeptieren: ***Die Angst wird nie vergehen.*** *Sie werden nie ein Leben ohne Angst führen können. Furchtlosigkeit gibt es nicht. Mag auch der eine furchtsamer sein als der andere, so gilt dennoch: Solange Sie auf dieser Erde wandeln und wachsen und sich als Mensch weiterentwickeln, indem Sie neue Risiken eingehen und Ihren Träumen folgen, werden Sie auch Angst erfahren. Wir mögen versuchen, diese Angst vor anderen Menschen zu verbergen, doch das heißt nicht, dass sie nicht existiert.*

Nun stellen Sie sich die große Frage: »Wie würde sich mein Leben verändern, wofür könnte ich meine Zeit und Energie sonst einsetzen, wenn ich akzeptierte, dass mich die Angst mein Leben lang nicht verlassen wird?«

WIE AUS GEDANKEN ÄNGSTE WERDEN

Angst ist das Gefühl, das aus Gedanken entsteht, die Sie von Ihren Herzenswünschen wegführen. Gedanken spielen bei unseren Ängsten also eine Hauptrolle. Hier ein Beispiel für einen Gedanken, der Sie in eine Richtung treiben könnte, die Ihren Wünschen diametral entgegengesetzt ist.

Angenommen, Sie wünschen sich eine feste, sichere Bindung. Dann sollten Sie sich vor Gedanken wie den folgenden hüten: »Kein Mann geht je eine feste Beziehung ein. Das ist biologisch nicht möglich.« Oder: »Keine Frau wird sich je an mich binden, weil sie mich liebt. Frauen interessiert nur das, was du für sie tun kannst.« Und: »Mehr als die Hälfte aller Ehen wird geschieden, heiraten ist also Quatsch.« Solche Gedanken treiben Sie weg von dem, was Sie eigentlich wollen.

Dabei müssen Gedanken nicht unbedingt in Worte gefasst werden. Sie erscheinen manchmal auch als Bilder. So kann es vorkommen, dass ich in dem gerade anskizzierten Szenario die Worte: »Kein Mann geht je eine feste Beziehung ein. Das ist biologisch nicht möglich« nicht höre, sondern einen Mann sehe, der türenknallend meine Wohnung verlässt oder mit einer anderen Frau zusammen ist. Ganz egal, welche Form ein Gedanke annimmt: Wenn er Angst auslöst, dann richtet er sich gegen Ihre innersten Wünsche.

WOVOR HABE ICH WIRKLICH ANGST?

Um einen konstruktiven Umgang mit Ihrer Angst zu lernen, müssen Sie sich als ersten Schritt ihrer voll bewusst werden. Viele von uns haben sich an das unbehagliche Gefühl der Furcht gewöhnt, sich jedoch nie die Mühe gemacht herauszufinden, was uns das Fürchten lehrt. Unsere Ängste sind wie Geister, die uns heimsuchen, ohne dass wir sie klar erkennen könnten. Doch ein Phantom kann Sie nur dann manipulieren, wenn Sie es nicht sehen. Sobald wir unseren Blick darauf richten, schrumpft es schnell in sich zusammen. Daher müssen wir uns die Frage stellen: »Wovor fürchte ich mich in dieser Situation?«

Um das herauszufinden, müssen Sie sich ganz auf das Gefühl der Angst einlassen, statt ihr möglichst aus dem Weg zu gehen. Das ist leichter gesagt als getan, aber mit einiger Übung wird es einfacher.

In dem Augenblick, da ich Angst empfinde, kann ich versuchen, sie loszuwerden, indem ich sie fortstoße. Wenn ich zum Beispiel ein Flugzeug besteige und Angst empfinde, kann ich mich mit Videospielen ablenken. Ich kann innerlich alles aufzählen, was dieses Flugzeug zu einem sicheren Transportmittel macht. Oder mir sagen, dass meine Angst lächerlich ist. Dann unterdrücke ich sie, indem ich ihr die Daseinsberechtigung abspreche. Aber diese Methoden funktionieren nicht wirklich.

Es gibt hier einen viel besseren Ansatz: Sobald ich anfange, mich zu fürchten, kann ich die Angst integrieren, indem ich sie einlade näherzukommen. Ich könnte meine Augen schließen und meine ganze Aufmerksamkeit auf die Empfindungen der Angst in meinem Körper richten. Ich könnte mir die Bilder ansehen, die dazu in meinem Kopf auftauchen. Ich könnte darauf hören, was die verschiedenen inneren Stimmen mir sagen.

Dann könnte ich mich immer tiefer in die Angst versenken, indem ich mir mitfühlend einige Fragen stelle, um besser zu verstehen. Ich kann mich zum Beispiel fragen: »Was ist an dieser Situation so erschreckend?« Wenn ich dann eine Antwort erhalte, frage ich weiter: »Warum ist das so erschreckend für mich? An welches frühere Erlebnis erinnert mich diese Situation?« Indem ich meine Angst auf diese Weise zu mir heranhole, mache ich sie nicht nur deutlicher, sodass ich mit ihr umgehen kann. Ich kümmere mich direkt um sie und werde mir ihrer bewusst.

Wann immer wir Angst empfinden, haben wir die Kraft, unseren Geist und unser Herz einzusetzen, um die traumatische Erfahrung aus der Vergangenheit zu heilen, die diese Furcht auslöst. Außerdem können wir Entscheidungen treffen und Wege finden, um die Situation für uns sicherer zu machen.

WARUM KONFRONTATION BEI DER ANGST NICHT FUNKTIONIERT

Wenn die Menschen sich ihrer Ängste erst einmal bewusst sind, empfiehlt man ihnen häufig eine sogenannte *Konfrontationstherapie*. Hat jemand beispielsweise enorme Angst vor Schlangen, dann soll er mit seinem Therapeuten eine Zoohandlung aufsuchen und dort die sich windenden Reptilien in die Hand nehmen. Die Theorie dahinter besagt, dass die Ängste verschwinden, wenn man erkennt, dass keine reale Bedrohung existiert. Wird diese Art von Therapie aber zu früh angewendet, dann verstärkt sie das innere Klima der Angst und Unsicherheit noch.

Stellen Sie sich vor, jemand macht eine *Konfrontationstherapie* und einige seiner Inneren Zwillinge sind damit nicht einverstanden. Ein Innerer Zwilling will sich mitten in das furchterregende Element stürzen, um die Angst zu überwinden. Ein anderer hingegen will nur so schnell wie möglich weg. Damit beginnt ein Tauziehen zwischen diesen beiden inneren Aspekten.

Wenn wir uns in diesem Augenblick mit der angstauslösenden Situation konfrontieren, walzen wir einen wertvollen Aspekt unser selbst platt – den Inneren Zwilling, der dazu noch nicht bereit ist. Dann wird dieser verängstigte Persönlichkeitsanteil dem anderen nie wieder vertrauen, weil seine Interessen, sein freier Wille und seine Wünsche nicht berücksichtigt werden. So entsteht ein inneres Klima des Misstrauens. Wir vertrauen uns selbst nicht mehr, wissen aber nicht wieso. Wir merken es nicht, weil unsere Inneren Zwillinge ja ein Nullsummenspiel spielen. (Einer gewinnt, der andere verliert.) Ein Nullsummenspiel ist eine Situation, in der einer verlieren muss, damit der andere gewinnen kann.

Da ist es doch weit besser, wenn wir unseren Geist und unser Herz einsetzen, um die Angst aufzulösen. In diesem Fall ziehen wir unsere Aufmerksamkeit von der Angst an sich ab und wenden sie liebevoll dem Inneren Zwilling zu, der uns so schnell wie möglich von dem wegbringen möchte, was uns Angst macht.

Mit dieser Technik nähern wir uns diesem Aspekt unser selbst, als wäre er ein verängstigtes, weinendes Kind. Statt es zu zwingen, das zu tun, wovor es sich fürchtet, versuchen wir, seine Ängste zu verstehen. Wir machen ihm deutlich, dass wir seine Furcht als berechtigt ansehen. Wir akzeptieren, dass seine Furcht einen Grund hat. Dann bleiben wir bei der Furcht und versuchen herauszufinden, wie wir diesem Inneren Zwilling die Sicherheit und Beruhigung geben können, die er braucht.

Häufig heißt das für uns, dass wir eine Grenze ziehen müssen. Entweder werden wir uns bewusst, dass es für uns richtig ist, zu der Situation, die Angst in uns auslöst, klar Nein zu sagen. Oder wir merken, dass *auch die verängstigte Seite in uns* sich mit der Situation auseinandersetzen möchte.

Es macht einen Unterschied, ob Ihr Innerer Zwilling sagt: »Ich habe Angst und will mit dieser Situation nichts zu tun haben.« Oder: »Ich habe Angst, aber ich will mir das anschauen.« Die *Konfrontationstherapie* macht nur dann Sinn, wenn Ihr Innerer Zwilling bereit ist, sich dem Angstauslöser auszusetzen. Ist dies nämlich der Fall, ziehen beide Inneren Zwillinge an einem Strang, und das öffnet dem Vertrauen die Tür. Beide Zwillinge gehen Hand in Hand durch diese Tür und setzen sich mit der Angst auseinander. Damit löst sich die Furcht auf, und innerer Friede kehrt ein.

Trotzdem möchte ich eines noch mal in aller Deutlichkeit sagen: Wenn der ängstliche Innere Zwillinge zur Konfrontation nicht bereit ist und eine klare Grenze zieht, indem er zu dieser Therapieform Nein sagt, dann muss das respektiert werden. Halten Sie sich daran, damit in Ihrer Innenwelt ein Klima des Vertrauens bestehen kann.

DER EMOTIONALE WECKRUF

Körper, Geist und Seele: Diese drei Komponenten gelten seit jeher als Grundpfeiler eines erfüllten Lebens. Und wenn ich Ihnen nun sage, dass das falsch ist? Wenn wir an unsere *Seele* denken, denken wir an eine kaum fassbare ätherische Energie. Doch wir tragen auch die kaum fassbaren ätherischen Energien unserer Gefühle in uns (die wir nicht verstehen). Und diese assoziieren wir häufig mit unserer Vorstellung der *Seele*. Ratschläge zur Seelenheilung zielen daher immer darauf ab, dass Sie sich besser fühlen.

In Wirklichkeit ist unser *Seelenaspekt* von Natur aus gesund. Er kann gar nicht in einem beschädigten Zustand verharren. Die *Seele*, die als Energie schon vor unserer Manifestation existiert, erschafft drei wichtige Elemente: Gefühle, Geist und Körper. Daher umfasst die *Seele* tatsächlich diese drei Ebenen der Persönlichkeit. Unser Körper ist die *materielle* Projektion der Seele. Unser Geist ist die *mentale* Projektion der Seele. Und unsere Gefühle sind die *bewusste Wahrnehmungsfunktion* der Seele.

Das bedeutet für uns nun zweierlei: Zum einen sind die drei Pfeiler der Gesundheit Körper, Geist und Emotion. Zum anderen sind unsere Gefühle die Sprache der Seele. Wenn Sie sich entscheiden, diese Sicht der Dinge anzunehmen, ist der Schlüssel zur *seelischen Gesundheit* die *emotionale Gesundheit*. Ein wichtiger Aspekt unserer emotionalen Gesundheit aber ist die bewusste Anerkennung unseres nicht-körperlichen Bewusstseins, der nicht-körperlichen Seite unseres Daseins, die wir auch *Seele* nennen können.

Mit dem Begriff »Seele« beziehen wir uns auf den Kern einer Person. In unserer Sprache sind *Seele* und *Herz* nahezu austauschbare Konzepte. Daher sagen Menschen, wenn sie ihren Wesenskern meinen, auch Dinge wie: »Mein Herz sagt mir, dass das wahr ist«. Wir wissen also, dass unsere tiefinnerste Erfahrung nicht mental oder körperlich ist, sondern Gefühl und Emotion.

Wenn wir geboren werden, erleben wir die Welt zunächst als *Empfindungswahrnehmung.* Wir spüren die Welt, noch bevor wir sie sehen. Gefühl und Emotion sind also der Wesenskern unseres Lebens auf der Erde, aber sie sind auch die entscheidenden Elemente in unseren Beziehungen. Und da Gefühle und Emotionen der Kern unserer Beziehungen sind, wird dort auch der größte Schaden angerichtet.

Wie wir Gefühle und Emotionen sehen, hängt von unserer Erziehung, unserer Sozialisation ab. Wenn wir unseren Blick auf die letzten Jahrhunderte der Menschheitsgeschichte richten, können wir mit Fug und Recht behaupten, dass sich die Ansichten über Richtig und Falsch in der Kindererziehung dramatisch gewandelt haben. Im Mittelalter gab es die Vorstellung einer »Kindheit« gar nicht. Sobald ein Kind körperlich dazu in der Lage war, musste es arbeiten, häufig unter Umständen, die wir heute als Sklaverei bezeichnen würden. Man betrachtete Kinder nicht als »unschuldig«, sondern als grundsätzlich böse. Brutale körperliche Strafen waren damals an der Tagesordnung. Selbst beim Hochadel galt der Nachwuchs nicht als Geschenk des Himmels, sondern wurde regelmäßig und bewusst misshandelt und herabgesetzt. Man glaubte eben fälschlicherweise, dies wäre zum Besten des Kindes.

Im 17. Jahrhundert wurden in der westlichen Welt die Erziehungsmethode mit »Zuckerbrot und Peitsche« üblich.

Der Philosoph John Locke stellte die Theorie auf, man solle ein Kind mit »Wertschätzung« und »Ungnade« zum erwünschten Verhalten anhalten. Das bedeutete, dass man dem Kind Anerkennung und Zuneigung entzog, wenn es »böse« war, es aber lobte, wenn es sich »anständig« benahm.

Anfang des 20. Jahrhunderts hatte sich daran noch nicht viel geändert. Die Zunft der Pädagogen kritisierte romantische Ideen zum Thema »Kindererziehung« immer noch heftig und trat dafür ein, Kinder zu disziplinieren. Das Children's Bureau der Vereinigten Staaten, eine Behörde zum Schutz des Kindeswohls, gab 1914 eine Broschüre mit dem Titel *Wie Sie sich um Ihr Kind kümmern* heraus. Darin wurde Strenge empfohlen. Man riet den Eltern sogar davon ab, mit ihren Kindern zu spielen. John B. Watson schrieb in seinem Grundlagenwerk *Behaviorismus*, dass Eltern ihre Kinder erziehen sollten, indem sie »gutes« Benehmen belohnen und »schlechtes« Verhalten bestrafen. Außerdem riet er zu einem strengen Stundenplan, was Nahrungsaufnahme, Schlaf und andere Körperfunktionen anging.

Erst im späten 20. Jahrhundert fiel die körperliche Züchtigung von Kindern in Ungnade. Denn viele Eltern entwickelten nun ein klares Bewusstsein dafür, was körperliche Strafen letztlich sind: Missbrauch. Traurigerweise gibt es selbst heute noch Eltern, die ihren Kindern im Namen der Disziplin Gewalt antun. Doch der Großteil der Eltern heutzutage schickt die Kinder zur Strafe beispielsweise einfach auf ihr Zimmer.

EIN GESUNDES EMOTIONALES KLIMA SCHAFFEN

Natürlich kann man in der Rückschau diese Jahrhunderte heute leicht als »die finsteren Zeiten der Schwarzen Pädagogik« bezeichnen. Aber in der Zukunft wird man das auch über unsere Epoche sagen. Viele unserer Methoden werden als barbarisch und grausam gelten. Wir wissen heute, wie wir ein gesundes *körperliches* Klima für unsere Kinder und für uns alle erzeugen können. Aber ich sage Ihnen: Wir haben immer noch keine Ahnung, wie wir ein gesundes *emotionales* Klima schaffen.

Mit einigen wenigen Ausnahmen beziehen wir selbst heute das *emotionale Klima* in einer Familie nicht in das Konzept einer guten Kindererziehung ein. Ich glaube allerdings, dass wir langsam zu der Erkenntnis durchdringen, dass es durchaus möglich ist, sein Kind körperlich gut zu versorgen, seine emotionalen Bedürfnisse zugleich jedoch völlig zu vernachlässigen. Wie wir aber wissen, sind Emotionen der Wesenskern unseres Daseins und unserer Beziehungen, folglich hat die Vernachlässigung seiner emotionalen Bedürfnisse enorme Auswirkungen auf jedes Kind.

Heutzutage scheuen wir jede Berührung mit Emotionen wie Angst. Viele Eltern ignorieren die emotionale Welt ihrer Kinder vollständig. Sie konzentrieren sich darauf, lediglich Fehlverhalten zu korrigieren. Die dahinterstehenden Gefühle der Kinder bleiben jedoch außen vor. So weit die Fortschritte auf diesem Gebiet auch gediehen sein mögen, das Ziel ist doch immer noch, Kinder zu Konformität und Gehorsam zu erziehen und nicht zu gesunden Erwachsenen heranreifen zu lassen. Wir wollen ein »braves« Kind. Doch eine gute Erziehung berücksichtigt auch die kindlichen Emotionen. Denn gute Beziehungen beruhen nun einmal auf Emotionen.

Ein gesünderes emotionales Klima auf dieser Welt beginnt mit der Kindererziehung. Danach sollten wir dieselben Maßstäbe auch an unseren Umgang mit uns selbst, unseren Freunden und Partnern anlegen.

Eltern sollten drei entscheidende Fehler unbedingt vermeiden. Und das gilt auch für uns Erwachsene im Umgang mit anderen Menschen. Wir sollten unseren Eltern oder unseren Mitmenschen keine Vorwürfe machen oder sie gar bestrafen. So gut wie keiner der Erwachsenen von heute wurde in einem emotional sicheren Umfeld groß. Ihre Eltern wussten es einfach nicht besser. Nachfolgend kurz gefasst die »drei goldenen Regeln« für Eltern und für uns beziehungsweise unsere zwischenmenschlichen Beziehungen. Diese drei Regeln können dazu beitragen, das emotionale Klima auf der Welt entscheidend zu verbessern.

---

1. *Eltern sollten aufhören, die Emotionen ihrer Kinder zu **missbilligen**. Wir selbst sollten aufhören, unsere eigenen Emotionen und die unserer Mitmenschen als negativ abzulehnen.*
2. *Eltern sollten aufhören, die Emotionen ihrer Kinder zu **missachten**. Und wir sollten aufhören, über unsere eigenen Emotionen und die unserer Mitmenschen hinwegzusehen.*
3. *Eltern sollten ihre Kinder viel stärker dabei unterstützen, mit ihren Emotionen klarzukommen. Und wir alle müssen verstehen lernen, wie **unsere Emotionen jeden Aspekt unseres Lebens beeinflussen**, damit wir mit unseren eigenen Gefühlen besser umgehen können.*

Wenn wir dies nicht beherzigen, sieht die Praxis so aus: Eltern, die die Emotionen ihrer Kinder missbilligen, kritisieren ihre Kinder, wenn sie negative Emotionen zeigen. Außerdem tadeln oder bestrafen sie ihre Kinder, wenn sie ihren Gefühlen Ausdruck verleihen. Eltern, die die Emotionen ihrer Kinder missachten, sprechen ihnen ihre Bedeutung ab. Sie wischen die Gefühle ihrer Kinder einfach vom Tisch oder – noch schlimmer – bagatellisieren sie. Eltern, die ihren Kindern keine Anleitung zum Umgang mit ihren Emotionen geben, fühlen vielleicht mit ihren Sprösslingen mit, aber sie setzen ihnen keine Grenzen und unterstützen sie nicht dabei, ihre Gefühle zu verstehen.

Ich möchte Ihnen hier an einem praktischen Beispiel zeigen, welche Folgen das haben kann. Stellen Sie sich vor, Peter will nicht zur Schule gehen und fängt an zu weinen, wenn seine Eltern ihn dort absetzen. Ein Elternteil, der Emotionen missbilligt, schimpft Peter für seine Weigerung aus und nennt ihn vielleicht gar einen »ungezogenen Bengel«. Vielleicht bestraft er ihn auch auf die eine oder andere Weise, zum Beispiel mit einem Klaps auf den Hintern.

Ein Elternteil, der Peters Emotionen missachtet, sagt vielleicht: »Das ist doch dumm. Es gibt keinen Grund zu weinen, weil man in die Schule muss. Also hör auf, so ein Gesicht zu ziehen.« Vielleicht versucht dieser Elternteil sogar, Peter von seinen Gefühlen abzulenken. Er kauft ihm Süßigkeiten oder zeigt auf ein Tier, das er am Rand des Schulwegs sieht.

Ein Elternteil, der Peter im Umgang mit seinen Emotionen nicht helfen will, sagt ihm vielleicht, es sei schon in Ordnung, wenn er weine. Aber er unterstützt Peter nicht dabei, mit seinen Emotionen ins Reine zu kommen. Dann lernt der Junge nur, dass er seinen Gefühlen hilflos ausgeliefert ist.

Welche Folgen hat es, wenn Eltern kein gesundes emotionales Klima für ihr Kind schaffen können? Kinder, die so erzogen werden, können sich nicht selbst beruhigen. Meist bilden sie auch noch gesundheitliche Störungen aus. Das Kind kann keine emotionale Bindung an seine Familie aufbauen und hat häufig das Gefühl, nicht dazuzugehören. Es kann keine Nähe herstellen und fühlt sich deshalb isoliert und allein.

Diese Isolation, diese Einsamkeit findet auch beim Erwachsenen kein Ende. Die Kinder werden groß und sind nicht fähig, mit ihren Emotionen umzugehen. Dann funktionieren auch ihre Beziehungen nicht. Sie leiden unter extremer Bindungsangst, fühlen sich ohnmächtig und führen Beziehungen, die von Co-Abhängigkeit bestimmt sind.

WIE WIR BESSERE BEZIEHUNGEN ERSCHAFFEN

Unsere Eltern haben uns nicht beigebracht, auf gesunde Weise mit unseren Gefühlen umzugehen. Dementsprechend reagieren wir auf unsere eigenen Emotionen und die anderer Menschen. Unsere Freundschaften und Partnerschaften verursachen uns Schmerz, weil wir nicht wissen, wie wir miteinander umgehen sollen. Wir können keine echte Nähe herstellen. Wir fahren fort, unsere Gefühle und die unserer Mitmenschen zu missbilligen und zu missachten. Wir belehren andere darüber, was sie fühlen sollten, und haben keinerlei Verständnis für die emotionalen Bedürfnisse der Menschen um uns herum. Häufig betrachten wir Emotionen als Schwäche. Wenn jemand seine Gefühle zeigt, nennen wir ihn überempfindlich. Das Resultat: Auch die Beziehungen, die wir als erwachsene Menschen eingehen, sind emotional ungesund.

Wie solche dysfunktionalen Beziehungen aussehen können, möchte ich Ihnen an drei kurzen Beispielen veranschaulichen. Aber vermutlich kommen Ihnen selbst auch etliche konkrete Fälle in den Sinn.

---

1. *Eine Frau geht mit ihrer Freundin zum Mittagessen. Sie ist enttäuscht, weil sie die erhoffte Beförderung nicht erhalten hat. Ihre Freundin meint, sie sehe das alles zu negativ und solle sich lieber auf die positiven Aspekte konzentrieren. Die Freundin der Frau beharrt darauf, dass diese mit ihrer Fixierung auf das Negative nichts anderes tue, als das Gefühl der Enttäuschung noch zu verstärken.*
2. *Ein Mann kommt spät abends von der Arbeit nach Hause. Kaum ist er zur Tür herein, fängt seine Frau an zu weinen. Der Mann sieht ihre Tränen und reagiert sofort: »Wieso musst du immer so überreagieren? Ich bin doch nur eine*

halbe Stunde später dran als sonst. Vielleicht sind das die Wechseljahre. Geh doch mal zum Arzt.« Er missachtet seine Frau komplett und geht dann in sein Arbeitszimmer, um fernzusehen.

3. *Ein Mann steht kurz vor der Scheidung. Er erzählt seinen Freunden, was los ist, und sie meinen, er solle sich doch später mit ihnen in der Bar treffen. Er kommt nach, aber keiner seiner Kumpels geht auch nur mit einem einzigen Wort darauf ein, dass er emotional gerade eine schwere Zeit durchmacht. Stattdessen raten sie ihm, nicht an das Ganze zu denken. Er solle lieber ein Bier trinken, sich das Fußballspiel auf dem Großbildschirm anschauen und ein wenig mit den hübschen Mädels an der Bar flirten.*

Ob es sich nun um Freundschaften oder Liebesgeschichten handelt, Gefühle sind das Herzstück jeder gesunden und wesentlichen Beziehung. Ohne ein gesundes Gefühlsleben ist eine Beziehung keine Beziehung, sondern nur ein soziales Arrangement. Sie können keine Nähe zu anderen Menschen herstellen, wenn Sie keinen Kontakt zu Ihren eigenen Gefühlen haben.

Bitte machen Sie sich klar, dass Nähe und Intimität nichts mit Sex zu tun haben. Sex ist eine Nebenwirkung von Nähe, aber nicht *Nähe* an sich. Das Wesen der Nähe ist, dass wir in allen Aspekten unseres Lebens als die Person erkannt werden, die wir sind. Und dass wir auch unseren Partner so an-erkennen. Sie stellen den wahren Kern Ihrer selbst ins Zentrum der Beziehung und werden als der Mensch angenommen, der Sie sind. Das ist eine Begegnung von Herz zu Herz, bei der Einfühlung und Verständnis sich ganz von selbst einstellen.

Nähe heißt »in den anderen hineinblicken«. Sie heißt, dass wir uns für den Blick des anderen öffnen, um eine tiefe Bindung herzustellen und den anderen als das Wesen zu erkennen, das er wahrhaft ist. Wenn Ihr Wesenskern Ihre Gefühle sind, dann ist auch die Sprache der Seele Gefühl. Daraus entsteht der wichtigste Teil der Nähe, nämlich Verständnis füreinander und für Ihre wechselseitigen Gefühle.

GEFÜHLE SIND WICHTIG

Die Quintessenz: *Gefühle sind wichtig.* Um gesunde, dauerhafte Beziehungen aufbauen zu können, müssen wir den Wert unserer Gefühle erkennen und sie wechselseitig akzeptieren können. Wir müssen auf die Emotionen hinter den Worten achten. Wir müssen uns dafür öffnen, selbst verstanden zu werden und unsererseits andere zu verstehen.

Auf jeden Fall sollten Sie sicherstellen, dass Sie die Gefühlslage eines anderen Menschen verstehen, bevor Sie ihm Ratschläge erteilen. Sagen Sie diesem Menschen stattdessen einfach, wie er empfinden soll oder nicht, signalisieren Sie ihm gleichsam, dass er sich selbst nicht trauen darf. Dass irgendetwas mit ihm nicht stimmt.

Meist haben wir mit negativen Emotionen zu kämpfen. Die Art, wie wir mit negativen Emotionen umgehen, ist daher ein guter Indikator für emotional gesunde Beziehungen. Wenn wir uns mit einem Konflikt konfrontiert sehen, dann gibt es Schritte, die uns helfen, besser damit umzugehen, eine emotionale Bindung zu einem Menschen herzustellen und das Gefühl der Nähe zu verstärken. Und das gilt für unsere Kinder ebenso wie für unsere erwachsenen Mitmenschen.

Die folgenden Regeln sind der Goldstandard, wenn Sie in einer Beziehung Konflikte bearbeiten müssen. Wenn Sie sie anwenden, wird sich Ihre Welt zum Positiven verändern. Und das geht so:

1. *Werden Sie sich der emotionalen Verfassung Ihres Gegenübers bewusst.*
2. *Zeigen Sie Anteilnahme an den Gefühlen des anderen, indem Sie sie als berechtigt und wichtig anerkennen.*
3. *Hören Sie Ihrem Gegenüber einfühlsam zu, wenn er oder sie Ihnen seine Gefühle schildert, und versuchen Sie zu verstehen, wie es in seinem Inneren aussieht. Damit geben Sie Ihrem Gegenüber das Gefühl, dass er sich, ohne Ablehnung fürchten zu müssen, von seiner verwundbaren Seite zeigen kann. Versuchen Sie, Ihr Gegenüber wirklich zu verstehen, statt ihm einfach nur recht zu geben.*
4. *Akzeptieren Sie die Gefühle des anderen als berechtigt. Dazu gehört manchmal auch, dass man seinem Gegenüber hilft, die richtigen Worte zu finden, um sein Gefühl zu schildern. Aber Vorsicht: Es geht hier nicht darum, dem anderen zu bestätigen, dass er mit seinen Gefühlen richtig liegt. Sagen Sie ihm nur, dass es absolut in Ordnung ist, so zu empfinden, wie er gerade empfindet. Wenn unser Freund oder unsere Freundin zum Beispiel sagt: »Ich komme mir so nutzlos vor«, dann bestätigen wir sie natürlich nicht mit den Worten: »Du hast absolut recht. Du bist nutzlos.« Stattdessen könnten Sie ihr beziehungsweise ihm sagen: »Ich verstehe vollkommen, wieso du dich jetzt nutzlos fühlst. In deiner Situation würde es mir genauso gehen.«*
5. *Erlauben Sie Ihrem Gegenüber, seine Gefühle zuzulassen, ehe Sie nach Möglichkeiten suchen, wie sich die Gefühlslage des anderen verbessern lässt. Unsere Aufgabe an diesem Punkt ist es, den anderen selbst bestimmen zu lassen, wann er die Leiter der emotionalen Schwingungen eine Sprosse höher klettert und sich auf eine andere Emotion einlässt. Wir dürfen dem anderen nicht unsere Vorstellung davon überstülpen, wann er bereit oder in der Lage sein sollte, sich auf andere Gefühle einzulassen. Hier besteht unsere Aufgabe darin, dem anderen unsere bedingungs-*

lose Liebe und Präsenz zu schenken. Wir sind ganz für den anderen da, ohne ihn »in Ordnung bringen« zu wollen. Wenn der andere Ihren Beistand in diesem Moment nicht haben will, so nehmen Sie ihm das nicht übel. Allein in Ihrem Angebot steckt schon die Energie von Wohlwollen. Sie schenken Liebe, ganz egal, was der andere damit anfängt.

6. *Erst wenn Ihr Gegenüber seine Emotionen erkannt und als berechtigt akzeptiert hat, können Sie ihm helfen, Wege zu finden, wie er mit seiner Reaktion auf diese Gefühle umgehen kann. Das ist der Schritt, bei dem Sie Ihrem Gegenüber eine andere Sichtweise auf das Problem vorschlagen können, die ihm vielleicht hilft. Das ist der geeignete Moment, dem anderen Ihren Rat anzubieten.*

WENDEN SIE DIESE REGELN NUN AUF SICH SELBST AN

Wenn Sie emotional gesund sein wollen, müssen Sie akzeptieren, dass Sie in einer Beziehung zu sich selbst stehen. Und das bedeutet, dass Ihnen auch Ihre eigenen Emotionen wichtig sein müssen. Sie müssen Ihre Emotionen anerkennen und ihre Berechtigung akzeptieren. Sie sollten sie weder missbilligen noch darüber hinwegsehen. Wenden Sie das Verhalten aus den obigen sechs Schritten auf sich selbst an. So lernen Sie, sich selbst zu vertrauen.

Schämen Sie sich nicht für Ihre Gefühle. Verspüren Sie tatsächlich Scham wegen Ihrer Empfindungen, dann heißt das, dass Sie von anderen wegen Ihrer Gefühle verurteilt und diese als »falsch« oder »schlecht« gebrandmarkt wurden. Aber tatsächlich hätten Sie diese Empfindungen gar nicht, wenn es keinen guten Grund dafür gäbe. Ihre Gefühle haben ihre Berechtigung. Wenn Sie eine Emotion verspüren, dann gibt es dafür einen Grund. Lassen Sie sich nicht von anderen vorschreiben, was Sie fühlen soll(t)en oder nicht.

Machen Sie sich klar, dass Sie eine Beziehung verdienen, in der Ihre Gefühle zählen. Der schnellste Weg, eine derartige Beziehung aufzubauen, besteht in dem Entschluss, Ihre eigenen Gefühle *als wichtig anzuerkennen.* Wenn Sie sich nicht länger von sich selbst abwenden, sobald negative Gefühle in Ihnen aufkommen, können Sie das Zutrauen entwickeln, immer für sich da zu sein. Und das schenkt Ihnen einen tiefen inneren Frieden.

Sobald Sie sich Ihrer Grenzen bewusst sind, können Sie diese schützen. Spüren Sie, dass Sie dabei sind, Ihre Grenzen zu überschreiten, dann sollten Sie die Gangart wechseln, bevor Sie den nächsten Schritt tun. Daher ist es für Ihr Selbstvertrauen so wichtig, ein gutes Gespür für Ihre eigenen Grenzen zu haben. Das hilft Ihnen auch dabei, echte Verbindungen zu Ihren Mitmenschen aufzubauen.

ANGST UND SORGE

Angst und Sorge gehen Hand in Hand, denn Angst hat immer mit der Zukunft zu tun. Es geht dabei um etwas, das nicht passieren soll und das wir unbedingt verhindern wollen. Wenn wir im Leben schmerzhafte Erfahrungen gemacht haben, ja, wenn unsere Vergangenheit in erster Linie von Leid geprägt war, erwarten wir, dass auch die Zukunft Leid und Schmerz für uns bereithält. Dann machen wir uns natürlich Sorgen.

Heutzutage werden wir von allen Seiten mit Dingen bombardiert, derentwegen wir uns sorgen sollen, und sehen uns ständig von Menschen umgeben, die möchten, dass wir uns ihretwegen Sorgen machen. Schalten Sie doch nur mal die Nachrichten ein. Die ganze Menschheit glaubt offensichtlich, dass an jeder Ecke eine neue Gefahr lauert. Wir sind überzeugt, dass die Sorge uns und unseren Lieben das

Leid erspart. Wir glauben, die Sorge ermögliche uns, potenziell lebensbedrohliche oder auch nur unerfreuliche Dinge vorauszusehen, damit wir uns darauf vorbereiten oder sie vermeiden können. Wenn wir keine Möglichkeit finden, der Gefahr aus dem Weg zu gehen, stehen unser Überleben und unsere Sicherheit auf dem Spiel. Daher sorgen wir uns. Wir wollen unseren Gegner »austricksen«.

Haben wir Angst, dann scheint *das gesamte Universum* uns feindlich gesinnt zu sein. Das hat folgenden Grund: Als Sorgenmacher halten wir den oder das, was unsere Wirklichkeit erschafft, für die oberste Autoritätsperson. Daher schreiben wir dem Universum jene Charakterzüge zu, die wir mit unserer wichtigsten Autoritätsperson verbinden. Folglich erwarten wir, dass uns das Universum auch genauso behandeln wird. Da die meisten Menschen, die zum Sorgenmachen neigen, eine Autoritätsperson hatten, die an Strafen glaubte, erwarten wir, dass das Universum mit uns genauso umspringen wird wie unsere Mutter oder unser Vater oder wer auch immer unsere erste und wichtigste Autoritätsperson gewesen sein mag. Wir erwarten also, dass das Universum *uns Leid zufügt.*

Menschen, die sich chronisch Sorgen machen, glauben demnach nicht, dass wir uns unsere Wirklichkeit selbst erschaffen, obwohl wir das doch so verzweifelt glauben wollen. Tief in unserem Inneren glauben wir auch nicht, dass wir es verdient haben, geliebt und belohnt zu werden oder positive Erfahrungen zu machen. Stattdessen glauben wir, dass wir Bestrafung verdienen.

Darüber hinaus neigt jeder Mensch, der sich nicht zutraut, mit bestimmten Situationen fertigzuwerden, dazu, *sich viele Sorgen zu machen.* Wir glauben, wenn wir schon wüssten, was auf uns zukommt, dann würde es uns nicht so hart treffen. Wir konzentrieren uns auf den drohenden Sturz und nicht auf die Notwendigkeit, uns aus der Gefahrenzone zu begeben, ehe wir dem Abgrund zu nahe kommen.

Die wahren Verhältnisse sehen ganz anders aus. Wir leben in einem Universum aus Schwingungen, und die gesuchte Lösung, die uns beispielsweise aus der Gefahrenzone brächte, hat einen anderen Schwingungszustand als das Problem, über das wir uns den Kopf zermartern. Sie können nicht ständig Probleme wälzen und sich gleichzeitig in denselben Schwingungszustand versetzen, den die Lösung hat. Das wäre ein *energetischer Widerspruch.*

Daher fühlen sich Sorgen auch nie gut an. Es besteht einfach gar keine Möglichkeit, dass Ihnen eine Lösung in den Sinn kommt, wenn Ihr Geist von Sorgen erfüllt ist. Richten wir ihn hingegen bewusst auf eine Lösung aus, dann füllen sich Geist und Energie mit eben jener Schwingung, die die Lösung hervorbringt. Wir werden auf der Schwingungsebene zum Anziehungspunkt für diese Lösung, die der beängstigenden Situation ein Ende bereitet.

Daraus lässt sich eine wichtige Erkenntnis ableiten: Wir glauben, wenn wir uns Sorgen machen, dann schafft uns das Sicherheit oder lindert zumindest unser Leid. Doch solange Sie sich sorgen, *fühlen Sie sich eben nicht sicher und leiden.* So werden Sie also wohl nie in Ihrem Leben Sicherheit und Freude erfahren. Lassen Sie diese Erkenntnis einen Moment auf sich wirken. Sorgenmachen hält Sie tatsächlich in der Verlustzone. Es versetzt Sie in eine Realität, in der Sie und Ihre Lieben tot oder verwundet sind. Realität ist das, was der Geist wahrnimmt, worauf Ihr Geist sich konzentriert. Es ist längst wissenschaftlich erwiesen, dass der Geist nicht unterscheiden kann zwischen dem, *was Sie denken*, und dem, *was tatsächlich geschieht.* Wenn Sie also Ihre Aufmerksamkeit auf den schlimmstmöglichen Fall ausrichten, dann ist dieses Worst-Case-Szenario das, was Sie wahrnehmen. Selbst wenn der Mensch, um den Sie sich sorgen, lebendig und bei bester Gesundheit ist, sehen Sie ihn tot und blutüberströmt. Sie machen ihn in Ihrem Geist zum Toten oder Verwundeten.

Daher möchte ich Ihnen hier eine geradezu revolutionäre Idee präsentieren. Wenn wir uns Sorgen machen, erleben wir eine düstere Wirklichkeit und die damit verbundene Angst, ohne dass *konkret* etwas passiert. Sorgen verhindern, dass wir die faktische Realität wahrnehmen. Sie löschen die Existenz des »Jetzt« aus, dann ist das Einzige, was für uns in diesem Moment existiert, eine Zukunft, mit der wir nicht umgehen können. Und sollte das, worum wir uns jetzt sorgen, *nicht eintreten*, werden wir uns über etwas anderes Sorgen machen. Für den Umgang mit unseren Sorgen sind die folgenden Übungen am besten geeignet.

WIE SIE SICH ENT-SORGEN

Chronische Sorgsucht können Sie nicht einfach mit einem Fingerschnippen abstellen, nicht, nachdem Sie ein ganzes Leben lang die Überzeugung gehegt haben, Sie und Ihre Lieben seien nur deshalb noch am Leben, weil Sie sich so fleißig gesorgt haben. Nicht, nachdem Sie ein Leben lang fest daran geglaubt haben, sich um jemand zu sorgen sei gleichbedeutend damit, ihn zu lieben. Dass das nicht stimmt, wissen wir ja mittlerweile.

Hier also ein paar Tipps für den Umgang mit chronischer Sorge:

1. *Nehmen Sie Ihre sorgenvollen Gedanken und Gefühle wahr und beobachten Sie sie. Versuchen Sie nicht, sie auszublenden, zu bekämpfen oder zu kontrollieren, wie Sie es normalerweise täten. Beobachten Sie sie stattdessen einfach nur, ohne sich darauf einzulassen oder sie zu bewerten, verhalten Sie sich wie ein neutraler Beobachter. So nähren Sie die Sorge weder mit Ihrer Energie noch mit Ihrer Aufmerksamkeit, Sie beobachten und registrieren einfach nur.*
2. *Versuchen Sie nicht, sich keine Sorgen mehr zu machen. Wehren Sie sich nicht gegen die Sorge, indem Sie sich be-*

fehlen oder sogar zu zwingen versuchen, sich keine Sorgen mehr zu machen. Der sogenannte Gedankenstopp, bei dem man versucht, unliebsame Gedanken mit einem laut oder in Gedanken gesprochenen »Stopp!« abzuschneiden, kann nur zum Bumerang werden, denn dann widmen wir den Gedanken, die wir auf diese Weise aufhalten wollen, ja unsere volle Aufmerksamkeit. Eine kleine Randbemerkung: Manche Menschen, die davon überzeugt sind, dass ihr Geist ihre Wirklichkeit erschafft, haben oft Angst, dass Ihre Sorgen genau das heraufbeschwören, worüber sie sich Sorgen machen. Doch darum müssen Sie sich nun wirklich keine Sorgen machen. Das Universum konfiguriert sich entsprechend der Schwingungsenergie. Schwingungstechnisch gesprochen: Wenn wir uns wegen etwas sorgen, macht uns das nicht zum Magneten, der genau das anzieht, was er befürchtet. Sorgen machen uns nur zum Magneten für Umstände, die uns noch **mehr** *Sorgen eintragen.*

3. *Konzentrieren Sie sich ganz auf den gegenwärtigen Augenblick. Wenn ein sorgenvoller Gedanke in Ihrem Geist entsteht, fragen Sie sich bewusst: »Was geschieht* **hier, in diesem Augenblick?«** *Gehen Sie alles durch, was Sie in diesem Augenblick spüren: Körperempfindungen, den Fluss Ihres Atems, die sich ständig verändernden Emotionen, den Strom Ihrer Gedanken im Geist. Sobald Sie merken, dass Sie an einem bestimmten Gedanken »kleben« bleiben, lenken Sie Ihre Aufmerksamkeit wieder zurück auf den gegenwärtigen Augenblick. Stellen Sie sich dazu die oben genannte Frage. Wenn Sie das konsequent wiederholen, werden Sie feststellen, dass es am gegenwärtigen Augenblick nichts auszusetzen gibt. Vielleicht machen Sie sich furchtbare Sorgen wegen eines möglichen Flugzeugabsturzes, aber hier und jetzt sitzen Sie in diesem Raum. Alles ist ruhig. Sie hören die Geräusche in diesem Raum. Nichts passiert. Und hier und jetzt wird auf keinen Fall ein Flugzeug abstürzen.*

DAS SORGEN-TAGEBUCH

Wenn Sie immer wieder von heftiger Sorge überwältigt werden, sollten Sie anfangen, ein Sorgen-Tagebuch zu führen. Schaffen Sie sich ein Notizbuch an und notieren Sie alles, was Ihnen Sorgen bereitet, all die schrecklichen Dinge, die vielleicht passieren könnten. Durch das Aufschreiben holen Sie die »Sorgengespenster« aus Ihrem Kopf heraus und können sie mit dem Tagebuch ins Regal stellen. Befassen Sie sich später damit, wenn Sie Zeit haben.

Legen Sie eine bestimmte Tageszeit (nur nicht direkt vor dem Schlafengehen oder gleich am Morgen) fest, zu der Sie Ihr Sorgen-Tagebuch führen. Erlauben Sie sich, all Ihre Sorgen auszuspeien und auf das Papier zu bannen. Sind Sie chronisch sorgensüchtig, müssen Sie das vielleicht jeden Tag zur selben Zeit tun. Dann muss Ihr Geist nicht darüber nachgrübeln, **wann** *es denn wieder Zeit ist zum Dampf-Ablassen. Heben Sie sich das Sorgenmachen immer auf bis zu der Zeit, die Sie für das Schreiben Ihres Sorgen-Tagebuches reserviert haben. Wenn Sie absolut nicht aufhören können, sich über bestimmte Dinge zu sorgen, dann notieren Sie diese nur eben schnell in Ihrem Tagebuch und legen es dann beiseite, bis die reguläre Zeit für das Sorgen-Tagebuch gekommen ist.*

Wenn Sie auf diese Weise Ihr Sorgenmachen auf später verschieben, durchbrechen Sie ein Muster, die Gewohnheit, immer im unmittelbaren Moment über Ihren Sorgen zu brüten. Sie kämpfen nicht mit Ihren Sorgen, unterdrücken oder bewerten sie nicht. Sie heben sich Ihre Besorgnis einfach für später auf. Je mehr Übung Sie darin bekommen, desto deutlicher werden Sie erkennen, dass Sie mehr Kontrolle über Ihre Sorgsucht haben, als Sie dachten.

Wenn Sie ein bisschen Zeit übrig haben, gehen Sie Ihre Sorgenliste durch und gucken Sie, bei welchen Punkten Sie sofort etwas gegen den Umstand unternehmen können, der Ihnen

Sorgen bereitet. Diese Punkte nennen wir **produktive Sorgen***. Fällt Ihnen das schwer, dann picken Sie sich pro Tag nur einen Punkt auf Ihrer Liste heraus, nur eine* **produktive Sorge***. Beispielsweise steht auf Ihrer Liste: »Ich werde verreisen und zerbreche mir den Kopf wegen der Flug- und Hotelbuchungen.« Das ist eine produktive Sorge, denn Sie können sofort aktiv werden, indem Sie per Internet die nötigen Recherchen und Buchungen vornehmen.*

Sobald Sie mehr Übung darin haben, versuchen Sie, so viele produktive Sorgen wie möglich zu erledigen. Schauen Sie sich jede einzelne an, machen Sie sich ein genaues Bild, überlegen Sie sich konkrete Schritte, wie Sie damit umgehen wollen, und setzen Sie Ihren Plan in die Tat um. So schalten Sie Ihre Gedanken vom Problem auf die Lösung um. Sobald Sie einen Plan haben und konkret an der Lösung eines Problems arbeiten, werden Sie sich viel weniger beunruhigt fühlen.

Es ist auch wichtig, sich immer wieder zu fragen: »Ist das tatsächlich ein reales Problem, mit dem ich da konfrontiert bin, oder ist das nur eine **hypothetische Sorge vom Typ ›Was wäre, wenn‹***?« Handelt es sich um eine* **hypothetische Sorge***, fragen Sie sich, ob Sie hinsichtlich dieses Problems irgendetwas unternehmen können, um sich besser zu fühlen. Hier spielen Sie mit verschiedenen Schwingungsenergien. Dieses Spiel hilft Ihnen, Widerstände gegen den Gegenstand Ihrer Sorge abzubauen und Ihrer Eingebung zu folgen, die bewirkt, dass Sie sich besser fühlen.*

Sobald Sie alle **produktiven Sorgen** *auf Ihrer Liste abgearbeitet haben, bleiben nur noch die unproduktiven Sorgen übrig, für die es keine Lösung gibt und wobei Sie nichts tun können. Hier ist es entscheidend zu erkennen, dass es völlig nutzlos ist, sich irgendwelche Sorgen zu machen. Das Ganze würde nur in einer Sackgasse enden. Nun kennen Sie die Funktionsweise des Schwingungsmagnetismus und wissen, dass Sie nur Ihre kostbare Energie verschwenden und mehr beziehungsweise größere Probleme erzeugen, wenn Sie sich auch nur einen einzigen*

Gedanken über diese Dinge machen. Das liefert Ihnen die Motivation, unproduktive Sorgen loszulassen und sich auf diejenigen Dinge zu konzentrieren, die Sie ändern beziehungsweise kontrollieren können – also die ***produktiven Sorgen.***

DAS »MARSMÄNNCHEN-SPIEL«

Häufig treibt es uns in die Isolation, wenn wir uns zu viele Sorgen darüber machen, was andere Leute von uns denken könnten. Wenn Sie sich stattdessen Gedanken über die anderen machen, dann können Sie sich nicht gleichzeitig sorgen, was diese wohl über Sie denken. Spielen Sie also folgendes kleine Spiel, das ich das »Marsmännchen-Spiel« getauft habe. Konzentrieren Sie Ihre ganze Aufmerksamkeit darauf, Ihr Gegenüber oder die Gruppe zu verstehen, über das beziehungsweise die Sie sich Gedanken machen. Wie ein Außerirdischer, der diese Menschen einfach nur beobachtet und nicht deren verwundbarer »Artgenosse« ist. Schreiben Sie Ihre Beobachtungen auf oder machen Sie sich davon im Geist eine Notiz. Das katapultiert Sie aus dem Sorgenmodus heraus.

Es macht Spaß, sich vorzustellen, man sei ein Marsmensch, der Daten über die Erdbewohner sammelt. Wenn Sie registrieren, was die »Erdlinge« so sagen und tun, statt sich auf Ihre Ängste zu konzentrieren, was die anderen möglicherweise denken könnten, verlieren Sie allmählich Ihre Befangenheit. Umgekehrt werden die anderen Ihre unvoreingenommene Aufmerksamkeit spüren, die sie sich von Ihnen vielleicht schon immer gewünscht haben. Das ist für beide Seiten ein Win-win-Projekt.

AUSZOOMEN

Das Auszoomen ist eine Methode, bei der Sie Ihre Aufmerksamkeit auf etwas richten, das es wert ist, sich darüber Gedanken zu machen. Die Dinge, über die wir uns chronisch sorgen, sind vor dem Hintergrund des allgemeinen Weltgeschehens meist Kleinigkeiten. Wenn ich also sage, Sie sollen »auszoomen«, dann meine ich, Sie sollen an etwas Größeres denken, an etwas, das Ihre gegenwärtigen Sorgen weit übersteigt. Vielleicht befürchten Sie ja, Ihre Abschlussarbeit nicht rechtzeitig fertig zu bekommen oder dass man Ihnen kündigen wird.

Statt sich nun darauf zu fixieren, zoomen Sie aus und richten Ihre Aufmerksamkeit auf ein ***größeres*** *Problem, das irgendwo auf der Welt existiert, zum Beispiel die Nöte, die Menschen in Entwicklungsländern oder in Kriegsgebieten durchleben. Diese Menschen leiden vielleicht Hunger und ihre Kinder sterben vor ihren Augen. Oder sie sind auf der Flucht vor politischer Verfolgung.*

Wenn Ihr Geist sich mit größeren Problemen befasst, dann verschwindet die Sorge, ob Sie für die Party heute Abend auch wirklich genug Gläser und Teller haben. Diese Technik hilft, sehr schnell wieder auf den Boden der Tatsachen zurückzukommen. Eine weitere Möglichkeit, Ihren Fokus umzulenken, besteht darin, sich an vergangene Ereignisse in Ihrem Leben zu erinnern, die sehr viel schlimmer hätten ausgehen können, als es bei Ihrem momentanen Problem möglich ist. Es ist schwierig, sich über Banalitäten oder ein ***imaginäres »Was wäre, wenn«*** *zu sorgen, wenn Sie sich in Erinnerung rufen, dass Sie schon mal in einer sehr viel schwierigeren Lage gesteckt und ganz offensichtlich überlebt haben.*

DAS STERBEBETT

Eine weitere Möglichkeit, aus dem Sorgenkarussell auszusteigen, bietet Ihnen die Vorstellung, Sie lägen auf dem Sterbebett. Fragen Sie sich, was für Sie wirklich von Bedeutung ist, wenn es einmal so weit sein sollte. Dann richten Sie Ihren Blick wieder auf den Gegenstand Ihrer aktuellen Sorge und fragen sich: »Ist mir das wirklich wichtig? Ist das wirklich etwas, worüber ich mir den Kopf zerbrechen würde, wenn ich auf dem Sterbebett läge?«

WARUM WIR IMMER DAS SCHLIMMSTE ERWARTEN

Sich auf etwas zu freuen, ist eines der schönsten Gefühle im Leben. Wir empfinden Freude, hier zu sein. Wir vertrauen darauf, dass unsere Zukunft Gutes für uns bereithält. Wir haben das Gefühl, auf das Licht zuzugehen. Unsere Wünsche sind uns schon erfüllt. Was aber, wenn jemand diese Empfindung nicht kennt oder nicht zu kennen scheint?

Viele von uns können sich nicht auf die Zukunft freuen. *Stattdessen erwarten wir das Schlimmste.* Wir glauben nicht an die Zukunft, fürchten sie sogar. Wir meinen, zum Leiden bestimmt zu sein. Gewiss hält die Zukunft für uns nur Tragödien bereit. Wir kennen das Gefühl nicht, auf das Licht zuzugehen, wir scheinen in eine Sackgasse zu steuern, in die undurchdringliche Dunkelheit. Und natürlich werden wir nie bekommen, was wir uns wünschen.

Sich auf das Schlimmste gefasst zu machen, ist eine Bewältigungsstrategie, die die meisten von uns schon in der Kindheit erlernen. Für jemanden, der von Menschen erzogen wurde, die nicht daran glaubten, dass wir uns unsere eigene Wirklichkeit erschaffen und in deren Augen das Leben eine Tragödie ist, die unaufhaltsam ihren Lauf nimmt, ist die geistige Vorwegnahme der größtmöglichen Schadenserwartung ein Überlebensmechanismus. Wer verletzt wurde, und das immer und immer wieder, empfindet das als einzige Überlebenschance.

An der Erwartung des Schlimmsten belastet uns am stärksten, dass wir Dinge *betrauern müssen*, bevor sie überhaupt passiert sind. Wir vermissen Menschen, bevor sie fort sind. Wir sind enttäuscht, noch bevor uns jemand im Stich gelassen hat. Wir spüren die erdrückende Trauer um einen geliebten Menschen, obwohl es ihm gut geht und er Teil unseres Lebens ist.

Wie hat all das denn begonnen? Vermutlich liegen die Wurzeln dafür in einem Trauma oder einem tragischen Erlebnis, das uns in der Tiefe getroffen hat. Vielleicht hallt es immer noch in uns nach und wir denken ständig daran. Oder wir haben es tief ins Unbewusste verbannt. Wie dem auch sei, diese früher erlebte Tragödie macht uns auf der Schwingungsebene zu Protagonisten künftiger Tragödien, ohne dass uns dies bewusst wäre.

Wir werden zu Anziehungspunkten für solche Tragödien, weil wir den Verlust der Verbundenheit, den wir bei dem ursprünglichen Ereignis erlitten haben, nicht betrauern konnten.

Dieses Problem lässt sich nur dadurch lösen, dass wir aufhören, das Gefühl hinter der Sorge zu unterdrücken. Wir müssen uns erlauben, über die ursprüngliche Tragödie zu trauern. Als Voraussetzung dafür brauchen wir unsere Erlaubnis, unsere Gefühle zu spüren, ja sie in ihrer ganzen Bandbreite zu durchleben. Je bereitwilliger wir uns dem Fühlen öffnen, umso weniger Widerstand setzen wir negativen Erfahrungen der Vergangenheit entgegen, umso weniger müssen wir uns sorgen, dass sie sich wiederholen könnten und wir etwas dagegen unternehmen müssen.

Wir müssen akzeptieren, dass wir Angst haben, weil wir eben nicht wissen, was passieren wird. Das ist einerseits belastend, weil es heißt, dass auch schlimme Dinge geschehen können. Aber eben diese Ungewissheit können wir auch zu unserem Vorteil wenden, wenn wir uns klarmachen, dass das Leben für uns auch Gutes bereithält.

Weil wir nicht wissen, was passieren wird, können wir auch nicht mit hundertprozentiger Sicherheit sagen, dass es *etwas Schlimmes* sein wird. Schon die simple Erkenntnis dieser Tatsache löst unsere Überzeugung auf, dass das Schlimmste unvermeidlich ist. Dadurch fühlen wir uns sofort anders, was unsere Schwingungsfrequenz erhöht.

Eine weitere gute Übung ist die Erinnerung an Momente, in denen Sie ebenfalls das Schlimmste erwartet haben, es aber nicht eintraf. Vielleicht haben Sie ja fest daran geglaubt, dass ein Ihnen nahestehender Mensch nach einem Autounfall sterben oder ins Koma fallen würde. Stattdessen hat er sich erholt und ist heute wieder gesund und munter. Merken Sie sich solche Momente, denn dann erkennt Ihr Geist, dass er mit seiner chronischen Sorge keineswegs immer richtig liegt.

MEIN TAG, WIE ICH IHN HABEN MÖCHTE

Eine der besten Methoden, Angst und Sorge in den Griff zu bekommen, besteht darin, Ihren Tag um Dinge herum zu planen, auf die Sie sich erstens freuen und die Sie zweitens auch kontrollieren **können**. *Ihr Tag gehört Ihnen. Wenn Sie ängstlich in die Zukunft blicken, weil Sie stets das Schlimmste befürchten, dann bereiten Sie nun einer strahlenden Zukunft den Boden, indem Sie Dinge planen, die Ihnen ein gutes Gefühl geben. Diese Dinge tun Sie dann im Lauf des Tages auch. Stellen Sie sich einfach vor, Sie würden Goldmünzen an Orten in der Zukunft verteilen und anschließend wieder einsammeln.*

Fangen Sie klein an. Wenn wir tatsächlich überzeugt sind, dass das Unheil zuschlagen wird, wenn wir fest damit rechnen, enttäuscht zu werden, dann glauben wir gewöhnlich auch, dass unsere Wünsche umso wahrscheinlicher platzen wie Seifenblasen, je größer sie sind und je mehr wir wollen. Fangen Sie also mit Dingen an, an denen Sie Freude haben und die sehr wahrscheinlich auch eintreten werden.

So könnte ich beispielsweise glauben, dass aus einem Urlaub mit Freunden sowieso nichts wird und ich am Ende nur enttäuscht bin. Aber ein Treffen zum gemeinsamen Essen scheint mir immerhin wahrscheinlich. Also kann ich für heute eine Verabredung zu einer fröhlichen Tafelrunde mit meinen Freunden planen.

Machen Sie es sich zur Gewohnheit, aktiv viele kleine Dinge, die Sie gerne mögen, zu planen und in Ihren Kalender einzutragen, damit Sie sich jeden Tag auf etwas freuen können. Das könnte zum Beispiel ein Kinobesuch sein, eine Leckerei, die Sie sich gönnen, ein Spaziergang, eine Runde Schwimmen, sich an den Strand legen oder einen Freund besuchen. Je selbstverständlicher Ihnen die Erwartung wird, dass diese Dinge tatsächlich geschehen und gut gehen, desto leichter wird es Ihnen fallen, auch größere Unternehmungen zu planen, auf die Sie sich freuen können. Und desto weniger werden Sie Katastrophen befürchten.

Das ist eine ausgezeichnete Strategie, sich das Leben zu verschönern, weil Sie nun überlegte Entscheidungen treffen. Es ist Ihre Entscheidung, beim Aufstehen beruhigende Musik zu hören. Es ist Ihre Entscheidung, morgens laufen zu gehen. Es ist Ihre Entscheidung, sich ein Frühstück zuzubereiten, das Ihnen für den anstehenden Tag ein wohliges Gefühl im Bauch gibt. Es ist Ihre Entscheidung, ein Outfit zu wählen, in dem Sie sich toll finden.

Wenn Sie sich auf die zahlreichen Optionen konzentrieren, die Ihnen offenstehen, wird es Ihnen sehr viel leichter fallen, sich Tag für Tag neu auf Ihr Leben zu freuen. Es ist unvereinbar, täglich Entscheidungen zu treffen und gleichzeitig das Gefühl zu haben, auf das eigene Leben keinen Einfluss nehmen zu können. Aktiv Entscheidungen zu treffen, ist das Gegenteil von Ohnmacht.

LIEBEVOLLE VERANTWORTUNG FÜR UNSERE ÄNGSTE

Im Endeffekt sollten Ihre Sicherheit und Ihr Wohlergehen bei Ihnen an oberster Stelle stehen. Sie wissen jetzt, dass Sie vieles in Ihrem Leben selbst in der Hand haben und sich immer für die Option entscheiden können, mit der Sie sich besser statt schlechter fühlen.

Falls Sie allerdings feststellen, dass Sie sich hin und wieder noch unsicher sind, schreiben Sie alles auf, was Ihnen das Gefühl gibt, beschützt zu sein. Als Einstieg und Anregung eine kurze Liste von Dingen, die Ihnen möglicherweise das Gefühl von Sicherheit vermitteln können:

- *die Vorstellung, in einen Kokon eingesponnen zu sein*
- *im Arm gehalten werden*
- *im warmen Bad sitzen*
- *sich an eine Wärmflasche kuscheln*
- *mit dem Persönlichkeitsanteil sprechen, der sich unsicher fühlt*
- *der Duft von Aprikosen, Kamille oder frischem Brot*
- *heißer Tee*
- *Entspannungsmusik hören*
- *eine Komödie oder eine Kabarettsendung anschauen*
- *die Farbe Blau*
- *Kochen*
- *geführte Meditationen machen, um sich sicher zu fühlen und körperlich zu entspannen*
- *aufschreiben, wofür Sie dankbar sind*
- *Zuspruch und Trost von anderen erhalten*

- *Listen schreiben, wieso und warum Sie im Augenblick SICHER sind beziehungsweise was Sie verunsichert*
- *sich in die Sonne legen*
- *im Geist an einen sicheren Ort reisen, der ganz in eine weiße Schneedecke eingehüllt ist*

Wenn Sie Ihre Liste fertig haben und sich danach irgendwann unsicher fühlen, suchen Sie etwas heraus, das Sie gern machen würden und widmen Sie diesem Vorhaben Ihre volle Aufmerksamkeit.

Sie können auch im Alltag immer wieder Entscheidungen treffen, die Ihnen das Gefühl größerer Sicherheit vermitteln. Fühlen Sie sich beispielsweise absolut unwohl bei dem Gedanken, auf eine bestimmte Party zu gehen, dann beschließen Sie doch, gar nicht erst hinzugehen oder jemanden mitzunehmen, mit dem Sie sich sicherer fühlen.

Eine weitere gute Technik zur Verstärkung Ihrer positiven Schwingungen ist die Tiefenatmung: Atmen Sie tief in Ihr Zwerchfell und in den Unterbauch hinein und zählen Sie dabei bis vier ... Atem anhalten und bis zwei zählen ... ausatmen und dabei langsam bis acht zählen ... zum Abschluss Atem anhalten und bis zwei zählen. Atmen Sie stets gleichmäßig und sanft. Achten Sie darauf, dass Sie länger aus- als einatmen.

EROBERN SIE SICH IHRE GANZHEIT UND IHRE VERBUNDENHEIT ZURÜCK

Wenn es um unser Leben und unsere Beziehungen geht, geschieht es uns immer wieder, dass wir nicht nach vorne blicken, einfach weil wir Angst haben. In solchen Situationen müssen wir handeln, *bevor* die Angst von selbst wieder verschwindet. Viele Menschen erstarren förmlich und rühren sich kaum vom Fleck, solange ihre Angst sich nicht gelegt hat. Aber so kann man das Leben nicht angehen. So können Sie nicht leben. Genauso wenig, wie Sie ungeachtet der Angst leben können.

Menschen, die ihr Leben damit zubringen, der Angst aus dem Weg zu gehen, leben niemals wirklich. Sie treiben durch ein Dasein, das bestimmt ist von der Routine und dem Gewohnten, nur um *sicher* anzukommen… an ihrem Ende, ihrem Tod. Menschen, die ein Leben der Angst führen, hören nicht auf die wichtigen Botschaften, die diese Angst ihnen übermitteln will. Sie lernen ihre Grenzen nicht kennen, überhören alle Alarmsignale und kümmern sich nicht um ihr Selbst. Das kann auf Dauer nur zu Leid und Zusammenbruch führen. Ob unser Leben gut ist, hängt davon ab, inwieweit wir uns liebevoll um unsere Ängste kümmern können.

Wenn wir versuchen, die Angst zu besiegen oder loszuwerden, spalten wir uns nur von der *Trennung* ab. Vergessen Sie nicht: Das Gegenteil von Angst ist Liebe. Liebe, die Sie etwas oder jemandem entgegenbringen, verringert die Angst. Die ultimative Antwort auf die Angst besteht jedoch darin, *Ihr ängstliches Selbst* ebenso zu lieben wie dasjenige Selbst, *vor dem Sie am meisten Angst haben*. Nur wenn wir die Angst umarmen, wird sie sich auflösen. Indem wir uns der Angst öffnen, erobern wir uns unsere Ganzheit, unsere Verbundenheit zurück.

TEIL IV

VERBUNDENHEIT SCHAFFEN

Hier, im Abstand zwischen Haut und Haut,
liegt die Qual.
Doch hier,
der Abstand zwischen den Seelen,
macht den Raum zwischen Haut und Haut
tröstlich.
Die Wahrheit ist verborgen,
und doch erreicht uns ihr Geflüster.
Im süßen Überschwang eines Lächelns,
im eiligen Los der Umarmung
liegt die Aufforderung, tiefer zu blicken …
Um tiefer zu blicken
schau über den Raum zwischen uns allen hinaus und erkenne,
dass Du dieses Lächeln bist.
Du bist der Mensch, der sein Leben an den Hass verloren hat.
Du bist der Mann, der sich eine Bombe
um den eigenen Körper band und im Namen des Hasses
all diese Leben auslöschte.
Du bist die Erde, die beide trägt und ihre Körper
zu neuem Leben macht.
Dein Schmerz ist eine Zusammenballung von Tränen,
auch Meer genannt.
Deine Freude ist die Bündelung des Lichts,
die man Sonne heißt.
Das Geflüster der Wahrheit
raunt Dir zu, tiefer zu blicken … Tiefer zu blicken,
bis die Wahrheit offenbart wird,
dass es keinen Abstand gibt
zwischen Haut und Haut.
Dass es keinen Abstand gibt zwischen den Seelen.

VERBUNDENHEIT

von Teal Swan

VERBUNDENHEIT SCHAFFEN

Im ersten Teil des Buches haben Sie die drei Grundpfeiler der Einsamkeit kennengelernt – Trennung, Scham und Angst. Und Sie haben erfahren, wie Sie diese drei Pfeiler zum Einsturz bringen können. Wenn Sie die drei Pfeiler der Einsamkeit umgestoßen haben, bleibt Ihnen nur noch eines zu tun: Sie durch Verbundenheit zu ersetzen.

Verbundenheit heißt, dass Sie eine *Verbindung* zwischen sich und etwas anderem wahrnehmen. Doch im Zustand des Einsseins gibt es keine Verbundenheit, genauso wenig wie es Nicht-Verbundenheit gibt. Sie *sind* dann nämlich das Ganze, und das Ganze ist Sie. Anders ausgedrückt: Im Zustand des Einsseins gibt es kein Bedürfnis nach Verbundenheit.

Das Einssein ist die letztgültige Wahrheit dieses Universums, und doch leben wir in der materiellen Dimension unser *getrenntes* körperliches Dasein. Die meisten von uns erkennen das Einssein nicht. Nur einige wenige erhaschen gelegentlich einen kurzen Blick darauf. Daher kommt Verbundenheit diesem wunderbaren Zustand der Ekstase, in dem es keinen Mangel, keine Distanz und keine Trennung gibt, am nächsten.

Geht es aber um echte Verbundenheit mit einem anderen Menschen, dann ist diese Verbindung gewollt. Die Menschen, die sie eingehen, entscheiden sich bewusst dafür. Das Gefühl der Verbundenheit kann sich auf jeder Ebene unseres Seins einstellen. Wir können einander geistig, emotional, energetisch oder körperlich verbunden sein. Wenn wir diese Verbindung kappen, zerbrechen wir das Bindeglied, das uns auf dieser Ebene (oder allen Ebenen) zusammengehalten hat. Echte Verbundenheit heißt, dass Sie die fragliche Beziehung bewusst eingehen, dass sie *Ihnen nicht aufgezwungen wird.* Wir müssen uns also darauf konzentrieren, wie wir sie erzeugen und bewahren. Und genau darum geht es in diesem Kapitel: Wir lernen, wie wir dauerhafte Beziehungen schaffen können. Das wichtigste Element der Verbundenheit ist Nähe

Wenn Menschen den Begriff »Nähe« beziehungsweise »Intimität« hören, denken sie in erster Linie an Sex. Bei diesem Verständnis von Nähe ist es kein Wunder, dass wir uns bedroht fühlen, wenn es heißt, wir sollten Nähe herstellen zu Freunden, Kollegen, Geschwistern oder Eltern. Daher müssen wir unbedingt begreifen, dass Nähe und Intimität nichts mit Sex zu tun haben.

Sex kann unter bestimmten Umständen ein Nebenprodukt der Nähe sein, ist aber nicht damit gleichzusetzen. Nähe heißt, dass wir uns in allen Aspekten unseres Lebens als das erkennen, was wir sind, und von unserem Gegenüber auch als genau das erkannt werden. Daher ist Nähe das wichtigste Element der Verbundenheit. Nähe lässt hervortreten, wer Sie wahrhaft sind. So kann der andere Sie erkennen. Gleichzeitig schafft Nähe die Möglichkeit, dass sich auch der andere als der zeigt, der er wahrhaft ist, sodass Sie ihn im Nahesein erkennen können. Nähe ist eine Begegnung von Herz zu Herz, die von Einfühlungsvermögen und Verständnis getragen ist.

Nähe heißt, in den anderen hineinzublicken und eine tiefe Verbundenheit herzustellen. Wir sehen, fühlen, hören ineinander hinein, nehmen uns gegenseitig wahr und verstehen uns. Um wahre Nähe mit jemandem zu erleben, müssen wir bereit sein, zum Kenner dieses Menschen zu werden.

Es lässt sich nicht leugnen, dass Nähe den meisten Menschen Angst einjagt. Das liegt daran, dass heutzutage fast keiner mehr weiß, wie man eine gesunde, liebevolle Beziehung aufnimmt. Wir haben uns anderen Menschen anvertraut, sind aber verletzt und betrogen, zurückgewiesen, bestraft oder ignoriert worden. So sind wir zu der Auffassung gelangt, dass wir nicht gleichzeitig bei uns bleiben und uns dem anderen öffnen können.

Doch eine echte Verbindung mit einem anderen Menschen erlaubt uns, autonom zu bleiben, unser gesundes Selbstgefühl zu bewahren, auch wenn wir zugleich in gewisser Weise abhängig von ihm sind und uns erlauben, wirklich mit Herz, Geist und Körper der anderen Person zu »verschmelzen«. Wenn wir eine Beziehung voller Verbundenheit herstellen, verlieren wir uns nicht. Und wir verbinden uns so tief mit unserem Gegenüber, dass unser Gefühl der Isolation verschwindet.

Wenn wir leiden, weil wir das Gefühl haben, uns selbst zu verlieren, wenn wir mit anderen in Verbindung treten, dann werden wir diese Menschen von uns stoßen, sobald wir uns ihnen nahe fühlen. Haben wir Angst, verlassen zu werden, klammern wir uns an unser Gegenüber, um die Festigkeit der Verbindung zu testen. Mit dem Ergebnis, dass unsere Beziehungen uns ständig Leid verursachen und wir nie ein gesundes Gefühl von Nähe empfinden können.

Wenn wir eine Beziehung mit jemandem eingehen, bringen wir all unseren Schmerz mit ein. Der andere hat in früheren Beziehungen seinerseits Schmerz erfahren, den er ebenfalls mitbringt. Dann machen wir beide, was wir gelernt haben: Wir schützen unsere Innenwelt und verbergen sie, um weiteren Schmerz zu vermeiden. Von außen betrachtet sieht das meist ganz gut aus. Dumm ist nur, dass dabei das, was wir sind, zum Großteil nicht gesehen, gehört oder gefühlt wird, dass es immer wieder zu Missverständnissen kommt und wir uns deshalb so unendlich einsam fühlen.

WIE WIR DER NÄHE AUSWEICHEN

Manche Menschen haben eine Heidenangst vor der Nähe. Also vermeiden sie Nähe und merken es meist noch nicht mal. Sie fürchten, dass Nähe ihnen Leid zufügen wird. So haben wir mitunter Angst, abgelehnt zu werden, wenn wir den anderen unser wahres Ich zeigen. Oder dass unser Gegenüber, kaum haben wir ihm unsere innere Wahrheit gezeigt, diese benutzt, um uns zu manipulieren und zu erpressen. Wenn er unsere Schwächen und wunden Punkte kennt, verwendet er dieses Wissen vielleicht zu unserem Schaden beziehungsweise zu seinem Vorteil.

Wenn uns der andere Nähe schenkt, befürchten wir vielleicht, dass wir ihn zum Dank glücklich machen müssen. Dass uns also Verbindlichkeiten entstehen, die uns unsere Freiheit kosten könnten. Entdeckt der andere an uns etwas, das er missbilligt, dann vergrößert er vielleicht die Last unserer Scham, er verlässt uns oder weist uns zurück. Lassen wir ihn uns zu nahe kommen, vereinnahmt er uns möglicherweise vollständig, sodass wir nicht mehr wir selbst sein können, und wenn er uns dann verlässt, stehen wir plötzlich ohne Selbst da.

All diesen Ängsten und Befürchtungen können Sie sinnvoll begegnen: Nehmen Sie sich Zeit, sich vorzustellen, dass Sie jemandem sehr nahe sind, so nah, dass nicht mal mehr ein Blatt Papier zwischen Sie beide passen würde. Visualisieren Sie, dass dieser Mensch Sie so sehen, fühlen, hören und verstehen kann, wie Sie sind. Dass er mit Ihnen für immer verbunden ist. Zu Beginn überschwemmt Sie nun vielleicht eine Woge der Furcht. Das hat seinen Grund in unserer Kindheit, wo man uns beigebracht hat, dass unsere Gefühle, Gedanken und Wünsche nicht akzeptabel sind. Im Folgenden werden Sie lernen, wie Sie diese Angst überwinden können. Doch zuerst müssen Sie verstehen, woher sie rührte.

Wenn ein Kind geboren wird, besitzt es den natürlichen, instinktiven Drang, seinen Eltern *nahe* zu sein. Der Wunsch nach Nähe ist uns angeboren. Wenn wir unseren Eltern nahe sind, werden unsere Bedürfnisse erfüllt. Wir werden beschützt und getröstet, wenn es uns schlecht geht oder wir uns elend fühlen. Wie Ihre Eltern auf Sie reagiert haben, bestimmt Ihr Gefühl von Sicherheit überall dort, wo es um Intimität geht. Wenn wir Nähe fürchten, dann haben unsere Eltern unser Bedürfnis nach Nähe nicht gestillt, uns eingeredet, wir müssten uns dafür schämen und es gegen uns verwendet.

Wie ich bereits ausgeführt habe, reagiert dieser Typ von Eltern häufig mit Ablehnung auf Gefühle, Gedanken oder Wünsche ihres Kindes. Und das Kind interpretiert diese Erfahrung als folgende Botschaft: Die Art, wie ich fühle, denke oder wünsche, ist unberechtigt, sodass ich mich dafür schämen muss, und sie steht in direktem Konflikt zu dem, was meine Eltern fühlen, denken oder wünschen. Da wir damals noch Kinder waren, haben wir natürlich geglaubt, unsere Eltern hätten recht.

Mit dem Ergebnis, dass sie unsere innere Wahrheit verschlungen haben wie Raubtiere, die ihre Beute verschlingen. Das haben wir zugelassen. Es war unsere Strategie, um uns vor Konflikten zu schützen und nicht verlassen zu werden. Trotzdem fühlten wir uns vereinnahmt. Wir haben uns selbst verloren.

Uns wurde also schon vor langer Zeit das Herz gebrochen. Und es hatte auch keine Gelegenheit zu heilen, weil wir keinen Weg fanden, diesen Schmerz zu lindern und eine andere Erfahrung zu machen, was unsere innere Wahrheit anging, gesehen, gefühlt, gehört und verstanden zu werden.

Wir wissen nicht, wie es sich anfühlt, jemanden zu haben, der unsere Bedürfnisse dauerhaft auf liebevolle, warmherzige Weise erfüllt. Stattdessen haben wir uns mit gebrochenem Herzen weitergeschleppt, weil wir nicht wussten, wie wir es heilen könnten. Und wir sind ständig in neuen Beziehungsszenarien gelandet, in denen uns einmal mehr das Herz gebrochen wurde. Was ja nicht weiter verwunderlich ist.

Nähe macht verwundbar, denn ein Mensch, der sich vor Nähe fürchtet, hat gelernt, seinen eigenen Gefühlen auszuweichen. Der betreffende Mensch unterdrückt seine Bedürfnisse und Wünsche und geht allem aus dem Weg, was entsprechende Gefühle hervorrufen könnte. Daher will er Nähe um jeden Preis vermeiden, obwohl Nähe unser meistverdrängtes Bedürfnis ist.

Unglücklicherweise können wir unsere eigenen Bedürfnisse, Gefühle und Wünsche nicht verdrängen, ohne dasselbe mit anderen Menschen zu machen. Wir wollen unser Gegenüber nicht sehen, fühlen oder zutiefst verstehen, weil in uns dann aus der Tiefe das Gefühl der unfairen Behandlung hochstiege. Denn wir müssten jemand anderen akzeptieren, seine Wahrheit tolerieren und uns um ihn kümmern, ohne im Gegenzug dieselbe Behandlung zurückzubekommen ... genauso, *wie es in unserer Kindheit war.*

Wenn Nähe für Sie problematisch ist, dann sollten Sie sich bewusst machen, dass Sie hier nur wiederholen, was Sie als Kind in Ihren Beziehungen erfahren haben. Öffnen Sie sich der Erkenntnis, dass Sie den Wünschen, Bedürfnissen, Gefühlen und Gedanken anderer Menschen mit Ablehnung begegnen. Wenn Sie sich noch daran erinnern können, wie schmerzhaft es für Sie war, abgelehnt zu werden, wird Ihnen deutlich, was Sie stattdessen gebraucht hätten. Dann können Sie mit diesem Bewusstsein anderen Menschen begegnen.

Denn was immer Sie anderen aus dieser Haltung heraus geben, schenken Sie dem Kind in sich, das genauso gelitten hat. Damit tragen Sie dazu bei, eine Welt zu erschaffen, in der diese Art von Leid nicht länger existiert.

WENN NÄHE FÜR SIE ETWAS BRANDNEUES IST

Haben Sie Angst vor Intimität oder kämpfen mit Verbundenheit, akzeptieren Sie am besten, dass Sie bei null anfangen müssen. Sie werden lernen, zum ersten Mal eine Beziehung zu einem anderen Menschen einzugehen, in der Sie Intimität, Nähe und Verbundenheit zulassen. Machen Sie sich klar, dass Sie keine Vorstellung davon haben, wie man eine gute Beziehung führt und räumen Sie Ihrem Lernprozess Vorrang vor allem anderen ein.

Sie hatten ja keine Vorbilder für solche Beziehungen. Wie hätten Sie da etwas lernen sollen? Völlig unmöglich. Versöhnen Sie sich mit der Tatsache, dass Sie auf diesem Gebiet alles aus dem Nichts erschaffen und Ihre alten Verhaltensmuster ablegen müssen. Das ist so, als würde ein Wissenschaftler erkennen, dass seine neueste Theorie völlig unhaltbar ist und das Papier deshalb zusammenknüllen und in die Tonne treten. Wir müssen bereit sein, genau das zu tun, und uns völlig neuen Wegen öffnen, wie wir Beziehungen eingehen können.

Wenn Sie Angst vor Nähe haben, sollten Sie jene Aspekte Ihrer Persönlichkeit, Ihre Inneren Zwillinge, ausfindig machen, die keine enge Beziehung zu anderen Menschen wollen. Das sind jene Anteile, die verletzt wurden, als Ihre Eltern sich weigerten, Ihre Gefühle, Gedanken und Wünsche zu akzeptieren und zuzulassen. Außerdem müssen Sie jene Aspekte Ihrer selbst kennenlernen, die Sie selbst geschaffen haben, um die verletzten Anteile zu schützen.

Sobald Sie diese Inneren Zwillinge aufgespürt haben, sprechen Sie mit ihnen. Versuchen Sie, sie zu verstehen, zu empfinden, zu sehen und ihnen die Nähe zu geben, die sie als Kinder nicht bekommen haben. Dann werden diese inneren Anteile Ihnen sagen, was Sie und die Menschen in

Ihrem Umfeld tun müssen, um ihnen Intimität und Nähe zu ermöglichen.

Machen Sie es sich zudem zur Gewohnheit, Ihr Augenmerk auf soziale Signale zu richten. Wenn Sie Menschen aus Ihrem Leben ausgeschlossen haben, weil Sie das Gefühl hatten, diese könnten Sie nie akzeptieren oder unterstützen, dann ist es sehr wahrscheinlich, dass Sie auch andere Menschen ausgrenzen. Sie haben beschlossen, sich nicht mehr auf andere einzulassen. Das bedeutet, dass Sie alle subtilen und weniger subtilen Signale entweder ignorieren oder übersehen, und zwar ständig.

Das wird schnell zum Teufelskreis, weil es die Welt und jede Form von Nähe immer noch gefährlicher wirken lässt. Wenn Sie auf soziale Signale nicht reagieren und Ihr Verhalten entsprechend anpassen, schließen die Menschen in Ihrem Umfeld daraus, dass Sie sich nicht für sie interessieren. Sie nehmen Sie als herzlosen Menschen wahr, dem man nicht trauen kann. Dann nehmen sie von Haus aus eine Abwehrhaltung ein und zeigen ihrerseits auch keinerlei Interesse an Ihnen. Daraus entsteht dann eine feindselige Beziehung, die für keinen der beiden Beteiligten sicher ist.

Je mehr Sie aber auf soziale Signale reagieren und anderen Menschen das Gefühl geben, dass sie bei Ihnen gut aufgehoben sind, desto bereitwilliger erfüllen sie auch Ihre Bedürfnisse und interessieren sich für Sie. Gehen Sie durch den Tag und »lesen« Sie die Emotionen anderer. Haken Sie nach, wenn möglich, um herauszufinden, ob das, was Sie wahrnehmen, auch den Empfindungen Ihres Gegenübers entspricht. So stellen Sie sich auf andere ein. (Doch damit werden wir uns später noch eingehender beschäftigen).

Wenn Sie Angst vor Nähe haben, leben Sie nicht authentisch. Wenn Sie Ihren Eltern gegenüber authentisch waren, dann hat das mit Nähe zu tun, denn wenn Sie ihnen so weit vertraut haben, dass Sie sie Ihre innere Wahrheit sehen ließen, dann hat das Konsequenzen. Ein authentisches Leben zu führen, heißt, Schmerz zu akzeptieren. Oder wie Anaïs Nin schrieb: »Es kam der Tag, an dem das Risiko, eng eingefaltet in einer Knospe zu bleiben, schmerzlicher war als das Risiko, das es bedeutete, voll zu erblühen.«

Haben Sie diesen Punkt schon erreicht? Wenn ja, bekennen Sie sich zu einem authentischen Leben.

SICH DIE RICHTIGEN ZIELE SETZEN

Ihre Angst vor Nähe hat Sie unbewusst jene Lebensbereiche bevorzugen lassen, in denen Sie keine starken Gefühle oder Bedürfnisse ausbilden und folglich keine Verwundbarkeit erfahren. Vielleicht ist Ihre einzige Leidenschaft ja Ihr Beruf oder eines Ihrer Hobbys. Doch Leistungen sind sinnlos, wenn Sie niemanden haben, mit dem Sie sie teilen können.

Was Sie wirklich wollen und brauchen, ist Verbundenheit und Nähe. Sie wollen von einem anderen Menschen wirklich gesehen, gefühlt, gehört und verstanden werden. Um dies zu erlangen, müssen Sie Ihren Beziehungen den Vorrang geben. Sie müssen erfahren, dass man Sie als die oder den lieben kann, die oder der Sie sind, und nicht für das, was Sie können oder leisten. Kommen Sie mit Ihrer Verwundbarkeit ins Reine, denn sie ist eine Stärke, keine Schwäche. Es erfordert großen Mut, sich verwundbar zu zeigen.

Wenn wir unsere Verwundbarkeit in der jeweiligen Situation akzeptieren, können wir mit dem Menschen verbunden bleiben, mit dem wir verbunden bleiben möchten. Wir können entschlossen auf unsere Wahrheit hinsteuern. Wir können echte Bedürfnisse erfüllen. Und wir können dafür sorgen, dass sich unsere Beziehungen gut anfühlen.

An diesem Punkt erkennen Sie vielleicht, dass positive Gefühle Ihre Angst vor Nähe noch stärker auflodern lassen als negative. Denn wenn Sie spüren, dass ein anderer Mensch Sie liebt, Ihnen seine Liebe zeigt und mit Ihnen verbunden sein möchte, dann gerät Ihre Wahrnehmung, dessen was ist, in Konflikt mit Ihrer Vorstellung davon, was möglich ist, das heißt, mit Ihrem Selbstbild.

Daher empfinden Sie diesem Menschen gegenüber anfangs eher Argwohn und Misstrauen. Vielleicht löst seine Zuneigung bei Ihnen sogar ganz unbeabsichtigt das tiefsitzende, in Ihrer Kindheit wurzelnde Gefühl aus, dass Sie keine Zuneigung verdienen, sowie den damit verbundenen Schmerz. Das wollen Sie abstellen, Sie wollen weg von diesen Gefühlen. Also schaffen Sie Probleme oder Spannungen in dieser Beziehung und stoßen den Menschen, der Sie zu lieben versucht, von sich fort.

Daher ist es so wichtig, dass Sie erkennen, wann Sie andere Menschen von sich wegstoßen. Bitten Sie die anderen doch, Ihnen zu sagen, wenn sie sich durch Ihre Worte oder Taten »verprellt« fühlen. Dieses Spiegelbild Ihrer selbst und Ihres Verhaltens verhilft Ihnen zu mehr Bewusstheit.

Selbst wenn Intimität Ihnen eine Höllenangst einjagt, ist es von entscheidender Bedeutung, dass Sie Ihre Bedürfnisse erkennen und sich eingestehen. Auch wenn es natürlich nicht leicht ist, anderen Menschen zu eröffnen, was wir uns von ihnen wünschen, damit sie uns dann sagen, ob sie unsere Bedürfnisse erfüllen wollen oder nicht. Gelingt es Ihnen nicht, diese direkt auszudrücken, dann versuchen Sie es eben indirekt. Notieren Sie Ihre Bedürfnisse auf einem Blatt Papier und legen Sie es irgendwohin, wo es leicht zu entdecken ist. Erwarten Sie jetzt aber nicht von den anderen Menschen, dass sie diese Bedürfnisse auch erfüllen. Manipulieren Sie sie nicht. Öffnen Sie sich der Verwundbarkeit, die entsteht, indem Sie den anderen die Entscheidung überlassen, auf Sie und Ihre Bedürfnisse einzugehen, weil sie das wollen und weil Ihr Glück auch das Glück der anderen ist.

Treffen wir auf einen Menschen, der eine nahe und sehr persönliche Beziehungmit uns eingehen will und lassen wir uns darauf ein, dann machen wir eine andere Erfahrung als zu Beginn unseres Lebens, und das ist das Schöne daran. Darum geht es bei der Heilung. Von dem richtigen Menschen werden Sie nicht nur Akzeptanz erfahren, sondern Liebe, er wird das Wesen lieben, das Sie tatsächlich sind. Dieser Mensch wird Ihre Bedürfnisse erfüllen, weil er das möchte.

TIEFE EINSAMKEIT HAT MIT PARALLELWELTEN ZU TUN

Der Glaube, wir könnten ohne Nähe auskommen mag verführerisch sein. In Wahrheit ist das jedoch nicht möglich. Ohne Nähe entwickeln wir in der Kindheit kein Gefühl für unser Dasein. Wir haben das Empfinden, in einer Parallelwelt zu leben. Das isoliert uns und vermittelt uns ein Gefühl des Alleinseins, selbst in Gesellschaft vieler Menschen.

Viele merken erst, dass sie in einem parallelen Wahrnehmungsuniversum leben, wenn sie zum Beispiel den Tod eines ihnen nahestehenden Menschen verkraften müssen. Wenn Sie tiefe Trauer erfahren, bleibt für Sie die Welt stehen. Sie stecken tief drin in einer Welt aus Schmerz und Angst davor, wie Ihre Zukunft aussehen wird. Selbst die Zeit ändert für Sie ihren Lauf.

In der Zwischenzeit machen die anderen mit ihrem Leben weiter: Sie lachen, lächeln und reden über ihren Job oder den nächsten Urlaub. Sie fordern Sie auf, doch mit ihnen etwas trinken zu gehen, damit Sie sich wieder besser fühlen. Sie leben in einer total anderen Wirklichkeit, obwohl sie ja körperlich ein und dasselbe Universum teilen. Am schlimmsten ist es, dass die anderen das einfach nicht merken. Sie achten nicht darauf, was mit ihrer Welt in Konflikt steht.

Ich werde nie dieses eine Erlebnis vergessen, das ich in einem öffentlichen Park hatte. Dort saß auf einer Bank ein

Mädchen, dessen Arme verbunden waren. Sie hatte sich unzählige Schnitte zugefügt. Sie weinte heftig, aber die Leute gingen oder joggten lachend und Musik hörend an ihr vorbei. Nicht ein einziger Mensch bemerkte, in welchem Zustand das Mädchen war. Genauso gut hätte ein Geist dort sitzen können. Ich dachte damals: Wenn diese unterschiedlichen Wirklichkeiten sogar aufrechterhalten werden können, wenn jemand zerschnittene Arme hat und sich die Augen aus dem Kopf heult, dann haben Menschen, die ihr Leid weniger demonstrativ und offensichtlich zeigen, ja nicht die leiseste Chance, bemerkt zu werden.

Und es gibt keine Parallelwelt, in der Menschen schlimmer eingekerkert sind als in der durch Missbrauch entstandenen. Das ist etwas, was Ihnen jeder bestätigen kann, der unter sexuellem Missbrauch, vor allem Inzest, gelitten hat. Wenn ein Mensch – Ihr Vater oder Onkel zum Beispiel – Sie missbraucht, dann kann es sein, dass derselbe Mensch Sie eine Stunde später fragt, ob Sie Mayonnaise auf Ihr Sandwich haben wollen. Er verhält sich, als hätte der Missbrauch nie stattgefunden. Das erschafft sozusagen ein Doppelleben … oder eine *parallele Wirklichkeit.*

In Ihrem einen Leben sind Folter, Schmerz und Gefahr die Realität, und Ihr Vater oder Onkel ist Ihr schlimmster Feind. In Ihrem anderen Leben ist die Realität recht gewöhnlich: Sie gehen zur Schule, nehmen am Thanksgiving-Essen teil, und Ihr Vater ist einfach nur *Ihr Vater.* Irgendwann fühlt sich das normale Leben wie eine Lüge an. Es fühlt sich *falsch* an. Wie eine Tarnung für die *wirkliche Wirklichkeit.* Wenn jemand auf diese Weise in seiner Wirklichkeit gefangen ist, fühlt er sich vollkommen allein. Und in so einer Situation kommt die oder der Betroffene häufig sogar auf Selbstmordgedanken.

Die Grundlage dieser parallelen Wahrnehmungswelten, die die Menschen voneinander trennen, ist emotionale Abwertung. Um besser zu verstehen, wieso dies zur Entstehung von Parallelwelten führt, müssen wir bis zum Ursprung zurückgehen. Stellen Sie sich ein unglückliches kleines Mädchen vor, sie ist traurig, weil ihre Familie in eine andere Stadt ziehen musste. Nun fühlt sie sich einsam ohne ihre Freunde und hat Angst, der neue Ort könnte vielleicht nicht schön sein. Sie vermisst ihren alten Heimatort sehr. Wenn das Mädchen zeigt, dass sie unglücklich ist, und ihre Eltern keine Nähe herstellen können, gibt es zwei Möglichkeiten: Entweder werden die Eltern die Emotionen ihrer Tochter missbilligen oder sie werden darüber hinwegsehen beziehungsweise sie ignorieren.

Ein Elternteil, der die Emotionen seines Kindes missbilligt, tadelt es dafür oder bestraft es gar, wenn es seine (den Eltern) unangenehmen Gefühle zum Ausdruck bringt. Vielleicht bagatellisiert man die Empfindungen des Kindes auch einfach. Und zugleich wird dieser Elternteil das Töchterchen weiterhin so behandeln, als ginge es ihr gut.

Dies zieht eine Grenze zwischen der Welt der Eltern und der des Kindes. Das Kind befindet sich nun in einer Parallelwelt, in der es leidet. In seiner Wirklichkeit hat sich eine Tragödie zugetragen, es hat einen schweren Verlust erlitten. In dieser Realität sind die Eltern gar nicht anwesend, selbst wenn sie sich mit dem Kind im selben Raum befinden. In der Wirklichkeit der Eltern hingegen wird für das Kind Sorge getragen, und alles ist gut. Nach Meinung der Eltern finden hat der Umzug allen etwas gebracht, weil er neue Möglichkeiten eröffnet. Da die Eltern nicht begreifen, wie ihre Tochter empfindet, können sie auch nichts tun, damit die Kleine sich besser fühlt. Sie bekommt also in ihrer Verzweiflung über den Umzug keine Unterstützung.

Das Mädchen ist in seiner eigenen *Parallelwelt* isoliert, und ihre Eltern bemerken das nicht einmal.

Das ist nur ein Beispiel, aber solche Dinge haben wir alle in unserer Kindheit und Jugend irgendwann mal erlebt. Jetzt stellen Sie sich vor, dass sich diese Erfahrung bei jedem Menschen, den Sie kennen, wiederholt. Jeder Einzelne nimmt die Spuren dieser emotionalen Entwertung mit in sein Erwachsenenleben. Er bringt seine tiefsten Ängste, seine Isolation mit in alle Beziehungen, die Nähe möglich machen.

Uns ist letztlich dasselbe passiert wie dem kleinen Mädchen. Das Leben geht weiter, die Gesellschaft um sie herum spiegelt ihr diese geteilte Wirklichkeit. Sie erlebt sich in der einen Realität und alle anderen in einer Parallelwelt. Die Qual, nicht nur Schmerz zu empfinden, sondern mit diesem Schmerz auch noch *allein* zu sein und mitansehen zu müssen, wie andere Menschen zusammen und glücklich sind, ist so schlimm, dass sie vermutlich ein Suchtverhalten oder andere Vermeidungsstrategien entwickeln wird. Und ganz ehrlich: Der Kummer, in einer Parallelwelt zu leben, ist schlimmer als jede Sucht oder als jede Droge, zu der sie greifen könnte.

DIE STUFENLOSE SKALA DER EMOTIONALEN ENTWERTUNG

Solche parallelen Wahrnehmungswelten können schon infolge weit weniger schwerer Traumata entstehen, als es ein Missbrauch darstellt. Wann immer wir uns von anderen Menschen nicht gesehen, gehört oder verstanden fühlen, kann dies zu einem Trauma führen. Man kann sich das vorstellen wie auf einer stufenlosen Skala. Je drastischer der Unterschied zwischen der Wirklichkeit, die die anderen sehen, und der, die wir erleben, desto schlimmer die Isolation, desto ärger der Schmerz, den uns dies bereitet.

Manche Menschen empfinden das Gefühl der Isolation

insgesamt als weniger bedrückend und glauben nur manchmal, in einer anderen Welt zu leben. Auf der anderen Seite der Skala stehen all jene, die sich durch die Intensität ihrer Parallelwelt so grundlegend isoliert fühlen, dass sie daran zweifeln, überhaupt noch am Leben zu sein. Sie empfinden einen so tiefen Schmerz, dass sie Selbstmord für den einzigen Ausweg halten.

Wenn wir den größeren Zusammenhang in den Blick nehmen, dann sind für den Großteil der seelischen und geistigen Erkrankungen solche parallelen Erlebniswelten verantwortlich, die die betroffenen Menschen nicht integrieren konnten, weil der Rest der Welt ihnen signalisiert, dass sie nicht der Wirklichkeit entsprechen oder keine Berechtigung haben. Wenn wir so über Menschen urteilen, ruinieren wir uns damit jede Chance, sie dort zu treffen, wo sie sind, um die Beziehung zu ihnen zu verbessern. So finden wir nie einen Weg, um ihre Realität mit der unseren in Einklang zu bringen. Es folgen einige Beispiele für seelisch-geistige Erkrankungen, bei denen es tatsächlich um das Leben in klassischen Parallelwelten geht:

- *Leidet ein Mensch unter paranoider Schizophrenie, lebt er in einer Wirklichkeit, in der er von jemandem verfolgt wird.*
- *Ein Mensch mit einer posttraumatischen Belastungsstörung lebt ebenfalls in einer anderen Welt, in der das erlittene Trauma jederzeit wiederkehren kann. Wird ein Mensch von Depressionen belastet, lebt er in einer Welt der Hoffnungslosigkeit, in der sein Leben keinen Sinn ergibt.*
- *Wer Panikattacken erlebt, nimmt die Welt ebenfalls anders wahr: Er glaubt an eine unmittelbar drohende Gefahr. Während er einen Panikanfall hat, sieht er die Menschen um sich herum agieren, als wäre alles normal und in bester Ordnung.*

Das ist eine echte »Gaslicht«-Erfahrung. Dieser Begriff stammt aus einem alten Schwarz-Weiß-Film, in dem der Ehemann seiner reichen Frau vorgaukelt, sie wäre verrückt. Dementsprechend nennt man diese Art von seelischer Gewalt *Gaslighting*: Wenn man einen anderen Menschen so behandelt, signalisiert man ihm, dass seine Weltwahrnehmung falsch ist. Dass er nicht gesehen hat, was er gesehen hat. Dass er nicht fühlen sollte oder nicht gefühlt hat, was er empfunden hat. Dass er nicht gehört haben kann, was er sehr wohl gehört hat.

Das Gefangensein in solchen parallelen Wahrnehmungswelten verursacht unsägliches Leid. Und das beschränkt sich keineswegs nur auf denjenigen, der in einer anderen Welt lebt. Am Ende wird es auch schmerzhaft für seine Mitmenschen, denn die Beziehung zu dem Betroffenen verschlechtert sich immer mehr. Am Ende verliert der bedauernswerte Mensch selbst jene, die er liebt.

Der Schmerz über diese unterschiedliche Wahrnehmung der Wirklichkeit lässt einen Menschen in seinem Leid allein zurück. Das ist die schlimmste Form des Schmerzes, die man erleben kann. Der Schmerz schwächt und isoliert die Betroffenen. Das ist, als stünden Sie hinter einem Einwegspiegel: Sie können die anderen zwar sehen und hören, aber niemand sieht und hört Sie. Vergleichen Sie dies einmal mit dem Leid, das Kriege, Naturkatastrophen oder Hungersnöte hervorbringen. Das sind durchweg schreckliche Erfahrungen, doch sie unterscheiden sich vom Schmerz der emotionalen Entwertung insofern, als hier immer eine größere Gruppe leidet und diese Menschen alle in *derselben* schmerzhaften Realität leben.

Das Schöne an der Verbundenheit: Wir können damit die Trennwand zwischen diesen Wirklichkeiten einreißen. Dann verschmelzen unsere Wahrnehmungswelten wieder. Wir teilen mit dem anderen eine Wirklichkeit und er mit uns. Sobald wir dies begriffen haben, können wir Heilung finden. Dann schaffen wir es auch, mit unterschiedlichen Polaritäten (Wertigkeiten) zurechtzukommen. Dann kann sich unsere Bewusstheit wirklich erweitern.

Zwei Menschen können keine Nähe aufbauen, wenn sie in verschiedenen Wahrnehmungswelten leben, selbst wenn sie direkt nebeneinanderstehen. Der Abgrund, der diese beiden Welten trennt, lässt sich nur überbrücken durch Nähe, Authentizität und das Sich-Einlassen auf den anderen. Darum wenden wir uns nun der praktischen Frage nach möglichen Lösungen zu.

WAS AUTHENTIZITÄT WIRKLICH BEDEUTET

Der Begriff »Authentizität« begegnet uns ja mittlerweile überall, aber was ist damit eigentlich gemeint? Etwas Authentisches ist keine Kopie – es ist echt, wirklich und wahrhaft. Auf den Menschen angewandt heißt es, dass jeder von uns als einzigartiger Ausdruck des Quellen-Bewusstseins ins Leben tritt. Jeder Mensch hat seine einzigartige Essenz, eine Art energetische Signatur. Wir kommen auf die Welt mit einer einzigartigen Aufgabe, einzigartigen Gedanken, Gefühlen, Wünschen und Bedürfnissen. All das und die Rolle, die wir im großen Ganzen des Universums spielen sollen, ist Teil unserer Essenz.

Die Erfahrung unseres Lebens ist ein Entfaltungsprozess. Stellen Sie sich Ihre Essenz als einzigartige Perle in einer geschlossenen Lotusblüte vor. In einer vollkommenen Welt würde sich diese Blüte ganz natürlich öffnen und die Perle der Welt offenbaren. Unsere Erziehungspraxis, der Sozialisierungsprozess würden jedes Kind bei dieser Entfaltung unterstützen.

Würden wir hier nicht eingreifen und die einzigartigen Bedürfnisse jedes Kindes erfüllen, wäre dies das Natürlichste überhaupt. Leider leben wir nicht in einer vollkommenen Welt. Wenn wir geboren werden, sehen unsere Bezugspersonen uns nicht als Geschenk, das man pflegen muss, damit die einzigartige Perle zum Vorschein kommen kann. Die Menschen unserer Umgebung sehen uns eher als Rohmaterial, das man in eine Form pressen muss. Und diese Form soll dem entsprechen, was sie als das Beste für uns und sich selbst erachten. Allem gegenüber, das auch nur entfernte Ähnlichkeit mit etwas besitzt, das bei unseren Bezugspersonen Missbilligung hervorruft, lässt uns unsere Verwundbarkeit fühlen. Daher fangen wir an, uns selbst aufzusplitten.

Wir zeigen nur die Seiten von uns, die uns Liebe und Sicherheit verschaffen. Alles andere halten wir gut unter Verschluss. Wie Sie bei der Lektüre dieses Buches gesehen haben, sind unsere Persönlichkeiten in Wahrheit *künstlich, unecht.* Wir werden zu Kopien anderer Menschen und zeigen unseren eigentlichen Wesenskern nicht mehr. Am Ende müssen wir uns durch die einzelnen Schichten unserer Vortäuschung kämpfen und herausfinden, was an uns letztlich real ist. Das fühlt sich ein bisschen so an, als würden wir im Dunkeln herumtappen.

Fehlende Authentizität macht uns das Leben schwer. Das größte Problem daran ist: Sie lässt keine wahre Verbundenheit mit anderen zu. Wenn wir mit allem, was wir sind, geliebt werden wollen, dann müssen wir auch alles zeigen. Wenn wir uns nach echter Verbundenheit sehnen, müssen wir unser wahres Selbst offenlegen.

WIE SIE INNEN UND AUSSEN IN EINKLANG BRINGEN

Was Authentizität eigentlich bedeutet – abgesehen davon, dass es dabei um das Freilegen Ihrer Essenz geht –, lässt sich am besten so formulieren: *die bewusste Heilung der Widersprüche zwischen Ihrem äußeren und Ihrem inneren Selbst.* Authentisch ist also ein Mensch, bei dem innen und außen zusammenpassen.

Vermutlich kennen Sie das Bild vom »Wolf im Schafspelz«. Es bietet ein sehr schönes Beispiel für mangelnde Authentizität, denn der Wolf ist kein Schaf. Er präsentiert sich zwar nach außen hin als Schaf, ist aber in Wirklichkeit ein Wolf. Aber das Schaf im Wolfspelz wäre auch nicht besser, denn es ist genauso wenig authentisch wie der Wolf, der seine Wolfsnatur verbergen will.

Sehen Sie sich mal in Ihrem Freundeskreis um. Sie werden viele Menschen in unzähligen solchen Widersprüchen entdecken. Wenn ein Mensch einer Arbeit nachgeht, die ihm nicht liegt, haben wir es mit mangelnder Authentizität zu tun: Die äußere Arbeit passt nicht zu den inneren Bedürfnissen. Wenn jemand behauptet, einen anderen Menschen gut leiden zu können, und sich entsprechend verhält, obwohl er ihn in Wirklichkeit unerträglich findet, dann ist das mangelnde Authentizität. Wenn jemand meint, er sei nicht künstlerisch begabt, obwohl er sein künstlerisches Talent schon seit Jahren einfach nur unterdrückt, ist das nicht authentisch.

Wenn wir uns unbedingt als gute Menschen präsentieren wollen und daher alle Persönlichkeitsaspekte unterdrücken, die nicht in dieses Bild passen, sind wir nicht authentisch. Denken Sie doch nur mal an all jene, die zwei Facebook-Accounts besitzen. Der eine ist für Familie, Freunde und Kollegen bestimmt, der andere für Dinge, für die sie sich wirklich interessieren, die jedoch in ihrem Umfeld negativ bewertet würden. Auch das ist nicht authentisch. Wenn jemand homosexuell ist, aber vorgibt, hetero zu sein, ist er nicht authentisch.

Unsere heutige Gesellschaft lebt vom »schönen Schein«, von der Vortäuschung falscher Tatsachen, das lässt sich unschwer erkennen. Doch jetzt muss damit Schluss sein, denn das ist eines der größten Hindernisse, die uns den Weg zum Erwachen und zur Verbundenheit verstellen. Daher sollten wir uns folgende Frage sozusagen hinter die Ohren schreiben: »Gibt es irgendwelche Widersprüche zwischen meinem äußeren und meinem inneren Selbst?«

In einer idealen Welt wären wir alle vollkommen transparent, ehrlich und authentisch, und zwar vierundzwanzig Stunden am Tag. Und so eine Welt möchte ich schaffen.

DIE BEREITSCHAFT, SCHLECHT DAZUSTEHEN

Um sich Ihre Authentizität zurückzuerobern, müssen Sie bereit sein, in Ihren Augen und denen anderer Menschen schlecht dazustehen. Oder sich zumindest mit der Angst auseinandersetzen, die Sie davor haben. Wie wir in den letzten beiden Kapiteln gesehen haben, bringen wir unser ganzes Leben damit zu, Scham und Angst aus dem Weg zu gehen. Scham ist der größte Feind des menschlichen Egos. Letztlich aber heißt das, dass wir ständig Charakterzüge verbergen, die gleichwohl real sind. Nur weil wir in unseren Augen und denen der anderen nicht schlecht dastehen möchten.

Unter diesen Umständen werden wir unserer »echten« Wahrheit nie ins Gesicht sehen und auch nicht damit arbeiten können. Meist hören wir mit dem Verstellen erst dann auf, wenn uns die mangelnde Authentizität so viel Leid einträgt, dass wir freiwillig die negativen Konsequenzen auf uns nehmen, die unsere Authentizität möglicherweise mit sich bringt. Ich bitte Sie jedoch sehr, diesen Schritt zu wagen, solange Sie noch nicht mit dem Rücken zur Wand stehen. Akzeptieren Sie alles, was an Ihnen real ist, ganz egal, ob es in Ihren Augen gut oder schlecht ist.

Etwas zu akzeptieren, ist das Gegenteil von Verdrängung und Vermeidung. Was aber ist mit »akzeptieren« gemeint? Etwas zu akzeptieren bedeutet, dass wir es als richtig oder berechtigt ansehen. Akzeptanz heißt, dass Sie etwas annehmen und als Ihre Wahrheit anerkennen, statt sich ständig dagegen zu sträuben, es wahrzunehmen und anzuerkennen.

Akzeptanz hat nichts mit Billigung oder Verurteilung zu tun. Sie schert sich nicht darum, ob Sie etwas ändern wollen oder nicht. Bei der Akzeptanz geht es einfach nur darum, dass Sie etwas als richtig und berechtigt anerkennen und es in Ihr Leben hineinlassen.

DAS HERZSTÜCK DER AUTHENTIZITÄT

Der Kern jeder Authentizität ist die Verwundbarkeit. Wir sind deshalb nicht authentisch, weil wir Angst haben, was uns dann passieren könnte. Wir fürchten, zurückgewiesen, nicht angenommen oder nicht geliebt zu werden. Viele Leute glauben authentisch zu sein, sind es aber nicht, weil sie nur einen *Teil* ihrer Wahrheit offenlegen.

Das möchte ich Ihnen an einem Beispiel veranschaulichen. Vielleicht halten Sie es ja für authentisch, wenn Sie zu jemandem sagen: »Weißt du was? Du bist einfach so auf dich selbst und deine Ziele fixiert, dass du für andere keinen Funken Aufmerksamkeit mehr aufbringen kannst.« Aber das ist nur ein Abwehrverhalten. Es steht für Ihren Ärger, der jedoch nur ein kleiner Ausschnitt der Wirklichkeit ist. *Authentisch* würde sich das vielleicht so anhören: »Das war echt erschreckend. Ich habe mich gefühlt, als wäre ich unsichtbar und hätte keinerlei Bedeutung.«

Daher ist ein guter Weg in die Authentizität wieder eine Frage: »Wie würde das Gegenteil meines üblichen Abwehrverhaltens aussehen?« Was Sie damit abwehren wollen, ist eben jene Verwundbarkeit, die Sie jedoch brauchen, um authentisch zu sein. Auf die Authentizität bezogen bedeutet »Ausdruck«, dass Sie Ihre volle Wahrheit offenbaren, nicht nur einzelne Teilbereiche. Und das heißt, die ganze Bandbreite Ihrer Emotionen.

Der Ursprung, die Wurzel der Authentizität ist zu wissen, wie Sie sich fühlen. Dies müssen Sie sich zuerst selbst eingestehen, um es dann anderen zeigen zu können. Ihre

Emotionen sind ein Kompass, der Sie geradewegs ins Gewahrsein führt. Wie ein Kompass Ihnen sagt, wo im Raum Sie stehen und wohin Sie sich wenden müssen, so zeigen Ihnen Ihre Gefühle, in welchem Schwingungszustand Sie sich im Augenblick befinden und wohin Sie sich wenden müssen, um diese persönliche Frequenz zu verbessern, sodass Ihre äußeren Lebensumstände mit Ihrer Essenz in Einklang gelangen.

Ihre Emotionen sind der Durchlass zu den Barrieren, die Ihnen nicht bewusst sind und die Sie daran hindern, authentisch zu sein. Wir Menschen haben immer noch nicht begriffen, was Emotionen eigentlich sind und welchem Zweck sie dienen. Auf den Punkt gebracht: Emotional befinden wir uns immer noch im finsteren Mittelalter.

DAS GEWAHRSEINS-PROTOKOLL

Wir werden nur dann herausfinden, was an uns real ist, wenn wir uns zu der ganzen Wahrheit unserer Gefühle bekennen. Wir werden nur dann echte Verbundenheit mit anderen Menschen erfahren, wenn wir diese Wahrheit anderen gegenüber ausdrücken können. Die gesamte Bandbreite unserer Gefühle verteilt sich auf fünf Reaktionsweisen. Diese fünf Reaktionsweisen machen jede emotionale Erfahrung aus, und zwar in dieser Reihenfolge: Wut, Schmerz, Angst, Verständnis und Liebe.

Meist lassen wir nur das Gewahrsein eines der fünf Elemente zu. Werden wir zum Beispiel in einen Auffahrunfall verwickelt, werden wir ziemlich sauer auf den Menschen, der uns hinten draufgeknallt ist. Und wir lassen uns selbst und die anderen nur diesen Ärger sehen. Tatsächlich macht er aber nur einen Teilbereich unserer Empfindungen aus. Die ganze Wahrheit ist weit komplexer, sie umfasst Gedanken, die mit allen grundlegenden Emotionen zu tun haben: Wut, Schmerz, Angst, Verständnis und Liebe.

In anderen Fällen lassen wir nur die Wahrnehmung zu, dass wir bei einem *Konflikt* Angst haben oder verletzt sind. Unsere Wut aber lassen wir weder uns selbst noch andere spüren. Auch das ist eine ganz natürliche, relativ verbreitete Abwehrhaltung, die wir in unserer Jugend lernen und die uns darauf beschränkt, immer nur bestimmte Aspekte der Wahrheit zu erkunden und auszudrücken. Aber Heilung und Selbstliebe sind nur möglich, wenn wir die ganze Wahrheit kennen und zum Ausdruck bringen.

In der folgenden Übung geht es darum, die ganze Wahrheit über Ihre Gefühle zu entdecken.

WIE SIE IHRE INNERE WAHRHEIT ENTDECKEN

Zunächst einmal wählen Sie eine Situation aus, die Ihnen Schwierigkeiten bereitet. Dann nehmen Sie sich etwas zum Schreiben und lassen all Ihre Emotionen und Gedanken auf das Blatt Papier fließen, als würden Sie sich aus-leeren und sie »aus-bluten«. Arbeiten Sie sich durch jede Schicht der Wahrheit, durch alle fünf Stadien.

Gehen Sie nicht zum nächsten Element über (beispielsweise vom Schmerz), bevor Sie wirklich alle Gedanken und Gefühle, die dazugehören, erschöpfend aus-gedrückt haben. Vergessen Sie nicht: Emotionen sind gesund, also unterdrücken Sie nichts, was in Ihnen hochsteigt. Werden Sie so richtig grimmig. Weinen Sie, bis es wehtut. Und lassen Sie dann die Hoffnung aufkeimen. Verleihen Sie jeder Emotion, die ans Licht kommt, Ausdruck, ohne sie zu verurteilen.

Um den Fluss der Wahrheit in Gang zu bringen, habe ich für Sie hier eine Liste von Fragen und Satzanfängen erstellt. Denken Sie über das Ereignis nach und schreiben Sie nieder, welche Emotionen es bei Ihnen auslöst.

1. **Wut**

- *Worüber bin ich wütend?*
- *Wem oder was gebe ich die Schuld und warum?*
- *Wem trage ich etwas nach und warum?*
- *Ich werde stinksauer, wenn …*
- *Ich habe die Nase voll von …*
- *Ich hasse es, wenn …*

2. **Schmerz**

- *Was bereitet mir hier solchen Kummer?*
- *Es hat mich so verletzt, dass …*
- *Ich bin so enttäuscht, dass …*

3. **Angst**

- *Was macht mir dabei solche Angst?*
- *Ich fürchte, dass …*
- *Es beängstigt mich, wenn …*
- *Warum macht mir das Angst?*
- *Was ist mir daran peinlich?*
- *Was macht mich dabei so unsicher?*
- *Welche tiefe Wunde verbirgt sich unter der Wut und dem Schmerz?*
- *An welche schmerzliche Erfahrung erinnert mich diese Situation?*

4. **Verständnis**

- *Es tut mir leid, dass …*
- *Ich bedaure …*
- *Für welchen Teil der Situation übernehme ich die Verantwortung?*
- *Ich wollte nicht …*
- *Ich verstehe, dass …*
- *Ich weiß, dass ich manchmal …*
- *Wofür möchte ich Verzeihung erlangen?*

5. Liebe

- *Meine besten Absichten sind rein, und ich wünsche mir ...*
- *Tief im Herzen möchte ich ...*
- *Ich verspreche, dass ...*
- *Fallen mir Lösungen für die Situation ein?*
- *Ich hoffe, dass ...*
- *Ich bin dankbar für ...*
- *Ich vergebe ...*

Arbeiten Sie sich mit dieser Technik durch alle Emotionen, bis Sie Ihre ganze Wahrheit freigelegt haben. Falls Sie an irgendeinem Punkt nicht weiterkommen, sehen Sie sich die Beispiele auf den nächsten Seiten an. Wenn Sie alle Ihre Schwierigkeiten auf diese Weise durcharbeiten, bringen Sie Ihr authentisches Selbst zum Vorschein. Was Sie dabei entdecken, ist die tiefgründigste Wahrheit über diese Situation in Ihrem Inneren.

Sobald Sie die tiefgründigste Wahrheit darüber aufgedeckt haben, wie Sie sich in dieser Situation fühlen, können Sie sich selbst damit auseinandersetzen und sie auch andere Menschen sehen lassen. Das bedeutet, dass Sie vollkommen authentisch sind. Sie zeigen Ihre Verwundbarkeit, die Sie vorher verborgen haben. Nun können Sie sich um diese verwundbare Seite kümmern. Sie haben Ihr authentisches Selbst offenbart. Eben das ist nötig, um wirkliche Nähe zu anderen Menschen aufzubauen und Einsamkeit und Isolation zu überwinden.

DIE GANZE WAHRHEIT ÜBER »DEN UNFALL«

Nachstehend finden Sie ein sehr kurzes Beispiel, wie so ein »Ausbluten« in einem Fall wie dem zuvor skizzierten aussehen könnte. Die Situation, die der Betreffende hier bearbeitet, ist demnach ein Auffahrunfall.

Wut: *Ich kann einfach nicht glauben, dass da einer auf mich draufgekracht ist. Schlimmer hätte dieser Tag gar nicht enden können! Ich hasse diesen Trottel! Ich hasse die ganze Menschheit. Ich habe die Nase voll von der Dummheit der Leute. Es macht mich wahnsinnig, wenn ich überhaupt nichts falsch mache und trotzdem unter allen möglichen fiesen Konsequenzen zu leiden habe. Das ist so verdammt unfair. Ich könnte den Kerl umbringen.*

Schmerz: *Es ist so traurig, dass Leute verletzt werden, die das nicht verdient haben. Es macht mich total fertig, wenn ich sehe, dass für andere alles super läuft, nur für mich nicht. Außerdem bin ich traurig, dass das Auto kaputt ist, das ich so gernhabe. Es ist mir peinlich, jetzt mit einem Wagen heimfahren zu müssen, der hinten total eingedellt ist. Ich bin so enttäuscht, dass dieser Abend, auf den ich mich so gefreut habe, so beschissen verläuft. Das tut einfach weh. Das tut wirklich weh!*

Angst: *Manchmal habe ich Angst, dass das Leben einfach nicht zum Glücklichsein da ist. Ich fürchte, das Leben besteht nur aus Leid. Und ich habe Angst, dass ich nur unangenehme Dinge erleben werde, bis ich endlich den Löffel abgebe. Ich fürchte, das Leben wird mir weiterhin seine schlimme Seite zeigen. Sicher werde ich irgendwann depressiv und begehe Selbstmord. Das ist es, was sich darunter verbirgt: die Tatsache, dass ich mich anderen hilflos ausgeliefert fühle. Das war genauso wie damals, als mein Vater immer betrunken nach Hause kam und mich verprügelt hat. In der einen Sekunde habe ich noch gemütlich ferngesehen, in der nächsten kommt er rein und drischt ohne jeden Grund auf mich los. Und ich war damals noch so klein, ich konnte mich nicht wehren.*

Verständnis: *Ich begreife, dass ich nicht wissen kann, ob es im Leben nur um Leiden geht. Vielleicht empfinde ich das nur so wegen der Erfahrungen, die ich schon als kleines Kind mit meinem Vater gemacht habe. Möglicherweise wärme ich diese Gedanken immer wieder auf, sodass ich nur Dinge erlebe, die mir das bestätigen. Es tut mir leid, dass ich so sauer auf den Typen in seinem Auto war. Vermutlich hatte er auch einen miesen Tag. Ich wollte meine Ängste nicht an einem vollkommen Fremden auslassen, schließlich haben sie ihre Wurzeln in meiner Kindheit. Ich wünsche mir Vergebung für die Tatsache, dass ich das Problem nur noch schlimmer gemacht habe, statt nach einer Lösung zu suchen.*

Liebe: *Meine beste Absicht ist es, dazu beizutragen, dass es jedem besser geht, auch mir selbst. Ich möchte jenen Teil von mir heilen, der sich immer als Opfer fühlt und die Welt als einen schrecklichen Ort betrachtet, damit ich endlich glücklich sein kann. Ich habe die besten Absichten, in mir nicht das Gefühl aufkommen zu lassen, dass ich alles und jeden kontrollieren muss. Ich möchte mir selbst zutrauen, dass ich nur gute Dinge für mich schaffe. Ich hoffe, dass der Mann, der mir reingefahren ist, nicht den ganzen Abend unglücklich ist. Ich hoffe, er kann sich selbst verzeihen. Schließlich macht jeder Fehler. Ich vergebe ihm seinen Fehler jedenfalls gerne. Ganz ehrlich, ich liebe die Menschen und möchte, dass sie glücklich sind. Ich möchte, dass diese Welt ein schöner Ort ist, an dem jeder glücklich sein kann. An dem wir Fehler machen und daraus lernen können, ohne verstoßen oder bestraft zu werden.*

SICH IM OBJEKTIVEN BLICK ÜBEN

Eine weitere Methode, um sich seinen Emotionen zu stellen und sie zu heilen, ist die »Selbstbetrachtung mit *objektivem* Blick«. Die meisten Menschen sehen sich eben nicht objektiv, da wir uns unserer Handlungen meist nicht bewusst sind. Wir verbringen unser ganzes Leben damit, durch das Teleskop unserer eigenen Perspektive zu gucken. Wir beobachten vielleicht andere, aber nicht uns selbst.

Daher schlage ich meinen Klienten gerne vor, sich in der *objektiven Sicht* zu üben. **Anleitung:** Sobald ein starkes Gefühl entsteht, richten Sie Ihren Blick darauf, ohne jedoch darauf zu reagieren oder sich davon abzuwenden. Wenn Sie dieses Gefühl verspüren, nehmen Sie es einfach als Hinweis, dass nun diese Emotion aktiv ist. So als fließe elektrischer Strom durch einen Weidezaun, den jemand gezogen hat. Machen Sie sich klar, dass nicht Sie es sind, der sich aufregt. Die Aufregung fließt durch Sie hindurch. Mehr braucht es gar nicht, um sich so weit zu des-identifizieren, dass Sie genug Abstand haben, um reiner Beobachter zu sein.

Wenn Sie mit dieser Methode arbeiten, versuchen Sie nicht, Ihre Gefühle zurückzudrängen oder zu verändern. Richten Sie einfach Ihren Blick darauf und lassen Sie sie da sein. Wenn Sie Ihre Emotionen beobachten können, wird Ihnen dies vielfältige Einsichten bescheren. Sie entdecken vielleicht, was diese Emotion ausgelöst hat, welche Bedeutung Sie dem Auslöser zumessen und in welchen Erfahrungen die jeweilige Emotion wurzelt.

Es ist hilfreich, wenn Sie sich sagen, dass Sie sich in diesem Augenblick Ihrer Gefühle voll bewusst sind, dass Sie sie anerkennen und beobachten, ohne ihnen Widerstand entgegenzusetzen. Im Wesentlichen holen Sie sie damit ins Licht des Bewusstseins, und dadurch werden Sie sich ihrer stärker gewahr.

Wenn es um *Gedanken* geht, funktioniert das *Beobachten* übrigens genauso. Tag für Tag wird ein endloser Strom von Gedanken auf die Leinwand unseres Bewusstseins projiziert, und wir nehmen sie größtenteils gar nicht wahr. Sie erscheinen als Bilder, als Stimmen im Kopf, als geschriebene Worte oder Überzeugungen, die etwas Endgültiges an sich haben. Beim »Beobachten mit dem objektiven Blick« sitzen Sie einfach still da und betrachten die Gedanken, wenn sie erscheinen. Versuchen Sie nicht, sie zu verändern. Nehmen Sie sie zur Kenntnis, lassen Sie sie einfach kommen und gehen.

Auch Ihren Körper können Sie *beobachten.* Werden Sie sich Ihrer körperlichen Empfindungen bewusst. Wenn Sie Ihren Körper spüren, ihn sehen, fühlen und bewusst erleben, sind Sie ganz im gegenwärtigen Augenblick. Sie sind *nicht* in Ihrem Körper, Sie haben sich des-identifiziert. Das bildet die Voraussetzung dafür, dass Sie sich Ihres Körpers bewusst werden.

WIE SIE SICH SELBST OBJEKTIV BEOBACHTEN KÖNNEN

Ihre Gefühle, Gedanken, Worte und Empfindungen objektiv zu betrachten, ist ein effektiver und einfacher Weg, sich der Widersprüche zwischen Ihrer äußeren und Ihrer inneren Welt bewusst zu werden. Machen Sie diese Übung täglich oder zumindest wöchentlich, sodass sie Teil Ihres Alltags wird.

Schließen Sie die Augen und stellen Sie sich vor, Sie treten aus Ihrem Körper heraus. Beobachten Sie sich selbst aus der Vogelperspektive. Schauen Sie sich an, als wären Sie wirklich ein Vogel und hätten nichts mit der Person da unten zu tun, die Sie beobachten. Der Vogel blickt auf diesen Menschen, wie er alle anderen Dinge auch anschauen würde.

Aus dieser Perspektive können Sie nun Auseinandersetzungen, in die Sie verstrickt waren, noch einmal vor sich ablaufen lassen. Sehen Sie sich noch einmal an, was Sie einen ganzen Tag lang alles gemacht haben. Oder eine Woche über. Gucken Sie sich noch einmal zu, wie Sie in die Dusche steigen. Wie Sie arbeiten. Wie Sie Liebe machen. Die Zahl der der Situationen, worin Sie sich selbst beobachten können, ist unbegrenzt. Nehmen Sie einfach zur Kenntnis, was Sie sehen.

Wenn Sie sich wirklich ein objektives Bild von sich machen wollen, filmen Sie sich. Registrieren Sie, wie Sie sich anspannen, wenn Sie das Gefühl haben, beobachtet zu werden. Achten Sie darauf, wie Sie Ihr Verhalten verändern und es so zuschneiden, wie es Ihrer Ansicht nach in dieser Situation erwünscht ist. Wie sehr sich unsere innere und unsere äußere Welt in Wahrheit unterscheiden, zeigt sich erst dann, wenn wir ohne unser Wissen gefilmt werden.

Sie können nur mit Dingen arbeiten, die real sind. Bevor Sie nicht ***wissen und akzeptieren****, was Sie wirklich denken, fühlen, wollen, brauchen und tun, arbeiten Sie nur mit Illusionen. Das wird Sie aber nicht weiterbringen. Das ist, als erbauten Sie ein Luftschloss – es wird natürlich verwehen. Alles im Leben steht entweder mit Ihrer Essenz im Einklang, oder es hindert Sie daran, eben diese kostbare Essenz zu entdecken. Alles aber, was Ihr Gewahrsein stärkt, führt Sie einen Schritt weiter auf die Authentizität zu.*

Authentizität ist der höchste Seinszustand, den Sie erreichen können. In den kommenden Jahren wird die Authentizität das Erwachen als Ziel spiritueller Praxis ersetzen, ja sie wird zum eigentlichen Lebens-Ziel werden. Sobald wir uns darauf einstellen, wird unsere Gesellschaft zum Ausdruck unserer kollektiven authentischen Essenz als Menschen.

»ICH BRAUCHE MEINEN RAUM« – WIE UNAUTHENTISCH!

Wenn Sie dieses Buch lesen, sind Sie aller Wahrscheinlichkeit nach einsam. Sie brauchen Verbundenheit mit anderen Menschen. Aber gehören Sie vielleicht zu den Menschen, die mehr Raum für sich brauchen? Die gerne alleine sind? Der Mensch ist ein soziales Wesen. Das Überleben unserer Art hing (und hängt auch heute noch) davon ab, dass wir Kontakte zu unseren Mitmenschen aufbauen und pflegen. Entwicklungsgeschichtlich betrachtet ist Verbundenheit das höchste menschliche Bedürfnis. Und die größte Bedrohung für unser Wohlbefinden ist Isolation. Wie kann es daher sein, dass Sie (Ihrem Empfinden nach) so dringend Zeit und Raum für sich brauchen?

Ich möchte Sie hier auf etwas aufmerksam machen: Ist Ihnen schon mal aufgefallen, dass Sie, wenn Sie sich nach dem Alleinsein sehnen und mehr Raum brauchen, damit nie meinen, Sie wollten zu Ihren Pflanzen auf Distanz gehen? Und genauso wenig zu Ihrem Hund oder Ihrer Katze... Sie schauen nicht Ihr Haustier an und sagen zu ihm: »Ich brauche jetzt einfach mehr Raum und Zeit für mich selbst.« Um dann die Tür zu schließen und Ihren Vierbeiner auszusperren. Weshalb verhält sich das mit Menschen so anders? Was am Zusammensein *mit Menschen* flößt Ihnen den Wunsch ein, davonzulaufen und nur noch für sich zu sein?

Wenn Sie Raum für sich brauchen und sich als jemand sehen, der auch mal gerne allein ist, dann liegt das daran, dass Sie mit mangelnder Authentizität zu kämpfen haben. Für Sie besteht der Unterschied zwischen Ihrem Hund und einem anderen Menschen darin, dass Sie in Gegenwart Ihres *Hundes* ganz im Einklang mit Ihren einzigartigen Wünschen, Bedürfnissen, Blickwinkeln, Gefühlen und Gedanken sind, und dass Sie tun und lassen können, was Sie möchten. Und dass Sie nicht das Gefühl haben, sich in

Anwesenheit eines anderen *Menschen* ebenso verhalten zu können.

Sollte dies der Fall sein, dann klafft ein himmelweiter Abgrund zwischen Ihrem inneren und Ihrem äußeren Selbst, wenn Sie mit Menschen zusammen sind. Das erhöht einerseits den Druck, der auf Ihnen lastet, andernteils laugt es Sie aus bis zur vollkommenen Erschöpfung. Denn es ist anstrengend, sich anders zu verhalten, als man sich fühlt. Es ist mühevoll, Dinge zu tun, die Sie nicht tun wollen. Es ist schwierig, jedes Wort und jede Handlung darauf abzustimmen, welche Reaktion Sie damit erzielen wollen.

Dieses Gefühl geht vermutlich auf ein »Vermaschungs-Trauma« zurück. Bei der Vermaschung darf der Betroffene keine autonomen Züge entwickeln. Ein Trauma entsteht, wenn persönliche Grenzen nicht respektiert und als berechtigt anerkannt werden. Das geschieht vor allem in Familien, in denen ein Erwachsener das Kind nicht als eigenständiges Wesen gelten lassen will, sondern es nur als Erweiterung seiner selbst betrachtet.

Wenn Sie unter einem Vermaschungs-Trauma leiden, dann werden Sie, kaum dass ein anderer Mensch den Raum betritt, all Ihre Gedanken, Worte und Handlungen auf dessen Wünsche, Bedürfnisse und Vorlieben ausrichten. Um der Verbundenheit willen geben Sie sofort Ihre Authentizität auf – und das gleicht dem Laufen über Glasscherben. Die Anspannung und der Druck, den es auslöst, wenn Sie nicht einfach ganz natürlich Sie selbst sein können, werden augenblicklich fühlbar.

Es ist beängstigend mitzuerleben, wie Ihre Grenzen sich auflösen. Es ist, als könnten Sie in Gegenwart anderer nicht mehr spüren, wie Sie sich fühlen, was Sie wirklich denken, wollen oder brauchen. Als könnten Sie sich kein bisschen so verhalten, wie Sie wirklich sind. Sie verlieren den Zugang zu Ihrer persönlichen Wahrheit.

Und die Konsequenz? Menschen, die zu Ihnen in Beziehung stehen, empfinden häufig Kummer, weil sie sich von Ihnen fortgestoßen fühlen. Und damit haben sie nicht unrecht. Sie werden tatsächlich fortgestoßen. Menschen wegzuschieben ist nicht gut, vor allem nicht, wenn es Menschen sind, die Sie lieben. Das verletzt diese Menschen und am Ende auch Sie selbst. Dies ist Ihre Reaktion auf die drohende Gefahr des »Aufgesogen-Werdens«.

Allein zu sein ist ein gutes Mittel, um mit sich selbst in Kontakt zu kommen. Aber vergessen Sie nicht, dass es nur Mittel zum Zweck ist. Für einen Menschen ist es nicht unbedingt *nötig*. Spüren Sie jetzt dem Widerstand nach, den dieser Satz in Ihnen auslöst. Das sollte Ihnen etwas über sich selbst enthüllen. Es wäre nicht unbedingt nötig, wenn Sie das Gefühl hätten, in Gegenwart anderer authentisch bleiben zu können. Eine der schwierigsten Lektionen für uns Menschen ist nämlich: »Ich kann mit mir sein und auch mit dir, ich kann mich haben und zugleich auch dich.«

GRENZEN IN EINEM UNIVERSUM, DAS EINES IST

Wenn Sie in Ihren Beziehung also des Öfteren Raum brauchen, Distanz zu anderen Menschen, dann müssen Sie vor allem eines lernen: Grenzen setzen. Sie wissen ja, bei den Grenzen geht es darum, dass Sie ein klares Gefühl Ihrer selbst und anderer haben. Dieses Gefühl gehört ganz selbstverständlich zu unserer Ausstattung als Menschen in der materiellen Dimension.

Ihre individuelle Perspektive und Erfahrung sind es, die das Universum im Moment weiterbringen. Es ist also ganz klar, dass Sie einen Unterschied zwischen sich und dem Rest der Welt wahrnehmen. Diese individuelle Perspektive ist die Konturlinie, die uns definiert und uns anderen gegenüber buchstäblich »ab-grenzt«.

Selbsthilfe-Experten und Psychologen lehren uns immer wieder, dass es für unser Wohlbefinden wichtig sei, Grenzen zu setzen. Aber wie sehen die denn eigentlich aus? Grenzen sind sozusagen die Richtlinien, die jemandem helfen, sein Selbst in Beziehung zum Rest der Welt zu setzen. Es sind Verhaltensregeln, die eine Mischung aus Glaubenssätzen, Meinungen, inneren Haltungen, früheren Erfahrungen und sozial Erlerntem darstellen. Eine *Grenze* ist also etwas, das Sie definiert – eine Vorliebe, eine Präferenz, keine Mauer.

Eine Grenze ist die imaginäre Linie, die Ihr persönliches Glück, Ihre individuellen Gedanken, Gefühle, Wünsche und Bedürfnisse umreißt. Sie definiert Ihre Wahrheit und grenzt sie gegen den Rest der Welt ab.

Persönliche Grenzen entfalten ihre Wirkung in zwei Richtungen: Sie beeinflussen die eingehende und die ausgehende Interaktion zwischen Menschen. Persönliche Grenzen definieren das Individuum mit allem, was es mag oder nicht mag, was es für richtig oder falsch hält. Uns diese Sachverhalte klarzumachen, hilft uns dabei festzulegen, wie wir uns von anderen behandeln lassen oder nicht.

Hier eine Liste mit Verhaltensweisen, die klar anzeigen, dass Sie keine gesunden Grenzen um sich gezogen haben:

- *Sie sagen Nein, wenn Sie Ja meinen, und umgekehrt.*
- *Sie fühlen sich schuldig, wenn Sie Nein sagen.*
- *Sie tun Dinge, die Ihre Integrität und Ihre Werte verletzen, um anderen zu gefallen.*
- *Sie machen den Mund nicht auf, wenn Sie etwas zu sagen hätten.*
- *Sie übernehmen Glaubenssätze/Überzeugungen oder Ideen anderer Menschen, nur um akzeptiert zu werden.*
- *Sie weisen Menschen nicht zurecht, die Sie schlecht behandeln.*

- *Sie nehmen es hin, angefasst zu werden oder Sex zu haben, selbst wenn Sie nicht wollen.*
- *Sie lassen sich bei Ihrer Tätigkeit stören, um die Bedürfnisse oder Wünsche eines anderen Menschen zu erfüllen.*
- *Sie geben zu viel, nur um als nützlich anerkannt zu werden.*
- *Sie lassen sich zu sehr in die Schwierigkeiten und Probleme anderer Leute verstricken.*
- *Sie erlauben anderen, zu Ihnen oder vor Ihnen Dinge zu sagen, die Sie stören.*
- *Sie machen in Beziehungen Ihre emotionalen Bedürfnisse nicht deutlich.*

Das Schlimmste daran ist nicht etwa, dass andere Menschen unsere Grenzen nicht respektieren, sondern dass wir selbst es nicht tun. Immer wenn wir zulassen, dass ein anderer unsere Grenzen verletzt, dann verletzen auch wir selbst sie. Damit verraten wir uns selbst. Überschreiten Sie Ihre persönlichen Grenzen, dann tun Sie sich selbst Gewalt an. Sie lassen sich im Stich, und der Selbsthass übernimmt die Macht.

Das Thema »Grenzen« ist recht komplex, daher werde ich das Ganze hier ein bisschen vereinfachen. Es sind Ihre Gefühle, die Ihre Grenzen definieren. Ihre Gefühle machen deutlich, wo eine Grenze verletzt wurde, in welchem Bereich auch immer.

Wirft Ihnen jemand Worte an den Kopf, die Sie verletzen, dann wurde eine emotionale Grenze überschritten. Das Gefühl des Verletztseins sagt Ihnen, dass Sie Ihre Grenzen klarer kommunizieren müssen. Ein anderes Beispiel: Jemand lädt Sie zu einer Party ein. Sie wollen eigentlich nicht hingehen, tun es dann schließlich doch. Aber Sie fühlen sich mies dabei, und dieses Gefühl sagt Ihnen, dass Sie selbst Ihre Grenzen überschritten haben. Daher ist es so wichtig, dass Sie sich täglich und immer darüber im Klaren sind, wie Sie sich fühlen.

Dieser Verrat an uns selbst ist es, der unser Selbstvertrauen unterminiert. Beim Selbstvertrauen geht es darum, inwieweit wir unseren Interessen den Vorzug geben können. Ihre Interessen sind letztlich eine Grenze, die Sie selbst definiert. Beim Selbstvertrauen geht es also um Grenzen. Viele von uns haben sich daran gewöhnt, sich selbst im Stich zu lassen. Doch das liegt natürlich ganz und gar nicht in unserem Interesse. Und es ist der wahre Grund, weshalb wir uns selbst nicht vertrauen. Menschen haben kein Selbstvertrauen, wenn sie sich unsicher fühlen. *Und wir fühlen uns unsicher, wenn wir uns dabei zusehen, wie wir Entscheidungen treffen, die sich nicht richtig anfühlen, oder Dinge tun, die unser wahres Selbst nicht widerspiegeln.*

Wenn wir unsere Gefühle ignorieren und unsere persönliche Wahrheit preisgeben, sind wir letztlich auch nicht vertrauenswürdig. Daher können Sie Selbstvertrauen nur aufbauen, wenn Sie lernen, sich auf Ihre Gefühle einzulassen und diese wahren Gefühle dann auch anzuerkennen und zu achten. Während der Zwischenzeit haben wir höchstwahrscheinlich als Schutzmechanismus ein falsches Selbst geschaffen.

Wie finden Sie heraus, ob Sie ein falsches Selbst haben? Ganz einfach – Sie beantworten die folgenden Fragen:

- *Weiß ich, was ich wirklich will?*
- *Lasse ich mir von anderen Leuten sagen, was ich denken, glauben oder fühlen soll?*
- *Mache ich Dinge, die ich eigentlich nicht machen will? Sage ich Ja, wenn ich eigentlich Nein meine? Oder Nein, wenn ich eigentlich Ja sagen will?*
- *Habe ich Angst, anderen zu zeigen, was ich tatsächlich empfinde?*
- *Habe ich Angst, andere könnten schlecht von mir denken?*

Gesunde Grenzen sind »widerstandslos«, wie man in der Physik einen Supraleiter bezeichnet, einen Stoff, der elektrischem Strom keinen Widerstand entgegensetzt. Sie bilden keinen Gegensatz zu den Grenzen anderer und stehen daher dem Einssein nicht im Weg. Bei Ihren Grenzen geht es nicht um die Kontrolle darüber, was andere Menschen tun oder nicht tun. Sie legen Ihre Grenzen entlang Ihrer Wünsche, Ihres Glücksempfindens, Ihrer persönlichen Wahrheit fest.

Wenn Sie sich mies fühlen, weil Sie zu etwas Ja gesagt haben, was Sie eigentlich nicht wollen, ist es an der Zeit, Ihre Grenzen neu zu definieren. Zu diesem Zweck sollen Sie diejenigen zehn Dinge in Ihrem Leben aufschreiben, die Sie im Augenblick am unglücklichsten machen. Dann notieren Sie noch zehn Dinge, die andere Leute Ihnen gegenüber nicht mehr tun oder nicht mehr zu Ihnen sagen sollen. Sie können auch alle Menschen aus Ihrem Umfeld auflisten und dann bei jedem einzelnen dazuschreiben, wie Sie sich mit ihr oder ihm fühlen.

Gehen Sie dann Ihre Liste Punkt für Punkt durch und überlegen Sie: »Auf welche Weise verletze ich hier meine Grenzen oder lasse zu, dass andere dies tun?« Oder anders gesagt: Finden Sie heraus, wie Sie sich wirklich fühlen und was Sie wirklich wollen. Ein Beispiel: Ihr Ehemann will fernsehen, wenn er von der Arbeit nach Hause kommt, und ignoriert Sie vollständig. Sie fühlen sich zurückgewiesen und ungeliebt, sodass Sie das Gefühl von Leere und Einsamkeit erfasst.

Das zeigt Ihnen, dass hier eine emotionale Grenze verletzt wurde. Sie finden es nicht in Ordnung, dass jemand Sie so behandelt. Vielleicht beschließen Sie ja, Ihrem Mann das in einem Brief zu sagen. Sobald Sie eine Grenzverletzung als solche erkannt haben, ist es wichtig, dass Sie auf der Grundlage Ihrer wahren Gefühle etwas ändern. Überlegen Sie sich, was Sie sagen oder tun könnten.

Übersehen Sie dabei nicht, dass sich Ihre Grenzen im Lauf der Zeit verändern. Sie müssen sie sozusagen immer mal wieder »auf den neuesten Stand bringen«. Vielleicht ist die Zeit, die Sie für andere Menschen erübrigen können, begrenzt, weil Sie eine neue Beziehung haben oder ein Kind bekommen. Dass Sie im Lauf Ihres Lebens Ihre Grenzen neu definieren, ist eine ganz wesentliche Aktion, wenn Sie sich selbst treu bleiben wollen.

Ganz egal, ob Sie allein oder in Gesellschaft sind, Sie müssen ganz bewusst Ihre persönliche Wahrhaftigkeit erforschen, Ihre Wünsche, Ihre Gefühle, Sehnsüchte, Gedanken, Bedürfnisse. Legen Sie fest, was für Sie noch in Ordnung ist und was Ihrer Wahrheit entspricht. Dann kommunizieren Sie diese Dinge klar und handeln Sie auch dementsprechend.

WIE SIE ES VERMEIDEN, ANDERE ZU MANIPULIEREN

Wenn es Ihnen an Verbundenheit fehlt, so liegt das daran, dass Sie in eine Position gedrängt wurden, in der Sie sich selbst ablehnen in der Überzeugung, die Erfüllung Ihrer Bedürfnisse nicht verdient zu haben. Mit dem Ergebnis, dass Sie Ihre Bedürfnisse unterdrücken, verleugnen oder gleich ganz ablehnen. Auf diese Weise hungern Sie sich selbst aus. Derart in den Selbsterhaltungsmodus gedrängt, können Sie sich nur noch um sich selbst kümmern. Das ist eine Form von Narzissmus; in diesem Zustand werden Sie unbewusst andere manipulieren, um wenigstens Ihre Grundbedürfnisse erfüllt zu bekommen. Das aber isoliert Sie noch mehr, denn Menschen spüren, wenn man sie manipulieren will. Dann fühlen sie sich abgestoßen, und in der Folge sind Sie noch einsamer als vorher.

Wie sehr Sie sich auch das Gegenteil wünschen mögen, Sie haben Bedürfnisse. Jedes Geschöpf auf dieser Erde hat Bedürfnisse. Ein Bedürfnis ist etwas, das wir brauchen, um zu leben, Erfolg zu haben und glücklich zu sein. Sie können sich nicht darum herummogeln und Ihre Bedürfnisse als »unnötig« abstempeln. Was Ihre Bedürfnisse betrifft, so haben Sie genau eine Option: Sie müssen sie erfüllen.

Ich wiederhole das, weil es so ungeheuer wichtig ist: *Hinsichtlich Ihrer Bedürfnisse haben Sie nur eine einzige Option: Sie müssen sie erfüllen.* Warum? Ganz einfach: Wenn Sie Ihre Bedürfnisse nicht ganz bewusst befriedigen, werden Sie das auf der unbewussten Ebene tun. Durch Manipulation.

Manipulation ist bei uns verschrien, sie gilt als abscheulich. Für uns klingt das so, als versuchte jemand in böser Absicht andere Menschen zu kontrollieren. Tatsächlich läuft Manipulation meist unbewusst ab und ist eigentlich ein recht unschuldiger Vorgang. Wir verlegen uns aufs Manipulieren, wenn wir den Eindruck haben, unsere Bedürfnisse nicht auf direktem Weg stillen zu können. Also versuchen wir es auf »gewundenen Pfaden«. Wir versuchen, andere zu beeinflussen, sich nach unseren Wünschen zu verhalten, damit wir unsere Bedürfnisse befriedigt bekommen.

Ein Mensch, der nach Sicherheit und Geborgenheit sehnt, aber nicht darum zu bitten wagt, schafft vielleicht eine Situation, in der er tatsächlich in Not gerät und gerettet werden muss. Oder er spielt anderen vor, er wäre in Gefahr, damit sie ihm ihren Schutz gewähren. Ein anderer braucht vielleicht Hilfe, traut sich aber ebenso wenig, einfach danach zu fragen, sondern wird stattdessen krank – und erhält auf diese Weise die benötigte Unterstützung. Ein Dritter sehnt sich nach Akzeptanz, kann diesen Wunsch aber nicht unverblümt zum Ausdruck bringen. Darum verwandelt er sich in ein Chamäleon: Er passt sich ständig den Wünschen anderer an, um sie für sich einzunehmen.

Jeder von uns manipuliert andere, aber sind wir uns dessen auch tatsächlich bewusst? Wir manipulieren, indem wir lügen, mit dem Zaunpfahl winken, anderen Schuldgefühle einreden, uns aufopfern, passiv aggressiv sind oder jemanden emotional zu erpressen versuchen. Wir manipulieren, indem wir anderen schmeicheln, zum Chamäleon werden, verführerisch auftreten, falsche Versprechen geben, anderen Gefallen erweisen, uns als Opfer hinstellen oder andere bedrohen. Um unseren Zweck zu erreichen, scheuen wir kein Mittel. Und wir manipulieren andere gewöhnlich so, wie es zu unserem Vorteil ist.

Dass Sie manipulieren, macht Sie noch nicht zu einem schlechten Menschen. Trotzdem sollten Sie Ihr Leben diesbezüglich einmal näher unter die Lupe nehmen und sich fragen: »Wie manipuliere ich? Auf welche Weise versuche ich, andere dazu zu bringen, so zu reagieren, wie ich mir das wünsche, statt sie einfach offen darum zu bitten? Wo versuche ich, die Bedürfnisse anderer zu befriedigen, damit sie mir im Gegenzug die meinen erfüllen?«

Zum Wesen der Manipulation gehört, dass Sie dabei Ihre persönliche Integrität verlieren, weil Sie nicht authentisch sind. Daher ist es schwierig, mit dem Manipulieren aufzuhören: Wir müssen den Mut aufbringen, zu unserer Verwundbarkeit zu stehen. Und wir haben ja schon erfahren, wie schwierig es ist, sich zur eigenen Verwundbarkeit zu bekennen, denn wir haben ja viel zu verlieren.

WIE SIE MIT IHREN BEDÜRFNISSEN IN KONTAKT KOMMEN

Es gibt zwei Methoden, wie Sie mit Ihren Wünschen und Bedürfnissen in Kontakt kommen: Erstens sollten Sie sich die Zeit nehmen, um zu klären, worum es dabei überhaupt geht. Es gibt körperliche, geistige und emotionale Bedürfnisse. Stellen

Sie eine Liste all jener Dinge zusammen, die Ihnen wichtig sind. Und wann immer in Ihnen ein unangenehmes Gefühl aufsteigt, nehmen Sie Ihre Liste zur Hand und finden Sie heraus, welches Ihrer Bedürfnisse verletzt wurde. Wie lässt es sich anderweitig erfüllen? Wie können Sie anderen Menschen dieses Bedürfnis auf offene, ehrliche Weise nahebringen? Die Mitglieder meiner Intentions-Gruppen (das sind die Gruppen, die sich meiner Headway-Bewegung anschließen) zeigen deshalb ihre Listen bei den Treffen manchmal anderen Teilnehmern und bitten sie, auf dasjenige Bedürfnis zu zeigen, das sie gerne erfüllt haben möchten.

Die zweite Methode: Fragen Sie im Verlauf des Tages Ihr Inneres Kind immer wieder, was aus der Liste es braucht. Innere Kinder sind besser darin, Bedürfnisse aus einer Liste herauszupicken, als sie in Worte zu fassen. Sobald Sie die Bedürfnisse identifiziert haben, können Sie ein Brainstorming machen und sich fragen, wie sich diese Bedürfnisse befriedigen lassen. Wenn Sie feststecken, bitten Sie andere Menschen um Hilfe. Haben Sie überhaupt keine Ahnung, wie Ihre Bedürfnisse und Wünsche aussehen, verschaffen Sie sich erst einmal Klarheit darüber, was Sie nicht *wollen. Jede dieser Abneigungen hat einen Gegenpol, und der entspricht einem Ihrer Wünsche.*

Vielleicht haben Sie schon mal etwas von den sogenannten Hungergeistern gehört? Sie verkörpern das Geistesgift der Gier. Ihre Gestalt steht symbolisch dafür, dass wir, wenn wir unseren Wünschen nachgeben, immer noch mehr wollen. Nichts könnte weiter entfernt von der Wahrheit sein. Denn wenn unsere Bedürfnisse regelmäßig gestillt würden, entstünde der selbstsüchtige Wunsch, alle möglichen Ressourcen zu horten, gar nicht erst in uns.

Wenn Sie darangehen, eine Liste mit Ihren Bedürfnissen zu erstellen, machen Sie sich bewusst, dass es keine »kindischen« Bedürfnisse gibt. Man gerät leicht in die Versuchung, solche Bedürfnisse wie in den Arm genommen oder getröstet zu werden, als kindisch abzutun. Haben wir aber als Erwachsene diese Bedürfnisse immer noch, heißt dies, dass sie in unserer Kindheit nicht befriedigt wurden. Wir konnten also nicht über diesen Punkt hinaus reifer werden. Und ebenso leicht könnten wir glauben, dass unser Inneres Kind nie satt würde, wenn wir anfingen, seine Bedürfnisse zu erfüllen. Doch irgendwann ist der Punkt erreicht, an dem das Kind seine Wünsche als befriedigt ansieht, und dann kann es auch endlich erwachsen werden. Anders ausgedrückt: Wenn unsere Bedürfnisse in der Kindheit unerfüllt blieben, dann müssen wir das als Erwachsene nachholen. Außerdem werden wir unsere Bedürfnisse auf jeden Fall befriedigen wollen, nur dann eben auf indirekte Weise. Bei fast allen sexuellen Fetischhandlungen spielen in der Kindheit unerfüllte Sehnsüchte eine Rolle.

WER SOLL ALL DIESE BEDÜRFNISSE ERFÜLLEN?

Wenn Sie sich jetzt fragen: »Und was ist, wenn mein Partner meine Bedürfnisse nicht befriedigen will?«, so kann ich Ihnen nur sagen: Idealerweise werden Ihre Bedürfnisse von mehr als einem Menschen erfüllt. Die ohnmächtige Abhängigkeit von einem Menschen entsteht meist dann, wenn man dieser einen einzigen Person die Verantwortung für die Befriedigung aller seiner Bedürfnisse aufhalst. Seien Sie ehrlich zu sich selbst, was die Wünsche angeht, die Ihr Partner erfüllen soll. Und welche Ihrer Bedürfnisse von anderen Menschen abgedeckt werden können. Das ist eine höchst individuelle Entscheidung.

Falls Sie tatsächlich feststellen, dass Ihr Partner Ihre Bedürfnisse nicht erfüllen kann, dann sollten Sie sich einen anderen Partner suchen. Zu akzeptieren, dass ein anderer Mensch Nein sagt, wenn es um Ihre Bedürfnisse geht, ist wichtig, denn nur so können Sie diesen Menschen in Ihrem Leben an den richtigen Platz stellen.

Hier ein Beispiel: Wenn Sie einen Partner brauchen, der Ihnen gegenüber emotional zugänglich ist, Ihr gegenwärtiger Partner das jedoch nicht schafft, dann stehen Ihnen mehrere Möglichkeiten zur Auswahl: Sie können diesen Menschen aus seiner Rolle als Partner entlassen und ihn zu Ihrem Freund machen. Oder Sie können Ihre Erwartungen ändern. Sie können sich auch dafür entscheiden, in einer Partnerschaft zu leben, in der sie keine Erfüllung finden werden. Besser, Sie machen sich gegenseitig nicht unglücklich und bauen keine Ressentiments auf, weil Sie gegenseitig Ihre Bedürfnisse nicht erfüllen können.

Schließlich und endlich ist es das Grundbedürfnis jedes Menschen, geliebt zu werden. Aufgrund unserer Lebenserfahrungen kommen wir allerdings manchmal zu Überzeugungen, die uns diesbezüglich im Weg stehen, so etwa: »Wahre Liebe ist nicht möglich«. Vielleicht haben wir im Kontext der Liebe viel Schmerz erfahren und fürchten uns jetzt davor. Das lässt uns dann genau vor dem davonlaufen, was wir so verzweifelt brauchen.

Deshalb müssen Sie auch unbedingt unterscheiden lernen, wie sich Ihre Gefühle im Einzelnen äußern, was es damit auf sich hat. Wenn Sie sich kein klares Bild von Ihren Gefühlen machen können, merken Sie nicht, ob Sie wütend, unbefriedigt oder verzweifelt sind, ob Sie Sehnsucht haben oder Ihre Herzenswünsche sich melden. Verspüren wir aber einen solchen Mangel, können wir uns fragen: »Was sagt mir dieses Gefühl darüber, was ich in diesem Moment brauche und mir wünsche?«

Sobald Sie wissen, welches Ihrer Bedürfnisse gerade nicht gestillt wird, sollten Sie sich fragen: »Was müsste ich aufgeben, damit dieses Bedürfnis befriedigt werden kann?« Bei mir wäre das zum Beispiel: Um Liebe zu empfinden, während ich mit einem anderen Menschen in einem Raum zusammensitze, müsste ich die Überzeugung aufgeben, dass Liebe gefährlich ist. Darüber hinaus müsste ich mein »Gedankenkarussell« anhalten, denn mein Geist katapultiert mich aus meinem Körper, und das in einer Weise, dass ich andere Menschen im selben Raum selten als »real« wahrnehme. Ich müsste mich auch von einem meiner persönlichen Mythen verabschieden, von dem Glauben, dass ich immer verliere, was ich liebe. Und ich müsste aufhören, einem Menschen SMS zu schicken, der nie antwortet.

Wenn Sie begreifen, was Sie *aufgeben* müssten, damit Ihr Bedürfnis Erfüllung findet, eröffnet das Ihnen die Chance, sich mit diesen Barrieren und Einschränkungen aktiv auseinanderzusetzen, Ihre Überzeugungen zu ändern und anders zu handeln. Doch darüber hinaus werden Sie auch Zugang zu Ihrer Körperebene finden und erfahren, wie und wo Sie es fühlen, wenn Ihre Bedürfnisse erfüllt werden, und sei es auch nur ansatzweise. Untenstehend finden Sie einige Beispiele, wie das funktionieren könnte. Ich nenne dies »das Bedürfnis-Erfüllungsspiel«.

DAS BEDÜRFNIS-ERFÜLLUNGSSPIEL

Stellen Sie sich vor, Sie wünschen sich Verbundenheit. Dafür sollten Sie sich in einem Raum mit einem anderen Menschen befinden und diesem Ihre ungeteilte Aufmerksamkeit widmen. Öffnen Sie sich für den anderen, und er wird dasselbe für Sie tun. Konzentrieren Sie sich ganz auf die entstehende Verbundenheit. Welche Widerstände machen sich bei Ihnen bemerkbar? Achten Sie darauf, welche Gedanken Ihnen nun als Antwort in den Kopf kommen und welche Gefühle in Ihnen an die Oberfläche drängen. Lassen Sie die Widerstände zu, bis sie von selbst vergehen. In diesem Raum des Gewahrseins, in dem Sie spüren, wo Sie die Verbundenheit nicht fühlen, richten Sie Ihr Augenmerk auf Ihren Körper: Wo **können** *Sie die Verbundenheit* *fühlen? Und wenn es nur in Ihren Knien oder auf Ihrer Haut sein sollte. Sobald Sie die Empfindung lokalisiert haben, stellen Sie sich vor, wie sie sich auf Ihren gesamten Körper ausdehnt.*

Und noch ein Beispiel: Wenn Sie Fülle und Üppigkeit brauchen, suchen Sie Orte auf, die genau das für Sie verkörpern. Gehen Sie in ein schickes Café und genießen Sie die Atmosphäre dort. Wie würden Sie sich fühlen, wenn Sie König wären? Spüren Sie den Reichtum in Ihrem Körper. Achten Sie darauf, wo sich Widerstand bemerkbar macht. Achten Sie auf die Gedanken, die auftauchen, eventuelle schmerzhafte Erinnerungen oder düstere Geschichten über die Zukunft und Sie selbst. Bleiben Sie bei dem Widerstand, bis er sich legt. Erkunden Sie, wo Sie im Fühlen die Fülle nicht annehmen können. Und wo Sie es im Gegensatz dazu können. *Dann versuchen Sie, diesem Gefühl Raum zu geben, es sich ausdehnen zu lassen, bis es Ihren ganzen Körper erfasst.*

Ein letztes Beispiel: Wenn Sie etwas brauchen, das Sie nicht mit einer realen Erfahrung verbinden können, weil die Erfüllung dieses Bedürfnisses Ihnen vollkommen unerreichbar scheint, dann wenden Sie sich der Empfindung zu, die dem am nächsten kommt. Ihr Gefühl: Vielleicht kann ich einfach keine Zugehörigkeit empfinden. Was dem ersehnten Gefühl von Zugehörigkeit am nächsten kommt, ist die Erfahrung, bei einem Schulausflug mit den anderen am Lagerfeuer Marshmallows zu rösten. Konzentrieren Sie sich auf diese Erfahrung. Wenn Sie spüren, dass Ihr Gefühl Ihnen dazu etwas mitteilt, nehmen Sie das Gefühl in Ihren Körper hinein, in Ihr Herz. Lassen Sie es in jede noch so winzige Zelle eindringen. Als Ausgangspunkt kann Ihnen jede Erfahrung dienen, die dem nahekommt, was Sie ersehnen. Das kann eine Erinnerung sein, eine Fantasievorstellung, ein Lied, eine Filmszene, ein beliebiges Objekt, ein Ort, eine Person … einfach alles.

Wir können dieses Spiel sogar mit der Scham machen. Was wäre in Ihrem speziellen Fall das Gegenteil von Scham? Vielleicht das Gefühl der Selbstachtung. Das, was dem in Ihren

Augen am nächsten kommt, ist ein Sänger zu sein, der vor Tausenden jubelnder Fans auftritt. Also legen Sie Musik auf, schließen die Augen und stellen sich fünf Minuten lang vor, Sie stünden auf einer Bühne vor Tausenden von begeisterten Zuschauern. Spinnen Sie Ihre Vorstellung bis ins kleinste Detail hinein aus. Spüren Sie nach, wie sich das in Ihrem Körper anfühlt. Wie sich Ihre Gedanken verändern. Lassen Sie sich ganz auf die ***reale Erfahrung*** *dieses Erlebnisses ein, das Ihrem Bedürfnis nahekommt.*

Vielleicht besteht für Sie der Gegensatz zur Scham in dem Gefühl warmer Akzeptanz. Und das erinnert Sie am stärksten an die Momente, in denen Ihre Großmutter Sie umarmte, als Sie noch ein Kind waren. Schließen Sie die Augen und vergegenwärtigen Sie sich, wie es war, sich an Ihre Oma zu kuscheln, ihren Blick auf sich zu spüren, ihren Duft einzuatmen. Rufen Sie sich jedes Detail ins Bewusstsein: Wie hat sich das damals in Ihrem Körper angefühlt? Wie empfanden Sie es emotional, voll warmer Akzeptanz umarmt zu werden und zu wissen, dass sich das niemals ändern würde? Wir sollten uns angewöhnen, dieses Spiel täglich zu spielen – und alles, was wir im Leben als Mangel empfinden, in sein Gegenteil zu verkehren.

Warum klappt diese Methode so gut? Weil das Universum wie ein Spiegel funktioniert. Was immer in Ihrem Geist ist, was immer Sie empfinden, wird sich in der äußeren Welt exakt widerspiegeln. Und Dinge mit derselben Schwingungsfrequenz ziehen sich gegenseitig an. Deshalb ist es für Menschen, die reich geboren wurden, auch kein Problem, Reichtum anzuziehen. Sie haben einfach kaum solche Gedanken, Handlungen oder Lebenserfahrungen, die im Widerspruch zur Schwingung des Reichtums stünden. Meist sind sie auch von anderen reichen Leuten umgeben. Nichts in ihrer Wirklichkeit – weder Gedanken noch Handlungen oder sonstige Beweise, die von außen an sie herangetragen werden – ist mit der Idee von Reichtum unvereinbar. Und da nichts dagegen spricht, verhindert auch nichts die Befriedigung dieses Bedürfnisses.

Wenn Sie Ihren Widerstand gegenüber jenen Dingen aufgeben, die Sie daran hindern, zu bekommen, was sie brauchen, können Sie mit einem Mal die Schwingung spüren, die diesem *Mangel* entgegengesetzt ist. In diesem Schwingungszustand sind Sie in jeder Hinsicht das energetische Ebenbild der Bedürfniserfüllung. Da Sie nicht mehr in der Schwingung des *Mangels* verharren, werden Ihre Bedürfnisse ganz natürlich befriedigt werden. In diesem Schwingungszustand agieren Sie anders, und diese Handlungen sorgen dafür, dass Ihnen weitere Sehnsüchte befriedigt werden. Plötzlich tun sich ganz von selbst Wege auf, wie sich Ihre Wünsche erfüllen lassen. Sie werden zum energetischen Partner jener Menschen, die Ihre Bedürfnisse stillen können. Sie stehen im Einklang mit jenen Lebensumständen, die Ihnen geben, was Sie wollen. Oder mit anderen Worten: Es offenbart sich Ihnen das »Wie« beim Erreichen Ihrer Ziele und der Erfüllung Ihrer Bedürfnisse.

VERBUNDENHEIT DURCH BEWUSSTE EINSTIMMUNG

Wenn wir geboren werden, können wir uns gar nicht als getrennt von anderen Menschen wahrnehmen. Unser Ich hat sich noch nicht herausgebildet. Wir erleben jede Stresserfahrung in unserer Umwelt genauso, als wäre sie unsere eigene. Erst im Heranwachsen bilden wir uns einen Begriff von uns selbst als Wesen mit autonomen Gefühlen und Wünschen. Dann verändert sich unsere Wahrnehmung. Zwar sehen wir andere Menschen immer noch nicht als verschieden von uns, doch statt uns als Verlängerung unserer Umwelt zu sehen, betrachten wir alles um uns herum als Verlängerung unser selbst.

Stellen Sie sich ein zweijähriges Kind vor. Der durchschnittliche Zweijährige glaubt, die ganze Welt drehe sich um ihn. Das ist im Grunde genommen ein egozentrisches Weltbild. Daher nehmen wir als Kinder auch alles unglaublich persönlich – weil wir es noch nicht von uns selbst trennen können.

Und was macht unser Zweijähriger? Zumindest macht er sich keine Gedanken darüber, wie sein Weinen und Schreien auf seine Mutter wirkt. Er weint und schreit einfach, eben weil ihm genau danach zumute ist. Ein Zweijähriger kann sich auch nicht vorstellen, was ein Kätzchen empfindet. Er packt das Tierchen am Kopf und hebt es hoch, weil das für ihn am einfachsten ist. Wenn das Kätzchen vor Schmerz und Angst aufschreit, kapiert der kleine Kerl nicht, was es fühlt. Also kommt er gar nicht auf die Idee, das Kätzchen wieder auf den Boden zu setzen. Wenn das Kätzchen die Behandlung dann nicht überlebt, wäre er total verwirrt. Ihm wäre nicht klar, dass er dafür verantwortlich ist. Er kann sich nicht auf das Kätzchen *einstellen.*

Einstimmung oder »sich innerlich auf etwas einstellen« bedeutet, sich in Einklang mit etwas zu bringen. Stellen Sie sich vor, Sie sitzen im Auto und suchen einen bestimmten Radiosender. Wenn Sie die Musik dieses Senders hören wollen, müssen Sie 98.2 FM einstellen. Dann spielt das Radio die gewünschte Musik.

Mit anderen Menschen ist das genauso. Wenn Sie andere Menschen wahrnehmen, fühlen, sehen, hören und verstehen wollen, müssen Sie sich innerlich auf sie einstellen. Wenn Sie mit den anderen reden wollen, müssen Sie sich auf sie einstimmen. Und zwar so, *als wären Sie selbst der betreffende Mensch.* Nur so können Sie die emotionale Erfahrung Ihres Gegenübers mitempfinden oder nachvollziehen und seine Gefühle verstehen. Auf diese Weise können Sie in jeder beliebigen Situation Konflikte beenden, das Klima verbessern oder jemand anderem helfen.

Sich auf andere Menschen einzustellen oder einzustimmen, ist immer gleichbedeutend mit wachsendem Einfühlungsvermögen. Die gefährlichsten Menschen auf der Welt sind jene, die in einer egozentrischen Blase leben. Im Grunde sind sie Kleinkinder im Körper von Erwachsenen, die Katzen einfach am Kopf packen und hochheben. Nur dass die Willkür diesmal statt Katzen Menschen trifft. Und obwohl es großartig wäre, wenn sich all diese Menschen einfach ganz natürlich aus ihrer egozentrischen Blase herausentwickelten und lernten, sich auf ihre Mitmenschen einzustellen – in der Realität läuft es nicht so. Manche Menschen ent-wickeln sich eben nicht und bleiben in ihrer Ein-Personen-Wirklichkeit kleben.

Wenn Sie mit einem solchen Egozentriker oder gar Egomanen eine Beziehung eingehen, werden Sie sich am Ende einsam, nicht gesehen, gehört oder gefühlt fühlen. Oder missverstanden und missbraucht. Sie werden das Gefühl haben, in einer vollkommen anderen Welt zu leben als dieser Mensch. Und dieses Gefühl ist keineswegs unbegründet, denn so ist es tatsächlich. Sie und diese Person senden und empfangen auf völlig unterschiedlichen Wellenlängen. Und Ihr Egozentriker ist nicht gewillt, sich auf Ihre Wellenlänge einzustellen. Das wäre so, als wollten Sie gleichzeitig den Sender auf FM 98.2 und den auf FM 94.5 hören.

WIE GUT KÖNNEN SIE SICH AUF ANDERE EINSTELLEN?

Sich auf andere einzustellen, heißt Verständnis dafür zu entwickeln, dass diese Menschen teils genauso denken wie Sie, teils ganz anders. Und dasselbe gilt für ihre Emotionen.

Ob wir uns auf andere einstellen und ein gesundes Einfühlungsvermögen ausbilden können, hängt ganz von der Art unserer Erziehung ab. Denn schließlich lernen wir in erster Linie von unseren Vorbildern. Uns auf andere einzustellen, lernen wir dadurch, dass sich die Menschen in unserem Umfeld auf uns einstellen. Also fragen Sie sich: »Habe ich das Gefühl, dass meine Eltern mich verstanden haben, als ich klein war? Haben sie mich gesehen und gespürt? Sind sie mir mit Einfühlungsvermögen begegnet? Haben sie ihr Verhalten auf mich abgestimmt? Haben sie gemerkt, wie ich mich fühle? Oder haben sie meinen Gefühle einfach die Berechtigung abgesprochen und mir erklärt, ich müsse anders empfinden? Wie haben meine Eltern mich behandelt, wenn ich quengelig, ängstlich oder wütend war?«

Wenn sich unsere Eltern nicht auf uns einstellen konnten, gibt es zwei Möglichkeiten, wie wir darauf reagiert haben:

---

1. *Wir haben gelernt, dass unser Überleben davon abhing, dass wir die Verbindung zu unseren Eltern gekappt und uns in eine narzisstische Blase zurückgezogen haben, in der ausschließlich unsere persönliche Erfahrung real und von Bedeutung war.*
2. *Wir haben gelernt, dass unser Überleben davon abhing, dass wir uns tausendprozentig auf die Menschen in unserem Umfeld einstellen konnten. Wir haben sie wahrgenommen, ihr Verhalten vorausgesehen und uns dementsprechend benommen, um Schaden von uns abzuwenden.*

Beide Bewältigungsstrategien haben ihre Vor- und Nachteile. Keine ist jedoch wirklich gesund. Sie erreichen keine Erfüllung in Ihrem Leben, wenn Sie all Ihre Energie darauf verwenden, sich zwanghaft auf andere Menschen einzustellen und ihnen quasi »die Wünsche von den Augen abzulesen«, um für sich selbst das Gefühl von Sicherheit zu erzeugen. Denn dadurch kappen Sie die Verbindung zu sich selbst.

Dabei bringt es Ihnen enorme Vorteile, wenn Sie sich auf andere einstellen können. Es ist aller Mühe wert. Ein Kind, auf das man sich wirklich einlässt, wird nicht narzisstisch oder co-abhängig. Wenn Sie sich auf andere Menschen einstimmen können, dann werfen Sie keine Bombe auf sie oder schießen sie nieder. Sie können sich nicht auf andere Menschen einstellen und zugleich weiterhin ihre Realität nicht erkennen wollen. Zusammengefasst lässt sich das so sagen: Wenn Sie nicht lernen, sich auf andere einzulassen, werden Ihre Beziehungen immer im Konflikt enden und für Sie ebenso schmerzhaft sein wie für Ihre Mitmenschen.

DAS EINSTIMMUNGSSPIEL

Wenn man sich auf andere einstellen will, ist das eine bewusste Entscheidung. Sie ähnelt dem Suchen eines Radiosenders. Da Sie das auf der emotionalen Ebene vielleicht noch nicht voll verstehen können, fangen Sie einfach damit an, dass Sie die Einstimmung als Gewahrsein Ihrer Mitmenschen und der Welt um Sie herum betrachten. Sehen Sie einfach zu. Sie selbst leben in einer Blase, in die nichts von außen eindringen kann. Zwischen Ihnen und Ihrem Umfeld liegen unzählige Trennschichten. Um alles rundherum sehen, fühlen und hören zu können, müssen Sie die Blase zum Platzen bringen. Dann können Sie sich wirklich auf die Wellenlänge Ihres Gegenübers ausrichten. Beginnen Sie damit, die Welt zu beobachten, als wären Sie ein FBI-Agent, der seine gesamte Umgebung und die Menschen darin aufmerksam im Blick haben und behalten muss. Betreiben Sie das Ganze als Spiel.

Achten Sie auf Widerstände, die sich eventuell in Ihnen regen, wenn Sie erwägen, die Blase zum Platzen zu bringen – falls dies die Bewältigungsstrategie ist, die Sie als Kind zum Überleben gewählt haben. Machen Sie sich klar, dass die Blase Ihre Mitmenschen verletzt und damit auf Dauer auch Sie selbst. Gestehen Sie sich ehrlich ein, *warum Sie sich nicht auf andere einstellen wollen.*

Fragen Sie sich: »Was würde es für mich bedeuten, mich auf andere einzustimmen? Was wäre so schlimm daran, sie zu sehen, zu fühlen, zu verstehen und Einblick in ihre Wirklichkeit zu erhalten?« Die Blase, in die Sie sich zurückgezogen haben, dient der Kontrolle Ihrer eigenen Wirklichkeit. Stellen Sie sich daher die Frage: »Warum muss ich meine Realität überhaupt kontrollieren?« Sie könnten versucht sein, die Blase für etwas Gutes zu halten, weil Sie sich darin natürlich wohler fühlen als sich Dinge bewusst zu machen, die Ihnen Unbehagen und Schwierigkeiten bereiten.

Sie sollten die Blase allerdings nicht mit der Fähigkeit verwechseln, sich Ihre eigene Realität zu erschaffen. Zwischen dem *Erschaffen* einer Wirklichkeit und dem *Widerstand* dagegen liegt ein himmelweiter Unterschied. Die egozentrische Blase ist das genaue Gegenteil des Schaffensprozesses. Sie ist vielmehr eine Abhängigkeit, ein Fluchtweg. Mit ihrer Hilfe leisten Sie Widerstand gegen *das, was ist.* Daher führt das Leben in der Blase automatisch zu negativen Erfahrungen wie gescheiterten Beziehungen und Einsamkeit.

Sobald Sie bereit sind, sich auf Verwundbarkeit und auf wirklich starke Emotionen einzulassen – Ihre und die anderer Menschen –, verändert sich Ihre ganze Realität. Sich auf andere einzustellen, bringt starke und authentische Gefühle mit sich, ganz im Gegensatz zu den Emotionen, die mit Unterdrückung, Verdrängung, Vermeidungs- und Abwehrverhalten verbunden sind. Wenn Sie sich beispielsweise auf die Trauer eines anderen Menschen einlassen, müssen Sie vielleicht selbst weinen. Lassen Sie es zu. Wenn Sie stets darauf bedacht sind, ein Bild der Stärke zu vermitteln und sich bloß nicht verwundbar zu zeigen, dann werden Sie sich nie auf jemanden einlassen können, dessen Gefühlslage Ihren Gemütsfrieden vielleicht bedrohen könnte.

Für die Einstimmung auf andere Menschen gibt es kein Rezept, keine Anleitung, wie das Ganze schnell funktioniert. Meist sieht man nicht, was man jetzt gleich am besten tun sollte oder was eine gute Lösung wäre. Stellen Sie sich einen Fisch im Aquarium vor, einen kranken Fisch. Wenn Sie eine schnelle Lösung suchen, geben Sie dem Fisch vielleicht Futter. Sie raten einfach, was ihm fehlen könnte, und Sie ziehen daraus den Schluss, dass er Futter bräuchte. Sie haben sich nicht tief genug auf das Tier eingelassen, um zu merken, dass der Fisch jetzt frisches Wasser bräuchte. Dasselbe gilt für Menschen. Lassen Sie sich einfach vollkommen auf den anderen ein. Werden Sie sich seiner gewahr, dann wird die Lösung sich ganz von selbst präsentieren, und diesmal wird es die richtige sein.

WIE SIE ÜBEN KÖNNEN, SICH AUF ANDERE EINZUSTELLEN

Wenn sich in Ihrer Kindheit niemand auf Sie eingestellt hat, dann fehlt Ihnen später als Erwachsenem eine echte Verbindung zu sich selbst. Daher sollten Sie sich übungshalber zunächst einmal auf Ihre eigenen Gefühle einstimmen. Stellen Sie sich bei jedem Erlebnis, das in Ihnen eine emotionale Reaktion auslöst (oder Ihrer Meinung nach eine auslösen sollte), die folgenden Fragen. Und seien Sie bei der Beantwortung so ehrlich wie möglich:

- *Was habe ich von dem Geschehen wahrgenommen?*
- *Was an dem Geschehen hat mich durcheinandergebracht?*
- *Welche Emotionen habe ich dabei gespürt?*
- *Welche Gefühle habe ich jetzt, in diesem Augenblick?*
- *Was brauche ich in dieser Situation wirklich von anderen Menschen?*

Dann lassen Sie sich die Antworten nochmals durch den Kopf gehen und fragen Sie sich: »Welches Bedürfnis verspüre ich jetzt, wo ich diese Antworten kenne?«

TRETEN SIE IN KONTAKT ZU IHREN INNEREN ZWILLINGEN

Nun möchte ich auf eine für die Überwindung der Einsamkeit ganz wesentliche Tatsache zurückkommen. Wir wissen mittlerweile, dass jeder Mensch, den wir kennen – auch wir selbst –, im Lauf seiner Erziehung und Sozialisation seelisch zersplittert wurde. Wenn wir diese Sicht akzeptieren können, dann werden wir mit der Zeit auch unsere abgespaltenen Aspekte erkennen, wenn sie auftauchen.

Wenn wir unsere Persönlichkeit aus dieser Perspektive betrachten, dann können wir uns auch die Sichtweise zu eigen machen, dass jede Veränderung in unserer Energie, in unserem Fühlen und Denken, ein Hinweis darauf ist, dass wir es nun mit einem anderen Aspekt unser selbst zu tun haben. Das gilt vor allem dann, wenn unsere Gefühle, Gedanken und Energien widersprüchlich sind.

Anders formuliert könnte man auch sagen, dass wir unser Leben in unterschiedlichen Stadien von »Besessen-Sein« verbringen. Denn wir werden in jedem Augenblick unseres Daseins von einem unserer Inneren Zwillinge »besessen«, einem Persönlichkeitsaspekt, den wir abgespalten haben.

Wann immer wir eine Veränderung in uns wahrnehmen, eine starke Emotion, einen bestimmten Gedankengang, ein ungewöhnliches Verhalten oder eine neue Körperhaltung, können wir sicher sein, dass einer unserer Inneren Zwillinge nun das Ruder übernommen hat. In diesem Augenblick identifizieren wir uns mit diesem Inneren Zwilling und lassen uns von ihm beherrschen. Fühlen wir uns beispielsweise angesichts einer wichtigen Entscheidung hin- und hergerissen, dann kämpfen vermutlich zwei Innere Zwillinge miteinander.

Ich hatte es ja bereits angesprochen: Wir haben nicht selten das Gefühl, in einer anderen Welt zu leben als die

Menschen um uns herum und deshalb keinen Kontakt zu ihnen aufnehmen zu können. Der Grund dafür: Jeder unserer Inneren Zwillinge ist mit seiner eigenen Wirklichkeit verknüpft. Wenn wir wieder Verbundenheit spüren wollen und wollen, dass unsere Einsamkeit sich auflöst, müssen wir eine Verbindung zwischen den Inneren Zwillingen herstellen und sie in unsere Persönlichkeit integrieren. Wir müssen sie in dieselbe Realität und auf dieselbe Seite bringen, sodass sie harmonisch miteinander auskommen.

VERTRAUEN ZWISCHEN DEN INNEREN ZWILLINGEN STIFTEN

Es gibt verschiedene Strategien, wie wir unseren Inneren Zwillingen Vertrauen einflößen und die abgespaltenen Aspekte wieder in unsere Persönlichkeit integrieren können. Zunächst einmal aber müssen wir uns ihrer bewusst werden. Wann immer Sie eine Veränderung der Energie in sich spüren oder heftig auf ein Erlebnis reagieren, könnte einer Ihrer Inneren Zwillinge das Kommando in Ihrem Körper übernommen haben. Nutzen Sie dies als Gelegenheit, diesen Teil Ihrer selbst besser kennenzulernen. Dann können Sie ihn heilen, indem Sie ihn re-integrieren, also wiedereingliedern.

Nehmen wir ruhig einmal an, in Ihnen lägen zwei solche Persönlichkeitsaspekte im Clinch und einer davon habe nun die Vorherrschaft an sich gerissen. Wenn Sie eine andere Energie in Ihrem Körper spüren, schließen Sie die Augen und bitten Sie darum, dass in Ihrem Geist ein Bild dieses Inneren Zwillings aufsteigen möge. Lassen Sie dieses Bild vor Ihrem geistigen Auge so klar werden wie möglich. Verändern Sie nichts daran. Vielleicht tritt dieser Persönlichkeitsaspekt als kleines Kind auf oder als Skelett, als farbiger Nebel oder als Ritter in schimmernder Rüstung. Wenn es Ihnen weiterhilft, bitten Sie diesen Anteil, Ihnen seinen Namen zu nennen.

Dann können wir anfangen, diesen Inneren Zwilling zu beobachten. Wir studieren sein Verhalten, seine Sicht der Welt, seine Wünsche, Bedürfnisse und Beweggründe. Wir stellen ihm Fragen und erforschen seine Beziehung zu den anderen Teilen unser selbst. Wir finden heraus, wann und wie er entstanden ist und welchem Zweck er in unserem Leben dient. Sobald wir seinen Hintergrund kennen, können wir im Geist seine Bedürfnisse erfüllen und Stück für Stück all die Veränderungen, die dieser Persönlichkeitsaspekt braucht, in unserem Alltag umsetzen.

Ein Beispiel: Vielleicht ist unser Innerer Zwilling ein Heerführer, der einen Gegenspieler hat, mit dem er im Moment ein Nullsummenspiel spielt: eine kleine Gartenelfe.

Also gehen wir die genannten Schritte mit dem Heerführer der Reihe nach durch und wiederholen den Vorgang dann mit der Gartenelfe. Die Elfe misstraut dem Heerführer. Wir lassen ihr Bild vor unserem geistigen Auge erstehen, ohne etwas daran zu verändern. Wenn es uns weiterbringt, bitten wir sie um ihren Namen.

Nun fangen wir an, den zweiten Inneren Zwilling zu erforschen, seine Verhaltens- und Sichtweisen, seine Wünsche, Bedürfnisse und Motive. Wir können der Gartenelfe Fragen stellen, ihre Verbindung zu anderen Persönlichkeitsanteilen erkunden und erforschen, wann und wie sie entstand beziehungsweise welchen Zweck sie in unserem Leben erfüllt. Sobald wir all dies herausgefunden haben, befriedigen wir die Bedürfnisse der kleinen Elfe zunächst auf der geistigen Ebene, um sie dann sukzessive in unseren Alltag einzubauen.

Sobald wir Wege gefunden haben, die Bedürfnisse *beider Zwillinge* zu stillen, ist das Nullsummenspiel, der Konkurrenzkampf zwischen den beiden, zu Ende. Mit dieser Technik können wir die Beziehungen unserer verschiedenen Persönlichkeitsaspekte untereinander verbessern und durch ihre Integration inneren Frieden schaffen.

Dem, was wir durch die Integration des Bewusstseins dieser abgespaltenen Inneren Zwillinge in unser Bewusstsein bewirken können, sind keine Grenzen gesetzt. Lassen Sie sich dabei von der Absicht leiten, Ihren Inneren Zwillingen Harmonie und Ganzheitlichkeit zu ermöglichen – für sich selbst und zwischen den einzelnen Anteilen.

Wenn Sie es geschafft haben, dass sich Ihre verschiedenen Persönlichkeitsanteile nicht länger bekämpfen und ihre Trennung voneinander nicht länger aufrechterhalten, wird Ihr Gefühl der Anspannung und Einsamkeit vergehen.

VERSTÄNDNIS SCHAFFT VERBUNDENHEIT

In Beziehungen bringen wir übermäßig viel Zeit damit zu herauszufinden, wie wir uns wirklich mit jemandem verbinden und ihn glücklich machen können. Wir wollen diesen Menschen so lieben, dass er unsere Liebe auch fühlt, aber wir wissen nicht, wie wir das anstellen sollen. Um jemanden zu einem Teil unser selbst machen zu können – und genau darum geht es bei der Liebe –, müssen wir diesen Menschen erst einmal verstehen.

Diese wesentliche Tatsache möchte ich hier wiederholen: *Um jemanden wirklich so zu lieben, dass er sich geliebt fühlt, müssen Sie ihn erst einmal verstehen.* Ich gehe sogar noch einen Schritt weiter: *Hören Sie auf, den betreffenden Menschen lieben zu wollen. Bemühen Sie sich lieber, ihn zu verstehen.*

Wenn Sie jemanden wirklich verstehen, dann kennen Sie diesen Menschen auf geistiger, emotionaler und körperlicher Ebene. Das Schönste daran: Nun gehören Unsicherheit und Rätselraten der Vergangenheit an. Was die Wünsche und Bedürfnisse dieses Menschen angeht, werden Sie nie mehr im Dunkeln tappen. Schluss mit den Ratespielchen: Jetzt *wissen* Sie Bescheid.

Dieser Zusammenhang mag Ihnen neu sein, so wie den meisten Menschen. Wir bringen gewöhnlich weder die Zeit noch genug Energie auf, um einander entsprechend kennenzulernen. Normalerweise stürzen wir uns kopfüber in eine Beziehung, ob nun mit einem Partner, zu einem Freund oder Kollegen, einfach weil wir die Person mögen. Weil sie eine Ergänzung zu uns und unserem Leben bildet. Wir haben also eine Beziehung mit unserer *Idee von diesem Menschen, nicht mit seiner Realität.* Tatsächlich ist die Aufnahme von Beziehungen ein Prozess, der meist unbewusst abläuft. Und wo führt uns das hin? Genau: *unmittelbar in die Katastrophe.*

Ein Beispiel, es soll Ihnen helfen zu verstehen, weshalb das Ganze so ein Albtraum ist: Stellen Sie sich ein kleines Kind vor, das begeistert vor einem Aquarium in einer Zoohandlung steht und auf eine Ohrenqualle zeigt. Das Kind ist so verrückt nach der Qualle, dass seine Eltern sie ihm kaufen. Natürlich weiß das Kind nichts über Quallen. Es weiß nur, dass es dieses Tier liebt. Und zwar so, wie das Kind Liebe versteht. Das Kind nimmt die Qualle aus dem Aquarium, wickelt sie in eine Decke und singt ihr ein Gutenachtlied vor. Es versucht, die Qualle mit einem Schokoriegel zu füttern. Dann setzt es die Qualle zurück ins Wasser.

Sie können sich vermutlich vorstellen, wie die Geschichte ausgeht. Als es die Qualle ins Wasser zurück setzt, ist das kleine Wesen natürlich tot und das Kind am Boden zerstört. Es versteht einfach nicht, wieso seine Qualle tot ist. Vielleicht wird es sogar wütend auf die Qualle, weil sie eingegangen ist, während das Kind es doch nur gut mit ihr gemeint hat. Ähneln die Gefühle und das Verhalten des kleinen Kindes nicht dem, was wir empfinden und tun, wenn jemand, den wir innig lieben, mit uns Schluss macht?

Ja, da besteht eine ganze Reihe von Ähnlichkeiten. Das Kind hat seine Qualle nicht verstanden. So wie wir häufig den Menschen nicht verstehen, mit dem wir eine Beziehung eingehen. Und da wir unseren neuen Partner nicht verstehen, machen wir vieles oder vielleicht sogar alles falsch. Und dabei bilden wir uns auch noch ein, immer genau das Richtige zu tun.

Doch wenn wir den anderen nicht verstehen, können wir auch nicht wissen, ob er tatsächlich zu uns passt. Wir haben beispielsweise keine Ahnung, wie viel Zeit dieser Mensch mit uns verbringen will. Vielleicht braucht er ja einen Partner, der stets verfügbar ist und bei ihm wohnt. Sie heiraten diesen Menschen dann, obwohl Sie wissen, dass Sie aus beruflichen Gründen mindestens die Hälfte Ihrer Zeit durchs Land reisen. Das Resultat? Die Beziehung läuft schlecht und wird Sie unglücklich machen, weil es ständig Reibereien gibt. Die schließlich zur Trennung führen.

Dabei ist es gar kein so großes Kunststück, einen anderen Menschen zu verstehen. Packen Sie es doch genauso an, als wären Sie ein Kind und interessierten sich brennend für ein bestimmtes Thema. Tauchen Sie völlig ein in diese Wirklichkeit. Lassen Sie sich von Ihrer Neugier und Ihrem Wissensdurst leiten. Wenn Sie als Mädchen Pferde liebten, dann haben Sie bestimmt jedes Pferde-Buch verschlungen, das Sie in die Finger bekamen. Sie konnten Stunden damit zubringen, die Tiere auf der Koppel zu beobachten. Sie haben sich Reitstunden zusammengespart. Sie haben alles getan, um eine wirkliche Expertin zu werden. Auch ein Wissenschaftler, der sich einem unbekannten Forschungsbereich zuwendet, setzt alles dafür ein, um diesen in all seinen Aspekten genauestens zu erkunden. Wenn Sie dasselbe leidenschaftliche Interesse für Ihren neuen Freund oder Partner aufbringen, dann haben Sie eine gute Chance auf eine erfolgreiche und dauerhafte Beziehung.

TUN SIE IHR »AUTHENTISCHSTES«

Ein Hauptgrund für unser Streben nach Verbundenheit mit anderen Menschen liegt darin, dass wir unsere innere Welt gesehen wissen wollen, gehört und verstanden. Leider sind wir in Beziehungen meist so unsicher, dass wir unsere jeweiligen Partner zu überzeugen versuchen, wir wären genauso, wie sie es gerne hätten, also rundherum akzeptabel. Wir spielen auch hier wieder eine Rolle, wie sie uns in der Vergangenheit half, von den anderen akzeptiert oder mindestens toleriert zu werden. Und genau darin liegt letztlich eine traurige Ironie, denn wenn wir versuchen, auf diese Weise Liebe und Akzeptanz zu erringen, erreichen wir unter Garantie genau das Gegenteil.

Das hat seinen Grund: Wenn Sie Ihrem Gegenüber nie Ihr wahres Selbst zeigen, lassen Sie ihm gar keine Möglichkeit, dieses wahre Selbst zu sehen, zu fühlen, zu hören und zu verstehen. Wie um alles in der Welt soll Ihr Partner Sie dann wirklich kennenlernen? Wenn Sie Verbundenheit zwischen sich und einem anderen Menschen schaffen wollen, müssen Sie aufrichtig sein, ehrlich und authentisch. Für das Gefühl der Verbundenheit sind Transparenz und Klarheit das Allerwichtigste.

Da Sie eine Fassade ohnehin nicht längerfristig aufrechterhalten können, versuchen Sie lieber gar nicht erst, sich immer nur von Ihrer Schokoladenseite zu zeigen. Versuchen Sie es lieber mit Ihrer *authentischen* Seite. Wenn Sie jedoch stattdessen eine Rolle spielen und sich anders geben, als Sie jetzt und hier sind, dann werden nur diejenigen Leute mit Ihnen eine Beziehung eingehen, die *Ihre Rolle* schätzen, nicht aber Sie als Menschen. Jeder von uns hat eine Antenne für Energie, ob ihm das nun bewusst ist oder nicht. Und tatsächlich schreckt Heuchelei alle am meisten ab. Ihr Gegenüber spürt, ob Sie eine Maske tragen, die nicht zu dem wahren »Ich« darunter passt.

Daher möchte ich Ihnen wirklich ans Herz legen, anderen gegenüber offen zu sein, wenn Sie echte Verbundenheit suchen. Seien Sie wie ein offenes Buch. *Offenheit ist emotionale Großzügigkeit.* Wollen Sie Verbundenheit, so müssen Sie sich für den anderen öffnen und bereit sein, sich auf ihn einzulassen. Damit wären wir wieder bei der Verwundbarkeit, von der ich schon mehrmals gesprochen habe, und die ein so wichtiger Teil der Verbundenheit ist. Großzügigkeit zeigt sich auch darin, wenn Sie dem anderen ein ehrliches und aufrichtiges (!) Kompliment machen. Das ist ein schöner Beginn für ein Gespräch oder eine Freundschaft.

Bei der Verbundenheit geht es schließlich darum, jemanden zu finden, der Sie mit all Ihren Facetten und Eigenarten akzeptiert, die positiven ebenso wie die negativen. Sie wollen schließlich niemanden, der von Ihnen erwartet, dass Sie sich unter allen Umständen für ihn positiv verhalten, damit er Sie lieben kann. Eine solche Liebe wäre an Bedingungen geknüpft. Also haben Sie keine Angst, andere Menschen in Ihr Leben hineinzulassen. Wenn Sie jemand anderem etwas von sich erzählen, fühlt Ihr Gegenüber sich gemocht und angenommen, selbst wenn er Sie nicht explizit nach diesen Dingen gefragt hat. Teilen Sie Ihre Leidenschaften mit dem anderen, dadurch werden Sie offener und können andere Menschen inspirieren beziehungsweise sie mit neuer Energie »aufladen«.

WAS WIR TUN KÖNNEN, UM VERBUNDENHEIT HERZUSTELLEN

Viele Menschen wissen zwar, dass sie sich nach Verbundenheit sehnen, aber nicht, wie sie dieses Ziel am besten erreichen. Deshalb möchte ich Ihnen ein paar Tipps geben, wie Sie eine echte Verbindung zu anderen Menschen aufnehmen können.

Der erste Schritt liegt eigentlich auf der Hand: Sie dürfen sich nicht in Ihr »inneres Schneckenhaus« zurückziehen. Viele Menschen sind auch dann einsam, wenn sie mit anderen zusammen sind. Das ist die tiefe existenzielle Einsamkeit, von der in diesem Buch schon häufig die Rede war. Wenn wir unser Leben ehrlich genauer betrachten, stellen wir häufig fest, dass wir auf ganz konkrete Weise isoliert sind.

Sie werden nie eine enge Verbindung zu einem anderen Menschen herstellen können, wenn Sie sich den ganzen Tag in Ihrer Bude verbarrikadieren und nur übers Internet mit anderen Leuten kommunizieren. Schließen Sie jetzt mal die Augen und stellen Sie sich vor, Sie wären eine Fliege an der Wand, die Ihnen heute dabei zuguckt, wie Sie einen ganz normalen Tag gestalten. Was tun Sie in jeder einzelnen Stunde? Klaffen da gewisse Widersprüche zwischen Ihren Wünschen und Ihren Handlungen? Vielleicht sagen Sie sich ja, dass Sie sich eine Beziehung mit jemand anderem wünschen. Und dann stehen Sie morgens auf, gehen in die Arbeit, bleiben dort brav den ganzen Tag in Ihrer Mausefalle von Büro hocken, fahren abends zurück nach Hause, hauen sich vor die Glotze und fallen dann ins Bett. Alles hübsch alleine. In Ihrem Leben fehlt also jede Gelegenheit, mit anderen Menschen in Verbindung zu treten.

Aber selbst wenn Sie unter die Leute gehen, ob nun beim Shoppen oder bei einem Spaziergang im Park, dann warten Sie – wie so viele von uns – darauf, dass jemand Kontakt zu Ihnen aufnimmt. Wir haben alle Heidenangst davor, abgelehnt zu werden. Doch wenn wir wahre Verbundenheit suchen, müssen wir auch mal selbst die Initiative ergreifen. Wir müssen bereit sein, unsere Passivität zu überwinden, aktiv zu werden und die Orte aufzusuchen, wo die Menschen leben, mit denen wir bekannt werden wollen. Und dann müssen wir auf sie zugehen. Jeder ist unsicher und hat Angst davor, den anderen anzusprechen. Also unternehmen Sie ruhig den ersten Schritt.

Sobald Sie jemanden gefunden haben, den Sie kennenlernen möchten, sollten Sie aber auch bereit sein, dieser Person Ihre ungeteilte, unbedingte und konzentrierte Aufmerksamkeit zu widmen. Damit machen Sie Ihrem Gegenüber ein Geschenk: die volle Präsenz Ihres Bewusstseins. Verwechseln Sie das aber bitte nicht mit aufdringlich-aggressivem Gebaren. Ich meine nicht, dass Sie dem anderen Menschen zu nahe treten, sondern dass Sie ihm positive Energie spenden sollen.

Zu diesem Zweck sollten Sie darauf achten, dass Ihre Körpersprache einladend wirkt: Lächeln Sie Ihr Gegenüber an, sehen Sie ihm in die Augen. Achten Sie darauf, nicht mit gekreuzten Armen oder Beinen dazusitzen. Halten Sie Ihren Oberkörper dem anderen frontal zugewandt, gucken Sie ihn nicht nur »über die Achsel« an. Sie wollen schließlich signalisieren: »Ich bin offen für dich und an dir interessiert. Ich möchte eine Verbindung herstellen, möchte senden und empfangen.«

WENN VERBUNDENHEIT ZUM TAUSCHHANDEL WIRD

Manche Menschen reagieren sehr empfindlich, haben Sorge, dass andere Menschen nur deshalb mit ihnen Verbindung aufnehmen wollen, weil sie sich etwas Bestimmtes davon versprechen, oder um im Gespräch erhaltene Informationen über sie irgendwann gegen sie zu verwenden. Viele attraktive Frauen empfinden so, denn die meisten Männer die sie ansprechen, wollen nur mit ihnen ins Bett. Aus diesem Grund ist es essenziell, sich in die anderen Menschen einzufühlen, um herauszufinden, wo ihre wunden Punkte liegen und möglichst nicht genau darauf zu treten, sondern lieber einen unproblematischen Zugang zu finden. Wenn Sie als Mann mit einer schönen Frau Kontakt aufnehmen wollen, aber den Eindruck gewinnen, dass sie verletzt ist – durch Erfahrungen mit Männern, die nur Sex haben oder sie als Statussymbol missbrauchen wollten, dann sollten Sie die Bekanntschaft mit dieser Frau nicht ausgerechnet mit einem Kompliment über ihr Aussehen beginnen.

NUTZEN SIE DIE »ENERGIE« DER VERBUNDENHEIT

Wenn Sie mehr Menschen kennenlernen möchten, versuchen Sie, Wärme und positive Energie auszustrahlen, damit die anderen sich willkommen und mit Ihnen wohlfühlen. Dafür gibt es eine wunderbare Übung: Wenn Sie die Straße entlanggehen und dabei Ihnen völlig fremden Menschen begegnen, halten Sie nach etwas Ausschau, was Sie an der betreffenden Person toll finden oder besonders mögen. Sagen Sie sich im Geiste: »Ich mag Sie, weil …« Dann setzen Sie hinzu, **warum** *Ihnen gerade das an diesem Menschen so gut gefällt. Und enden Sie mit: »Deshalb finde ich Sie so sympathisch.«*

Während Sie diese Worte im Geist aussprechen, stellen Sie sich vor, dass Sie die zugehörige Energie aus Brust und Herz ausstrahlen, als sendeten Sie ein unsichtbares Signal ans Herz des anderen. Kommen Sie an einer Frau vorüber, sagen Sie beispielsweise: »Sie sind mir sympathisch wegen der Art, wie Sie die Hand Ihres Kindes halten. Ich kann sehen, dass Sie sich liebevoll um das Kind kümmern. Dafür mag ich Sie.«

Sie können diese Übung im Stillen mit so vielen Menschen machen, wie Sie wollen. Trotzdem ist es besser, wenn Sie sich nacheinander lieber nur auf fünf Personen konzentrieren, bei denen sie den Fokus halten können, statt auf zehn, wenn sich die zugehörigen Gefühle nur verschwommen einstellen, Sie sie also nicht wirklich wertschätzen können. Das Tolle daran: Mit dieser Übung schicken Sie tatsächlich eine Welle des Positiven durch das kollektive Bewusstsein. Sie werden erstaunt sein, wie anders die Menschen künftig auf Sie reagieren.

Versuchen Sie es mit einer anderen Energie, wenn Sie echten Kontakt zu dieser Frau suchen. Die Tatsache, dass manche Menschen erst einmal misstrauisch reagieren, wenn sie angesprochen werden, ist ja schließlich nicht Ihre Schuld. Der betreffende Mensch trägt einfach eine Wunde mit sich herum, auf die Sie bei der Kontaktaufnahme Rücksicht nehmen müssen. Er versucht doch bloß, sich vor einer weiteren derartigen Verletzung zu schützen.

Interessieren Sie sich aufrichtig für diesen anderen Menschen. Versuchen Sie, Nähe herzustellen, und zwar nicht nur oberflächlich. Fühlen Sie sich in den anderen ein, erspüren Sie, wie es ihm geht. Versuchen Sie, ihn zu verstehen, sodass Sie Ihre Erfahrung teilen können. Sie werden mehr Freunde gewinnen, wenn Sie sich für andere Menschen interessieren, als wenn Sie versuchen, die anderen für sich selbst zu interessieren. Ziehen Sie los, um diese Menschen kennenzulernen.

Wenn das Ihre Konzentration fördert, stellen Sie sich vor, Sie möchten ein »Handbuch« für den jeweiligen Menschen schreiben. Die Energie, die Sie ausstrahlen wollen, ist: Ich will Sie kennenlernen. Ich will mit Ihnen in Verbindung treten. Ich will dafür *nichts von Ihnen haben.*

WIE MAN GEMEINSAMKEITEN FINDET

Findet man Gemeinsamkeiten mit jemand anderem, bekommt man sofort einen Draht zueinander. Diese Fähigkeit wird Ihnen auch im Umgang mit Menschen nützen, die ganz anders denken und empfinden als Sie. Zum Beispiel: Sie büffeln für Ihren Abschluss als Bilanzbuchhalterin, während Ihr Gegenüber Archäologie studiert. Aber Sie entdecken rasch, dass Sie sich beide fürs Klettern interessieren. Das ist Ihre Gemeinsamkeit. Also reden Sie übers Klettern.

Achten Sie genau darauf, was Ihr Gegenüber sagt oder tut, dann werden Sie solche Gemeinsamkeiten erkennen.

Wenn Sie den anderen wirklich verstehen und eine Verbindung aufbauen wollen, stellen Sie ihm Fragen.

Dabei sollten Sie sich auf Fragen konzentrieren, die nicht nur an der Oberfläche kratzen, sondern tiefgründig sind und Ihnen zeigen, wie es in dem anderen Menschen aussieht, was er mag oder nicht mag, welche Träume, Ansichten und Überzeugungen er hat. Welche Kämpfe hatte er zu bestehen? Da man in Beziehungen miteinander teilt, machen Sie sich bereit, derartige Fragen auch selbst zu beantworten.

Wenn Ihr Gegenüber Ihnen von sich erzählt, versuchen Sie nicht, ihn oder seine Meinung zu ändern. Hören Sie zu – mit Augen, Ohren, Geist und Herz. Bei der Verbundenheit geht es auch darum, einen sicheren Hafen zu schaffen, in dem Sie beide Ihre Verbindung aufnehmen können. Natürlich sind Sie beide dafür verantwortlich. Manche Menschen erzählen nicht gerne von sich, weil sie Angst vor den möglichen Folgen haben. Also sorgen Sie dafür, dass es keine negativen Konsequenzen gibt.

Selbst wenn Sie nicht derselben Ansicht sind wie Ihr Gesprächspartner, lassen Sie seine Meinung einfach stehen. Es hat seinen Grund, dass dieser Mensch die Dinge so sieht. Wenn Sie ihn aber deshalb angehen, reißt das Band zwischen Ihnen. Und vergessen Sie nicht, die emotionale Komponente dessen, was er Ihnen mitteilt, zu würdigen. Das ist wichtiger als alles andere.

Lassen Sie sich auf das ein, was Ihr Gegenüber Ihnen sagt. Begegnen Sie ihm mit Mitgefühl. Signalisieren Sie, dass Sie wichtig finden, was er Ihnen erzählt. Wenn Sie wirklich Kontakt mit anderen Menschen aufnehmen wollen, müssen Sie bereit sein zu fühlen, was sie fühlen. Wir müssen uns ganz in ihre Lage versetzen können. Versuchen Sie vielleicht auch, sich vorzustellen, Sie würden tatsächlich erleben, was der andere erlebt. Dadurch können Sie sich hundertprozentig auf diesen Menschen einstimmen.

Wenden Sie Ihre besondere Aufmerksamkeit noch einem recht häufigen Problem zu: Wir fragen den anderen oftmals nur deshalb nach seiner Geschichte, damit wir unsere eigene Geschichte loswerden können. Ihr Interesse, dem anderen Ihre Sachen zu erzählen, sollte aber nicht größer sein als Ihr Interesse daran, was er zu sagen hat. Denn sonst fühlt sich der andere letztlich missachtet. Wenn Sie möchten, dass dieser Mensch Anteil an Ihnen nimmt, dann nehmen Sie ehrlichen Anteil an ihm.

Und sagen Sie dem anderen auf keinen Fall, Sie würden seinen Standpunkt nicht begreifen. Viele wohlmeinende Menschen tun das, aber letztlich kappt das die Verbindung auf der Stelle, weil sich der andere alleingelassen fühlt. Ein Beispiel: Jemand erzählt, dass er seine Familie nicht gekannt hat. Sie nehmen das Thema sofort auf und antworten: »Oh, wie traurig. Ich habe meine Familie geliebt. Meine Leute waren toll. Ich weiß nicht, wo ich ohne sie wäre, vor allem ohne meine Mutter.« Damit haben Sie jedoch gerade – anstatt eine Verbindung herzustellen – eine Trennlinie gezogen, keine Verbundenheit geschaffen. Ihr Gegenüber fühlt sich aufgrund Ihrer Äußerung mit seiner Erfahrung alleingelassen. Wenn man Sie nach Ihrer Familie fragt, dürfen Sie ruhig ehrlich sein. Aber vermeiden Sie es trotzdem, Salz in die Wunden des anderen zu reiben oder ihm ein Gefühl der Isolation zu vermitteln.

Viele von uns versuchen, wahre Verbundenheit aufzubauen, indem sie anderen Menschen helfen. Häufig machen wir das sogar zu unserer wichtigsten Basis, um eine Beziehung herzustellen. Aufgrund unserer geringen Selbstachtung glauben wir nämlich, andere wären nur dann an einer Freundschaft mit uns interessiert, wenn wir etwas für sie tun. Damit bringen Sie sich selbst jedoch in eine ordentliche Zwickmühle. Helfen Sie, wenn Sie helfen können. Doch fragen Sie sich zuvor: »Erwarte ich für meine Hilfe eine Gegenleistung in Form von Loyalität, Verbundenheit,

Dankbarkeit oder etwas Ähnlichem?« Und: »Signalisiere ich meinem Gegenüber durch meine Unterstützung, dass ich glaube, mit ihm stimme etwas nicht und man müsse ihm auf die Sprünge helfen?« Wenn Sie beide Fragen mit einem sicheren Nein beantworten können, dann laufen Sie los und helfen Sie, wo es Sinn macht.

Stellen wir eine Verbindung zu einem anderen Menschen mithilfe von Manipulation her (wir bekommen, was wir wollen, zum Beispiel Verbundenheit, ohne dieses Ziel direkt anzusteuern), dann, so lehrt es die Erfahrung, tritt am Ende genau das ein, was wir so verzweifelt zu vermeiden suchten. Verbinde ich mich beispielsweise mit einem anderen, um mich als guter Mensch zu fühlen und irgendwelche Schuldgefühle kleinzuhalten, wird diese Beziehung mein Gefühl, ein schlechter Mensch zu sein, in den Mittelpunkt rücken, und ich werde mich noch schuldiger fühlen.

Gehe ich eine Beziehung mit einem anderen Menschen ein, um diesen zu retten, weil ich selbst mich wertlos fühle, dann schätze ich meinen Wert nur indirekt – nur über diese Person. Resultat: Diese Beziehung wird mein Gefühl der Wertlosigkeit im Umgang mit anderen Menschen noch verstärken.

Sind wir uns des Getrenntseins, der Scham und der Angst bewusst geworden, die einen lebendigen Kontakt mit anderen Menschen verhindern, und fangen an, mithilfe der beschriebenen Schritte diesen Gefühlen entgegenzutreten, dann werden wir unsere Einsamkeit hinter uns lassen und in die Verbundenheit eintauchen – und die müssen wir uns bewahren.

TEIL V

VERBUNDENHEIT BEWAHREN

Alles Leben sind Splitter
der einen kollektiven Seele.
Alles Leben ist die Suche
nach den Splittern unserer Seele.
Im Schmecken unserer Lippen,
in der Berührung unserer Hüften.
Im gegeneinander Wüten,
um die Qual unserer Trennung zu spüren.
Wir sind Mosaiksteine.
Bruchstücke eines Meisterwerks,
das in tausend Stücke zersprang.
Die Splitter unserer Seele wiederfinden,
nur so fügt sich das Mosaik wieder zusammen.
Die Splitter unserer Seele wiederfinden,
nur so werden wir das Meisterwerk
zum allerersten Mal bewusst erkennen.
Die Wärme der Liebe
lässt uns wie ein Magnet
jedes Bruchstück
in unsere kollektive Seele zurückholen,
es in die Arme schließen,
denn jeder Splitter ist ein Teil von uns selbst.

VERBUNDEN BLEIBEN

von Teal Swan

VERBUNDENHEIT BEWAHREN

Was uns am Verbunden-Bleiben mit am meisten Angst einjagt, ist die Tatsache, dass es dazu immer zwei braucht. Beide Seiten müssen willens sein, Energie zu investieren, damit das gemeinsame Band auf Dauer stark bleibt. Es ist unmöglich, eine Beziehung aufrechtzuerhalten, wenn unser menschliches oder anderweitiges Gegenüber keine Beziehung mit uns haben will. Ebenso wenig können wir mit jemandem verbunden bleiben, der nur davon spricht, er wolle eine Beziehung mit uns haben, selbst aber kein bisschen dazu beiträgt, um die Beziehung am Leben zu halten.

Lassen Sie mich das mit einem Bild veranschaulichen: Stellen Sie sich vor, zwei Menschen stehen sich an einem Kinderplanschbecken gegenüber. Zwischen ihnen entsteht nur dann eine starke Verbindung, wenn beide sich aus freien Stücken entschließen, gemeinsam in das Becken zu steigen. Wenn nur einer hineinsteigt und der andere draußen stehen bleibt, kommt keine Verbindung zustande.

Ebenso wenig wird sich ein starkes Band zwischen den beiden entwickeln, wenn einer den anderen aus dem Becken schubst oder umgekehrt versucht, ihn hineinzuzwingen. Auch ein ständiges »rein ins Becken, raus aus dem Becken« verhindert das Entstehen einer stabilen Beziehung. Beiden Seiten muss es ernst damit sein, in dieses Becken zu steigen. Das trifft auf all unsere Beziehungen zu, und wenn wir ehrlich mit uns selbst sind, dann ist das auch die einzige Form von Beziehung, die wir tatsächlich anstreben.

Ins Beziehungsvokabular übersetzt heißt das: Haben Sie bis jetzt immer versucht, andere Menschen an sich zu binden, indem Sie sie mit Ihrer Energie, mit allem, was Sie sagen oder tun, an sich ziehen, so sollten Sie damit in dieser Sekunde aufhören. Sie müssen den nötigen Mut aufbringen, diese Menschen ganz und gar loszulassen. Damit legen Sie die Verantwortung und die Entscheidung darüber, ob er oder sie sich auf eine echte Bindung mit Ihnen einlassen will, in die Hände des anderen zurück. Damit stoßen Sie den anderen weder fort, noch ziehen Sie sich von ihm zurück. Es bedeutet nur, dass Sie Ihrerseits die bisher herrschende Spannung aus der Beziehung herausnehmen. Es kann Ihnen durchaus passieren, dass die betreffenden Menschen die Verantwortung für diese Beziehung nicht übernehmen wollen und vielleicht sogar ganz von der Bildfläche verschwinden. Und das tut verdammt weh. Doch auf lange Sicht schmerzt es weniger, als jemanden an sich binden zu wollen, der sich dagegen wehrt wie ein Fisch am Haken. Das ist Ihren ganzen Einsatz aber einfach nicht wert, und Sie selbst haben etwas Besseres verdient.

Wenn wir das als Tatsache akzeptieren können, können wir zum Hauptthema dieses Kapitels übergehen, nämlich wie Sie Beziehungen, die Sie geknüpft haben, stabil und dauerhaft bewahren können.

SIE SIND DRAN: ZEIGEN SIE GELIEBTEN MENSCHEN, DASS SIE SIE LIEBEN

Sobald Sie eine Beziehung zu einem anderen Menschen – egal, ob Partner, Freund oder Kind – eingegangen sind, ist es an Ihnen, diesem Menschen gegenüber Ihre Zuneigung deutlich sichtbar und großzügig an den Tag zu legen. Mit anderen Worten: *Zeigen* Sie diesem Menschen, dass Sie ihn kennen, ihn geistig erfasst haben, und dass er Ihnen wichtig ist. Verhalten Sie sich Ihrem Freund, Ihrem Liebsten gegenüber aufmerksam, rücksichtsvoll und achtsam und dehnen Sie diese Energie dann bewusst auf ihn aus. Behalten Sie für ihn wichtige Ereignisse und Dinge im Leben Ihres Partners immer im Hinterkopf. Daran erkennt dieser Mensch, dass er Ihnen tatsächlich am Herzen liegt. Und schauen Sie zu, dass Sie eventuelle Unstimmigkeiten so schnell wie möglich wieder aus der Welt schaffen.

Räumen Sie diesem Menschen in Ihrem Leben einen Spitzenplatz ein. Es ist schwierig, echte Verbundenheit zu einem anderen Menschen herzustellen, wenn Sie ihm durch Ihr Verhalten ständig die Botschaft übermitteln: »Du bist eigentlich nicht wichtig für mich.« Stellen Sie also sicher, dass der Mensch, zu dem Sie Verbundenheit suchen, für Sie wirklich wichtig ist.

Zeigen Sie Ihrem Gegenüber Ihre Liebe auf eine Art und Weise, die er annehmen kann. Berühren Sie ihn beispielsweise, wenn er Körperkontakt mag. Oder indem Sie ihn loben oder bestärken. Vielleicht bieten Sie ihm auch einfach Ihre Hilfe an – und wenn's beim Geschirrspülen ist.

Sie können Ihre Liebe auch mit einem Geschenk zum Ausdruck bringen. Damit zeigen Sie dem anderen, dass er Ihnen wichtig ist, und geben ihm ein sichtbares Zeichen Ihrer Zuneigung. Sie können ihm Ihre Liebe auch zeigen, indem Sie sich Zeit für ihn und für eine gemeinsame Aktivität nehmen, die Sie beide schätzen, sei es ein gutes Gespräch, wandern oder essen gehen. Und denken Sie dabei immer daran, dass solche Zeichen der Zuneigung immer aus der richtigen Motivation heraus kommen müssen: weil sich der andere mit Ihnen wirklich wohlfühlen soll, und nicht, weil Sie im Gegenzug dafür etwas erwarten.

Ein weiterer guter Weg zum Aufbau einer dauerhaften Beziehung besteht darin, dem anderen unsere Wertschätzung zu bezeugen. Wann immer Sie etwas Positives am anderen bemerken, erzeugt dies gegenseitige Anziehung.

Das Gegenteil der Trennung also: Es bringt uns einander näher. Wollen wir daher eine tragfähige Verbindung zu einem anderen Menschen herstellen, sollten wir uns darin üben, seine positiven Seiten wertzuschätzen.

Alles, was an anderen Menschen positiv ist, verdient unsere Anerkennung. Wir können ihnen dafür danken, was sie sind und was sie Gutes in unser Leben einbringen. Das bewirkt im Allgemeinen spürbare Verbesserungen in unseren Beziehungen. Eine gute Übung ist es zum Beispiel, wenn Sie hin und wieder die positiven Eigenschaften eines anderen Menschen auflisten und daneben anführen, womit sie Ihr Leben bereichern. Achten Sie dann darauf, was in Ihrem Körper vorgeht, wenn Sie Ihre Aufmerksamkeit auf diese Weise auf einen anderen Menschen richten. Sie werden spüren, wie Ihr Widerstand dahinschmilzt, Sie werden ihm gegenüber offener sein und sich ihm enger verbunden fühlen.

Es ist wirklich wichtig, niemals über die Gegenwart eines Menschen einfach hinwegzugehen. Kaum etwas schmerzt mehr, als ignoriert zu werden, so als wäre man nicht vorhanden. Selbst wenn Sie gerade auf einen Menschen, der Sie liebt, so richtig wütend sind, sollten Sie ihm nicht die kalte Schulter zeigen. Ziehen Sie sich niemals körperlich oder emotional vom anderen zurück, vor allem wenn Sie gerade Krach miteinander haben. Menschen, die Probleme mit Nähe und Bindung haben, neigen dazu, sich abzukapseln, um mit diesen Gefühlen besser fertigzuwerden. Aus einer Abwehrhaltung heraus machen sie dann vielleicht emotional einfach »dicht« und lassen die Verbindung zum anderen abreißen – aus purer Angst.

WOHIN FLIESST IHRE ENERGIE?

Ich möchte, dass Sie über folgenden Punkt nachdenken: Ab dem Augenblick, in dem Sie eine Beziehung aufnehmen, ab dem Moment, da diese Verbindung zustande kommt, gibt es drei beteiligte Elemente: Sie, der andere Mensch und die Beziehung selbst. Beachten Sie, dass die Beziehung sozusagen der Dritte im Bunde ist. Sie können nun zu jedem beliebigen Zeitpunkt Ihre Energie zu sich selbst, zu Ihrem Partner oder in die Beziehung fließen lassen. Genauso kann der andere seine Energie auf sich selbst, auf Sie oder auf die Beziehung lenken. Die investierte Energie speist immer das, worauf sie sich richtet.

In manchen Fällen schwappt die Energie, die eigentlich in die Beziehung fließen soll, sozusagen über und nährt einen der Partner. Das trifft insbesondere dann zu, wenn die Energie, die für die Beziehung bestimmt ist, einen der Partner entlastet. Aber meistens tut sie das *nicht*. Machen wir zum Beispiel eine Paartherapie oder einen Workshop für Paare, dann stärkt das zwar die Beziehung, nährt aber nicht die Energie der Partner. Stattdessen senden die Partner ihre Energie in das dritte Element – in die Beziehung.

Eines der größten Probleme in Beziehungen besteht darin, dass einer der Partner vielleicht nicht genug Liebe erfährt. Das kann drei Gründe haben:

---

1. *Wir investieren sehr viel Energie in die* **Beziehung**, *aber nicht in den Menschen, mit dem wir diese Beziehung haben.*
2. *Wir investieren sehr viel Energie in die Dinge, von denen wir glauben, sie seien* **für** *den anderen. Doch das kommt bei dem anderen nicht richtig an, er fühlt sich dadurch nicht geliebt. Im Wesentlichen handelt es sich hier um einen Kommunikationsfehler, es fehlen die Informationen darüber, was der Partner tatsächlich als »Akt der Liebe« empfindet.*

3. *Einer der Partner hat kein wirkliches Interesse, etwas zu geben. Für ihn ist nur von Belang, was die Beziehung respektive der andere für ihn abwirft. Das ist dann eine parasitäre und keine symbiotische Form der Beziehung.*

Zum Glück führen wir eher selten eine Beziehung mit jemandem, der nur von uns nehmen will. Scheint der Partner selbstbezogen oder die Beziehung eine Einbahnstraße zu sein, so liegt das meist daran, dass der andere seine Energie in die Beziehung und nicht in den Partner fließen lässt beziehungsweise die konkrete Form seiner Zuwendung dem anderen nicht das Gefühl gibt, geliebt zu werden.

WAS NÄHRT SIE, DIE LIEBE UND IHREN PARTNER?

Um Ihre Beziehung zu festigen, können Sie zwei Dinge tun: Als Erstes listen Sie und Ihr Partner alles auf, was Ihnen das Gefühl gibt, dass der andere Sie liebt und Sie an seiner Energie teilhaben lässt. Machen Sie möglichst lange Listen und ordnen Sie dann jedem Punkt auf Ihrer Liste einen Wert von 1 bis 10 zu. Die 10 ist reserviert für das, was Ihnen am wichtigsten ist, was Ihnen am ehesten das Gefühl vermittelt, dass Ihr Partner Sie liebt und Ihnen emotional und energetisch etwas gibt. Wenn Sie alle Punkte entsprechend bewertet haben, ordnen Sie Ihre Liste entsprechend Ihren Prioritäten. Dadurch weiß Ihr Freund oder Partner, was für Sie am meisten zählt.

Bitte achten Sie darauf, dass Sie Ihre Liste sozusagen aus Sicht Ihres Partners schreiben. Das folgende Beispiel zeigt Ihnen, wie die Liste einer Frau aussehen könnte. Die einzelnen Sätze werden aus der Perspektive des Partners formuliert. Das hilft dem anderen, besser zu verstehen, was sein Gegenüber braucht, um sich geliebt zu fühlen.

10	Ihr Geschenke machen, die ihr sagen, dass sie mir wichtig ist, einfach weil ich sie liebe.
10	Sie überraschend ausführen.
10	Mich um den gemeinsamen Urlaub kümmern, um Familienfeste oder Nachbarschaftstreffen. Mithelfen, Traditionen zu schaffen, die das Familienleben stärken. Sie entlasten, das Ruder des »Partnerschafts-Schiffs« mit übernehmen.
10	Ihr über ihre Morgendepression hinweghelfen und sie beim Lösen Ihrer Probleme mit anderen Leuten unterstützen.
10	Mit ihr Pläne und Strategien zum Geldverdienen entwickeln und bei der Umsetzung helfen.
10	Mich wie ein Gentleman verhalten. Die Tür aufhalten, schwere Taschen abnehmen, auf der zur Straße gewandten Seite des Gehsteigs gehen. In den Mantel helfen. Händchenhalten. Darauf achten, wie es ihr geht und was sie braucht.
10	Dafür sorgen, dass sie sich sicher fühlt. Sie gegen unnötige Probleme abschirmen, abends die Haustür absperren. Für ihre Sicherheit sorgen, wo immer sie unterwegs ist, und sie beschützen.
10	Ein Sachverständiger für sie werden. Mir ernsthaft Mühe geben, sie und ihre Gefühlswelt zu verstehen.
9	In die Oper oder ins Ballett mitgehen.
9	Begeisterung für Dinge zeigen, die sie tut oder für die sie sich interessiert. Aufrichtig sein und ihr zeigen, dass ich mich wirklich für sie interessiere.
7	Massagen
8	Sie in ein Restaurant ausführen, das ich extra für sie ausgesucht habe. Kein »Lass uns schnell was essen gehen«.
8	Ihr sagen, dass ich sie schön finde und was mir an ihr gefällt.
8	Rasieren, damit mein Bart sie nicht sticht.
8	Wenn ich merke, dass sie mit etwas zu kämpfen hat beziehungsweise sich für etwas interessieren würde, dann etwas zu ihrer Unterstützung unternehmen.
7	Mit ihr wandern gehen.
7	Mit ihr ins Kino gehen, damit sie sich ihren Wunschfilm anschauen kann.
7	Ihr etwas kochen, von dem ich glaube, dass sie es gern isst. Oder ihr einen Drink machen, den sie mag.
7	Ihr die Schultern und den Nacken massieren.
7	Auf Facebook etwas Nettes über sie schreiben.
7	Sie von hinten umarmen.
6	Einen romantischen Ausflug planen, auf dem alles für sie arrangiert wird.
6	Ich verschönere unser Haus für sie noch mehr... mache irgendetwas, von dem ich weiß, dass es ihr gefallen wird.

5	Ich gehe mit ihr von meinem Geld einkaufen in ein Geschäft ihrer Wahl oder in eins von dem ich weiß, dass sie dort gerne hingehen möchte.
5	Ich schreibe ihr einen Liebesbrief.
5	Ich mache mit ihr einen Tanzkurs.
4	Ich schenke ihr einen Kunstkurs und bringe sie hin.
3	Ich mache ihr ein Bad mit Rosenblüten.
3	Ich packe einen Picknickkorb und fahre mit ihr irgendwohin in die freie Natur, um den Inhalt zu verzehren.
3	Ich schreibe ihr tagsüber ein paar liebevolle SMS
3	Ich begleite sie zu Terminen, zu denen sie gehen muss, sodass sie sich unterstützt und nicht allein fühlt.
2	Ich lese Bücher darüber und schaue mir Sendungen an, wie man ein besserer Partner wird. Ich arbeite an mir und befolge Tipps, die ihr und unserer Beziehung guttun.

Nachdem Sie und Ihr Partner, Freund oder Familienangehöriger jeweils Ihre Listen fertig haben, sind Sie bereit für Schritt Nummer zwei: Sie tauschen Ihre Listen aus und lesen sie sich durch. Und dann besprechen Sie die einzelnen Punkte, um sich, falls nötig, Klarheit zu verschaffen

Schließlich sprechen Sie darüber, wie und was jeder von Ihnen seiner Meinung nach dem anderen gibt. Was tun Sie Ihrer Meinung nach für Ihren Partner? Stellen Sie sich vor, der andere sei gar nicht da und Sie würden einem Außenstehenden erzählen, was Sie für Ihren Partner tun. Zu jedem Punkt auf der Liste sagen Sie einander, ob Sie tatsächlich glauben, dass sein Inhalt Ihnen wichtig ist oder nicht.

WER GIBT WEM WAS?

Wenn wir herauszufinden versuchen, wohin unsere Energie in einer engen Beziehung fließt, lassen wir uns häufig in die Irre leiten. Eines der besten Beispiele dafür ist der Sex. Wenn Sie mit Ihrem Partner verbunden bleiben wollen, ist Sex wahrscheinlich wichtig. Wie bereits gesagt: Sex ist für Frauen häufig ein Tauschhandel. Sie möchten im Gegenzug

Sicherheit bekommen. Also haben sie Sex mit einem Mann, wie er sich das wünscht. Die Frau aber versucht, auf diese Weise für Beziehungssicherheit zu sorgen.

Nun stellen wir uns vor, der Mann sehe die ganze Sache so: »Ich gebe dir etwas, wenn ich mit dir Sex habe.« Die meisten Frauen würden sich dadurch nicht »genährt« fühlen, weil das ein Tauschhandel ist, fast eine geschäftliche Transaktion. In ihren Augen *gibt sie zuerst*, um dann etwas zu bekommen. Wie sinnvoll solche Erwartungen sind, darüber können wir vielleicht ein andermal diskutieren. Bleiben wir hier erst einmal bei der eben geschilderten Situation: Der Mann hat das Gefühl, *der Frau etwas zu geben.* Ihre Empfindung ist jedoch, dass *sie ihm zuerst gibt.* Wenn Sie beide klarstellen, was jeder von Ihnen von der Beziehung erwartet, vergrößern Sie Ihre Chancen darauf, dass diese Beziehung Bestand hat.

Denn dieses fehlende Gleichgewicht in der Wahrnehmung von Geben und Nehmen zeigt sich auch in anderen Bereichen der Partnerschaft. Nicht selten glaubt ein Partner, er täte etwas für den anderen, während der dieselbe Handlung jedoch als eigennützig wahrnimmt. Noch ein Beispiel: Ich habe mit einem Paar gearbeitet, das morgens immer laufen ging. Für den Mann war dies etwas, was er explizit *für seine Frau* tat. In den Augen der Frau war das Laufen hingegen etwas, das sie *nur ihrem Mann zuliebe* machte. Auch den Besuch von Kunstausstellungen betrachtete der Mann als etwas, was er *ihr zuliebe* tat. Sie hingegen sah es als *Geschenk an ihn.*

Alles in allem fühlten beide Partner sich jeweils vom anderen ausgenützt, weil sie für den anderen ja stets Dinge taten, die ihnen für sich allein nie im Leben in den Sinn gekommen wären. Als die beiden das erkannten, gaben sie das Laufen auf und beschlossen, nur dann in Ausstellungen zu gehen, wenn sie wirklich beide Lust dazu hätten.

Beide Partner änderten ihre Haltung und konnten nun jeder die Dinge für den anderen tun, die ihm wirklich etwas bedeuteten. Danach fühlten sich beide besser verstanden, gehört und gesehen. All das stärkte ihre Partnerschaft, und alle drei Elemente erhielten ausreichend Aufmerksamkeit und Unterstützung. Und das mit weit geringerer Anstrengung.

Manchmal können wir auch Dinge für die Beziehung und den Partner tun, die uns selbst Freude machen, dadurch werden alle drei Elemente gleichermaßen »genährt«. Und ich möchte Ihnen da noch einen Trick verraten: *Wenn Sie in einer Beziehung etwas explizit für den anderen tun, dann nährt das die Beziehung auf dieselbe Weise, wie eine Mutter ihr Kind im Bauch nährt.* Wer sich von einem anderen Menschen mit guter Energie versorgt (»genährt«) fühlt, schätzt diese Beziehung automatisch positiv ein. Dadurch wird die Partnerschaft sicherer, tragfähiger und beständiger. Der beste Weg zu einer guten Beziehung ist also, dem Freund oder Partner Energie zu schenken und Akte der Liebe *speziell für ihn oder sie* zu tun. Und das möglichst auf direktem Weg!

WARUM INDIREKTE AKTE DER LIEBE NICHT ANNÄHERND SO VIEL KRAFT ENTFALTEN

Indirekte Liebesbeweise sind leider bei Männern und Frauen immer noch weit verbreitet. In einem solchen Fall konzentriert der Mann sich vielleicht ganz auf seine Karriere, weil er ja Geld für seine Familie verdienen will. In seinen Augen ist dies der größte Liebesbeweis. Nur dass seine Familie sich deswegen noch lange nicht geliebt fühlt. Schließlich bedeuten sein finanzieller Erfolg und die damit verbundene Möglichkeit, seine Familie versorgen zu können, auch ihm eine ganze Menge. Und seine berufliche Stellung trägt ihm auch noch Prestige und finanzielle Sicherheit ein.

Sein berufliches Engagement kann in den Augen seiner Familie also weit *eigennütziger* wirken als auf sie gerichtet. Es ist ein indirekter Weg, auf dem der Mann seiner Familie Liebe schenkt. Und ein Weg, der für seine Familie offensichtlich nicht funktioniert. Für seine Frau und seine Kinder sehen Liebesbeweise ganz anders aus. Würde er sie fragen, was für sie wichtig ist, fände er wohl einen besseren Weg, seine Liebe zu zeigen. Zum Beispiel einen Tag in der Woche, an dem er sich nur seinen Lieben widmet – ohne auch nur einmal ans Telefon zu gehen.

Worum geht es hier also? Um die Erkenntnis, dass unsere Art zu geben vom anderen nicht immer als das empfunden wird. Folglich müssen wir Mittel und Wege finden, Dinge für den anderen zu tun, die seinen Wünschen und Vorlieben entsprechen. Dazu müssen wir mitunter unser Leben umkrempeln. Außerdem können sich die Dinge, die der andere sich von uns wünscht, von Tag zu Tag ändern. Um solche Veränderungen mitzubekommen, müssen wir uns auf den anderen einstellen.

Dazu noch ein Beispiel: Vielleicht ist es mir ja wichtig, um mich geliebt zu fühlen, dass mein Partner mit mir öfter mal ins Kino geht. Wenn ich allerdings krank bin, fühle ich mich eher geliebt, wenn er mir eine Tasse heiße Suppe ans Bett bringt und auf dem Sofa mit mir einen alten Schwarz-Weiß-Film guckt. Bestünde er hingegen darauf, dass wir ins Kino gehen, käme ich mir sehr *ungeliebt* vor, weil sich mein Partner nicht darauf einstellen kann, dass ich gerade krank bin.

Das führt uns zu einem weiteren wichtigen Punkt: Degradieren Sie Ihre Beziehung nicht zu einem Tauschhandel, bei dem eine Hand die andere wäscht. Darum geht es nicht. Eine Beziehung wird gut und tragfähig, wenn wir uns gegenseitig nähren. Sie können und werden den ganzen Tag über etwas füreinander tun. Wenn Sie morgens schon mit dem Gefühl aufwachen: »Was kann ich heute tun, damit mein Freund/Partner sich geliebt und energetisch genährt fühlt?«, und Ihr Gegenüber das Gleiche tut, dann nähren Sie beide sich gegenseitig. An einem Tag gibt vielleicht der eine mehr, als er bekommt, am nächsten der andere. Doch keiner wird dabei zu kurz kommen, und Sie werden beide in Ihrer Beziehung ein gutes Gefühl haben.

Sobald Sie also Klarheit über Ihrer beider Bedürfnisse und Wünsche gewonnen haben, werden Sie Ihre Beziehung stets bewusst nähren, wenn Sie etwas zusammen unternehmen. Sie erkennen klar und deutlich, wohin Ihre Energie jeweils fließt. So erschaffen Sie sich gemeinsam die harmonischste und wechselseitig nährendste Beziehung, die Sie erreichen können.

Mit Ihren Listen und dem gegenseitigen Verständnis, das Sie aufgebaut haben, können Sie Ihre Energie nun auf positive Weise nutzen, um sich gegenseitig zu unterstützen, miteinander zu lachen, zu spielen und Dinge zu unternehmen, die Ihnen beiden guttun. Dadurch entsteht zwischen Ihnen ein starkes Band, genauso, als durchlebten Sie gemeinsam eine schwere Zeit.

Im Wesentlichen geht es darum, dass Sie sich auf Dinge konzentrieren, die Ihnen Freude machen, womit es Ihnen gut geht. Wie wir alle wissen, gehören unangenehme Erfahrungen und Erlebnisse einfach zu unserem Leben wie auch zu unseren Beziehungen. Gründet Ihre Partnerschaft aber auf Dingen, die sich für beide Seiten gut anfühlen, stellen Sie sicher, dass die Atmosphäre Ihrer Beziehung nicht von unterschwelligem Ärger und Konflikten geprägt ist.

Versuchen Sie, Ihren Partner jeden Tag zu ermutigen. Werden wir ermutigt, fühlen wir uns nicht mehr allein. Wir haben nicht mehr das Gefühl, allein gegen die ganze Welt ankämpfen zu müssen. Ermutigung ist das Gegenteil von Kritik beziehungsweise Entmutigung. Sie ist ein machtvolles Instrument, weil sie anderen Menschen genug emotionale Sicherheit gibt, um ihre Träume und Wünsche mit uns zu teilen. Und wie Sie ja wissen, sind unsere Träume und Sehnsüchte der verwundbare Teil unseres Wesenskerns. Es ist ein Geschenk, wenn uns der andere diese verwundbaren Aspekte seiner selbst zeigt. Und es ist ebenso ein Geschenk, dem anderen zu helfen, gerade jene Aspekte zu nähren, zu stärken und auszuleben.

KOMMUNIKATION AUF ALLEN KANÄLEN

Wenn wir eine Beziehung eingehen, sei es nun eine Freundschaft, eine neue verwandtschaftliche Beziehung oder eine Partnerschaft, dann legen wir uns fest: Wir wollen hier Verbundenheit. Und ein großer Teil der Verbundenheit ist schlicht Kommunikation. Kommunikation, die auf vielen Kanälen stattfindet, nicht nur verbal. Tatsächlich teilen wir dem anderen vieles über unsere Körpersprache mit. Daher sollten wir genau darauf achten, was wir unserem Gegenüber vermitteln und das Mittel der Kommunikation sehr bewusst einsetzen.

Um wirkungsvoll zu kommunizieren, dürfen wir unsere Emotionen nicht unterdrücken. Wir dürfen sie nicht verdrängen, missbilligen, missachten oder sie durch Ablenkung zum Schweigen bringen. Wir müssen bereit sein, unsere eigene emotionale und persönliche Wahrheit anzuerkennen und sie dem anderen auf offene, ehrliche Weise zu signalisieren.

Auch hier gibt es einen sehr schönen »Trick«, der uns hilft, aufrichtig miteinander zu kommunizieren: Wir stellen uns einfach vor, unsere Gedanken würden in den Herzraum hinunterwandern. Sie verlegen Ihr Denken also in die Brust und sprechen dann von dort aus. Diese Technik heißt »aus dem Herzen sprechen«. Sie erhöht unsere Bereitschaft, unsere Verwundbarkeit zu zeigen. Das macht uns authentischer, und wir sind weniger geneigt, bei der Kommunikation in die Defensive zu gehen.

Außerdem sollten Sie üben, Ihre Gefühle in Worte zu fassen. Nichts ist schlimmer für eine Beziehung als Schweigen. Es ist wie eine Anleitung für Feindseligkeit, Verbitterung und den Abbruch der Verbindung. Wenn Sie Ihrem Partner nicht sagen, wie Sie sich fühlen, reißen Sie einen Abgrund zwischen sich und ihm auf. Schließlich spürt der andere ja, dass Sie etwas beschäftigt. Wenn Sie nichts sagen oder leugnen, dass Sie emotional etwas bewegt, dann macht das Ihren Partner verrückt. Schließlich weiß er sehr gut, dass gerade irgendwas in Ihnen vorgeht.

Bringen Sie Ihre Wünsche, Bedürfnisse und Erwartungen in Ihrer Beziehung stets klar zum Ausdruck. Es ist nicht fair, Ihren Partner herumrätseln zu lassen oder zu erwarten, dass er Ihre Gedanken lesen kann. Genauso wichtig ist es, sich Zeit für die Wünsche, Bedürfnisse und Erwartungen des anderen zu nehmen. Bitten Sie um das, was Sie sich wünschen, und ermutigen Sie Ihren Partner, das genauso zu handhaben. Und geben Sie anschließend Ihr Bestes, um diese Bedürfnisse und Wünsche auch konsequent umzusetzen. Lenken Sie Ihre Energie auf deren Erfüllung.

KONSEQUENT SEIN

Nachdem Sie nun eine Beziehung eingegangen sind und die Bedürfnisse Ihres Partners verstehen, folgt der nächste Schritt. Er hat mit Konsequenz zu tun. Wenn Sie Versprechen geben, dann halten Sie diese auch. Wenn Sie sagen, dass Sie dies oder jenes tun werden, dann tun Sie's. Halten Sie Ihr Wort. Vergessen oder missachten Sie Ihre Versprechen nicht, denn das wird das Vertrauen in die Beziehung systematisch unterminieren. Vertrauen ist in jeder Beziehung ein wesentlicher Bestandteil der emotionalen Sicherheit.

Natürlich macht jeder in der Beziehung auch Fehler. Aber wer es damit ernst meint, gesteht diese Fehler ein und nimmt sich vor, sein Verhalten zu ändern. Wenn Sie sich stattdessen allerdings nur immer wieder wortreich entschuldigen, wird den Partner allmählich der Verdacht beschleichen, seine Gefühle seien Ihnen nicht allzu wichtig. Zumindest nicht so wichtig, wie ihn für den Moment ruhiggestellt zu haben. Gehen wir unsere Beziehung aber mit Konsequenz an, dann übernehmen wir Verantwortung für das emotionale Band zwischen uns, vor allem, wenn unser Verhalten die Beziehung bedroht. In einer starken Beziehung geht es darum, dass beide Menschen die Verantwortung übernehmen, diese Beziehung vor Schäden zu bewahren.

Wenn wir es in Beziehungen an Konsequenz fehlen lassen, dann sind wir uns meist nicht im Klaren über unsere Prioritäten. Wenn Sie sich in einer Beziehung emotional am richtigen Platz fühlen wollen, dann müssen Sie diese Beziehung so sehr schätzen, dass Sie ihr die oberste Priorität einräumen. Es gibt keine richtige oder falsche Priorität. Doch wenn uns Arbeit und Hobby wichtiger sind als die Beziehung, dann wird Letztere vermutlich darunter leiden.

Stellen Sie Arbeit und Hobbys über Ihren Partner, signalisieren Sie ihm damit, dass er nicht geliebt wird und für Sie keine Bedeutung hat. Das wiederum führt dazu, dass Ihr Partner die Beziehung zu Ihnen als emotional unsicher empfindet. Kommt es irgendwo zu einem Interessenkonflikt, dann müssen Sie eine Entscheidung treffen. In den besten Beziehungen genießen die Integrität der Beziehung und die Gefühlslage Ihres Partners absolut *oberste Priorität.*

Mir ist durchaus klar, dass das einiges Engagement erfordert. Und das macht nicht wenigen Angst, aber wenn wir eine sichere Bindung anstreben, dann müssen wir das auch akzeptieren. Viele Menschen, die sich nichts sehnlicher wünschen als eine innige Beziehung, bekommen Panik, wenn sie sich dafür einsetzen sollen. Die Angst vor Engagement ist kein Spaß, sie führt vielmehr zu einem ständigen Vermeidungsverhalten. Ob Sie sich nun nicht für Ihre Beziehung engagieren wollen, für Ihren Beruf oder für eine bestimmte Entscheidung – Sie fahren in jedem Fall sozusagen ständig mit angezogener Handbremse.

Engagement heißt Hingabe. Wir können es auch einfach so sehen: Sich für etwas zu engagieren, bedeutet, dass Sie Ihre Energie dafür einsetzen. Je mehr Sie sich für etwas engagieren, desto mehr von Ihrer Energie lassen Sie dort hineinfließen. Und desto mehr von Ihnen steckt in dieser Sache.

DIE ANGST VOR EMOTIONALEM ENGAGEMENT VERSTEHEN

Wenn die Vorstellung, sich emotional zu engagieren, Sie verschreckt, dann sollten Sie einsehen, dass solche Ängste zwar durchaus real, letztlich aber völlig unbegründet sind. Einfach deshalb, weil Sie sich keine Sekunde Ihres Lebens nicht engagieren können. Sie investieren Ihre Energie schließlich ständig in irgendetwas. Die Frage ist nur: *In was*?

Ein Mensch, der sich aus Angst nicht auf eine Beziehung einlässt, hat sich schon längst anderweitig engagiert: für die Freiheit. Ein Mensch, der sich nicht für seine Arbeit engagiert, hat sich entschieden: für die Ablenkung. Jemand, der einer Entscheidung aus dem Weg geht, engagiert sich auf seine Weise: für das Nicht-verantwortlich-Sein. Genauer gesagt: für die Vorteile, die es einem bringt, wenn man keine Verantwortung übernimmt.

Wann immer Sie sich nicht motivieren können, Engagement zu zeigen und konsequent zu sein, gibt es daher etwas, was es Ihnen wert ist, sich zu engagieren, und das ist mit einiger Wahrscheinlichkeit das Gegenteil dessen, womit Sie sich bewusst befassen. Nehmen Sie sich also ruhig Zeit, diese unbewussten Verpflichtungen aufzuspüren. Dann wissen Sie wenigstens, was Sie für wert erachten, Ihre Energie zu investieren. Und Sie können sich entscheiden, ob es im Licht Ihres Bewusstseins wirklich das ist, was Sie mit

Ihrem Leben anfangen wollen. Anders ausgedrückt, fragen Sie sich: »Was ist es mir wert, mich dafür zu engagieren?« Das ist natürlich eine ganz andere Frage als: »Wo *sollte* ich Engagement zeigen?«

So weit, so gut. Doch um tatsächlich etwas zu ändern, brauchen Sie einen triftigen Grund. Daher gehen Sie zur nächsten Frage über: »Was macht es mit mir selbst oder mit anderen, wenn ich mich nicht engagiere?« Vermutlich werden Sie hier auf eine ganze Reihe verpasster Gelegenheiten stoßen. Oder Ihnen wird deutlich, dass sich Ihre Mitmenschen durch Ihr Verhalten zurückgewiesen fühlen. Vielleicht erkennen Sie auch, welche Erfolge Sie *nicht* erzielt haben, weil Sie nicht Ihr Bestes geben wollten, während jemand anderer genau das getan hat. Falls nötig, erstellen Sie eine Liste, um sich bewusst zu machen, was Ihr fehlendes Engagement in Ihrem Leben bewirkt hat, bewirkt oder noch bewirken könnte.

Ein weiterer sinnvoller Ansatz besteht darin, diesem Aspekt Ihrer Persönlichkeit Ihre Liebe zu schenken. Damit meine ich natürlich den Inneren Zwilling, der sich nicht engagieren will. Lenken Sie Ihr Augenmerk voll Mitgefühl und Zuneigung auf diesen inneren Aspekt Ihrer selbst, dem frühere Enttäuschungen solche Angst eingejagt haben, dass er sich nur sehr kontrolliert engagiert. Schließlich wünscht sich Ihr Innerer Zwilling nur eines: Sicherheit. Nähern Sie sich diesem Aspekt mit Liebe. Erklären Sie ihm, dass Ihr Bedürfnis, sich wirklich zu engagieren, nur dem Wunsch entspringt, auf Dauer das Beste für ihn und Sie selbst zu sichern. Bieten Sie ihm Verständnis und die Aussicht auf Heilung an. Das allein wird schon einen inneren Wandel bewirken.

Wenn Sie Angst vor Engagement haben, können Sie auch beschließen, dass Sie sich zwar nicht vollständig auf die Bindung einlassen wollen, aber vielleicht in diesem Rahmen eine kleinere Verpflichtung übernehmen können. Vielleicht, sich zumindest jeden Tag bei Ihrem Partner zu melden. Den großen Block »Engagement« in eine Reihe kleiner Schritte, in kleinere Teile herunterzubrechen, ist schon mal ein guter Anfang.

Es ist auch hilfreich, sich die positiven Seiten dessen zu verdeutlichen, wovor Sie zurückscheuen. Liebe ist das Gegenteil von Angst. Wenn Sie also die feste Bindung an Ihren Partner scheuen, fragen Sie sich: Was liebe ich an dieser Person? Wollen Sie sich im Beruf nicht besonders engagieren, lautet die Frage: Was finde ich toll an meiner Tätigkeit? Und wenn Sie vor einer Entscheidung zurückschrecken, fragen Sie sich: Was finde ich an dieser Entscheidung gut? Und was an Entscheidungen im Allgemeinen?

DIE UNSICHTBAREN SPINNFÄDEN KAPPEN

Liebe heißt, jemanden oder etwas als Teil seiner selbst zu betrachten. Liebe inspiriert uns auf natürliche Weise, die Bedürfnisse des anderen zu erfüllen, weil wir glauben, es sei unser Bedürfnis, die Wünsche des anderen zu erfüllen. Viele von uns aber leben mit Menschen zusammen, die in ihrer Jugend keine wirkliche Liebe erfahren haben. Diese Menschen können uns daher auch keine echte Liebe schenken und keine Verbundenheit durch Liebe aufrechterhalten. Stattdessen »umschlingen« sie uns mit ihrer Verbundenheit in derselben Weise, wie es eine Spinne tut, die aus klebrigen Fäden ihr Netz webt, um Fliegen darin zu fangen.

Menschen, die nie geliebt wurden, fühlen sich nicht an sich liebenswert. Sie leben in einem inneren Klima der Scham. Dann wird die Liebe zum Tauschhandel und die Verbundenheit ebenso. Tatsächlich wird die Erfüllung unserer Bedürfnisse zum Tauschhandel. Und das geschieht so:

Jedes Mal, wenn ein Elternteil dem Kind etwas gibt, das seine Bedürfnisse erfüllt, und das Kind das annimmt, bildet sich eine unsichtbare Schlinge zwischen dem Kind und dem Elternteil. Und dann noch eine und noch eine... Das passiert in allen dysfunktionalen Familien, aber mittlerweile ist dieser Liebes-Tauschhandel – und das Netz, in dem sich die Betroffenen verfangen – so verbreitet, dass man fast von einer »Epidemie« sprechen könnte. Solche Beziehungen beruhen einzig auf Manipulation.

Wenn Sie in solch einem Tauschhandels-Umfeld groß geworden sind, glauben Sie, dass Beziehungen nur auf diese Weise geführt werden können. Unbewusst betrachten Sie alles als Geschäft. Nun gibt es bei jedem Geschäft einen Haken, das Problem ist nur: Hier ist er unsichtbar.

Wer den Vergleich mit dem Spinnennetz für übertrieben hält, sollte sich klarmachen: Auf der energetischen Ebene passiert genau das. Die Spinne fängt die Fliege entweder, weil diese einfach in ihrem Netz hängen bleibt, wie das Kind, das unschuldig in diese Situation hineingeboren wurde. Oder sie findet einen Weg, die Fliege in das Netz zu locken, was dem entspricht, wenn ein Mensch einen anderen mit irgendetwas »ködern« will.

In beiden Situationen lauern Gefahren, und die Fliege bleibt auf jeden Fall im Netz kleben. Genauso geht ein Mensch in die Falle. Zappelt die Fliege erst im Netz, kann sich die Spinne von ihr ernähren. Auf den Menschen übertragen heißt das: Der Betreffende bekommt durch die erzwungene Transaktion alles, was er braucht. Er nimmt sich, was ihm seiner Meinung nach zusteht, auch wenn der andere *dem nicht zugestimmt hat.*

Eine Mutter mag beschließen, dass ihr Kind ein herausragender Sportler werden muss, damit sie selbst auf diesem Weg Sozialprestige und Bedeutung gewinnt. Der Tauschhandel dazu gestaltet sich dann so: Die Mutter opfert ihre Zeit, um das Kind immer zum Sport zu bringen, und sie investiert Geld, damit das Kind ein besseres Training bekommt.

Aber das Kind hat ja zu diesem Geschäft nie seine Zustimmung gegeben. Wenn das Kind seinen freien Willen äußert und sich gegen das harte Training auflehnt, wird die Mutter es daran erinnern, dass sie mit ihm eine Art Schuldverhältnis eingegangen ist: »Ich habe so viel Zeit und Geld für dich geopfert, damit du Profi-Sportler werden kannst.« Das so in ihm erzeugte Schuldgefühl bringt das Kind dazu, weiterzumachen. Damit erfüllt es den Traum seiner Mutter. Die Mutter erlangt ihren sozialen Status und ihre Bedeutung über das Kind. Energetisch frisst sie es damit auf. Das Kind verfing sich in ihrem Netz, weil es diese Mutter hatte und sie es zur Erfüllung ihrer Bedürfnisse brauchte.

DAS GEGENTEIL: BEDINGUNGSLOSE LIEBE

Wie sähe nun eine Familie aus, die ihr Kind nicht mit unsichtbaren Schlingen fesselt? Die positive Zuwendung der Eltern für ihr Kind würde auf Liebe beruhen. Die Eltern würden akzeptieren, dass das Kind ja nicht darum gebeten hat, auf die Welt zu kommen. Sie tun dem Kind also keinen Gefallen, indem sie es großziehen. Das Kind schuldet ihnen nichts. Das Kind ist ein Geschenk, das sie erhalten haben, aber ein Geschenk mit eigenen Wünschen und Bedürfnissen, einer eigenen Essenz und eigenen Zielen.

Das Universum hat dem Vater/der Mutter dieses unglaubliche Geschenk anvertraut im Wissen, dass die Partnerschaft zwischen Eltern und Kind für beide Seiten Wachstum und spirituellen Fortschritt bedeuten würde. Das Kind ist in dieser Konstellation Partner seiner Eltern. Diese Liebe inspiriert die Eltern dazu, dem Kind ihre Liebe auch zu zeigen: durch Zuneigung, Geschenke, gemeinsam verbrachte Zeit, Wertschätzung und Dienst am anderen.

Diese Liebesbeweise sind nicht Gegenstand von Tauschaktionen, sie werden nicht im Tausch gegen etwas anderes angeboten. Die Eltern umgeben ihr Kind ausschließlich deshalb mit ihrer Liebe, weil es sich gut anfühlt, einem Menschen, den sie lieben, dies auch zu zeigen. Dazu brauchen sie keine Anreize, denn einen geliebten Menschen seine Zuneigung deutlich spüren zu lassen, fühlt sich an, als täte man sich selbst etwas Gutes. Schließlich haben sie dieses Geschöpf ja als Teil ihrer selbst akzeptiert.

Alle Geschöpfe, auch Kinder, erwidern die Liebe, die man ihnen schenkt. Ein Kind wird das immer tun. Das Kind muss nichts für seine Eltern leisten, um ihre Liebe zu spüren und selbst Liebe auszustrahlen. Dies ist die Art der Liebe, die Sie sich von Ihren Eltern ersehnen. Dies ist die Art liebender Beziehung, nach der Sie immer noch suchen. Eine Beziehung, bei der Sie sich nicht in einem Netz aus klebrigen Spinnfäden verfangen.

Jetzt verstehen Sie vermutlich auch, warum es so unsagbar schön wäre, wenn dies der Normalfall wäre. Wenn Sie das Glück anderer als *Ihr eigenes* erfahren, leben Sie bedingungslose Liebe. Es ist eines der umfassendsten Gefühle auf der Welt. Es ist reine Ekstase. Und alle Wesen auf der Erde verdienen es, beide Seiten der Ekstase kennenzulernen.

ERWARTUNGEN UND ANNAHMEN KLÄREN

Eine von Nähe und Liebe getragene Beziehung ohne verborgene »Spinnfäden« *beginnt mit Ihnen.* Machen Sie sich zunächst klar, welche versteckten, unbewussten Erwartungen Sie mitbringen. Dazu möchte ich Ihnen hier folgende Methode an die Hand geben: Stellen Sie sich vor, ein Mann und eine Frau haben ein Date und gehen ins Kino. Jeder bezahlt seine Kinokarte, dann gehen die beiden am Kiosk vorbei in den Vorführsaal zu ihren Plätzen. Schon jetzt fühlt die Frau sich *zurückgewiesen* und reagiert verwirrt. Das liegt daran, dass der Mann ihren Erwartungen nicht gerecht wurde. Sie glaubte, der Mann hätte sie ins Kino *eingeladen*, wozu ihrer Ansicht nach auch ein Riesenbecher Popcorn gehört. Sie hat also etwas *erwartet*, es dem Mann aber nicht kommuniziert. Sie hat einfach stillschweigend *angenommen*, dass der Mann diese Erwartung teilt. Dass er sich so verhält, wenn er mit einer Frau, mit der er ein Date hat, ins Kino geht. Doch woher hätte er das wissen sollen? Sie hatten sich ja *gerade erst kennengelernt*. Der Mann andererseits hat auch bestimmte Erwartungen, von denen die Frau nun ihrerseits nichts weiß.

Wir alle hegen so unsere Erwartungen. Etwas erwarten, heißt zu glauben, dass genau das eintreten wird, was man sich vorstellt. Erwartungen laufen häufig darauf hinaus, dass etwas auf eine bestimmte Weise passieren oder sein sollte. Eine Annahme hingegen unterstellt, dass etwas wahr oder selbstverständlich ist, selbst wenn es dafür keinen Beleg gibt. Wenn Sie über diese Definitionen ein wenig nachdenken, wird Ihnen vermutlich schnell klar, dass diese beiden Dinge in unseren Beziehungen eine wichtige Rolle spielen.

Jeder hat in Beziehungen gewisse Erwartungen. Diese können bewusst oder unbewusst sein, meist ist Letzteres der Fall. Außerdem gibt es gesunde oder weniger gesunde Erwartungen. Im Allgemeinen sind unsere Erwartungen geprägt von unseren früheren Erfahrungen beziehungsweise der Kultur, in der wir groß geworden sind.

Wenn in einer Beziehung Erwartungen enttäuscht werden, ruft dies automatisch negative Gefühle hervor. Daher sollten Sie sich Ihre Erwartungen ebenso bewusst machen wie Ihre Grundannahmen. Wenn Sie einen Menschen kennenlernen, ist das eine vollkommen neue Erfahrung. Diese Person bringt, je nach ihrem persönlichen Hintergrund, Erwartungen und Annahmen mit, die sich von den Ihren und denen aller anderen Menschen, denen Sie je begegnet sind, unterscheiden. Sie sollten sich also beide bewusst darum bemühen, dem Partner Ihre Erwartungen offenzulegen, wenn Sie wollen, dass Ihre Beziehung glückt.

ZUGEHÖRIGKEIT IST EIN MENSCHLICHES GRUNDBEDÜRFNIS

Einige von uns haben Glück. Sie werden in eine Familie oder Gesellschaft geboren, zu der sie sich zugehörig fühlen. Andere aber haben aufgrund massiver Scham ein so schwaches Selbstbild, dass sie nach ihrem Empfinden nur dort hingehören, wo sie sich nicht zugehörig fühlen möchten. Wieder andere leiden unter einem Mangel an Zugehörigkeit in ihrem Leben und fühlen sich grundlegend isoliert. Sie haben das Gefühl, nirgendwo dazuzugehören und mit nichts und niemandem in Kontakt zu stehen.

Zugehörigkeit ist eine der höchsten Schwingungsfrequenzen im Universum. Tatsächlich sind Gefühle wie Einssein, Liebe und Zugehörigkeit nur unterschiedliche »Schattierungen« desselben Farbtons. Aber das ist noch nicht alles. Denn Zugehörigkeit ist auch ein menschliches Grundbedürfnis. Leider vertreten viele Menschen, die sich mit Spiritualität beschäftigen, die Auffassung, dass wir unsere menschlichen Bedürfnisse überwinden müssten. Dann wirkt die spirituelle Praxis unserer biologischen Natur entgegen, statt mit ihr im Einklang zu stehen.

Aber wir können unsere Bedürfnisse nicht einfach *ablegen.* Wir können sie höchstens auf andere Weise erfüllen. Wir müssen ein Gefühl der Zugehörigkeit entwickeln, damit wir spüren können, wie eng wir mit allem in unserem Leben verbunden sind, statt uns vollkommen allein zu fühlen. Der Mensch ist ein soziales Wesen. Wenn er wirklich isoliert wird, stirbt er. So wie eine Pflanze eingeht, die kein Wasser bekommt. Das Traurige: Ein Mensch, der sich nirgendwo zugehörig und nichts und niemandem verbunden fühlt, glaubt sozial zu verhungern, selbst wenn er von anderen Menschen umgeben ist.

Zugehörig sein heißt, ein Teil von etwas zu werden. Wahre Zugehörigkeit heißt, Sie sind so sehr Teil dessen, dass Sie sich *nicht einmal dann abkoppeln könnten*, wenn Sie es wollten. Wenn Sie zu einem Club gehören wollen, füllen Sie einfach den Mitgliedsantrag aus. Aber das ist noch keine wahre Zugehörigkeit, denn Sie könnten ja jederzeit wieder austreten. Und dann gehören Sie nicht mehr dazu.

Wahre Zugehörigkeit ist nicht darauf angewiesen, dass Sie da sind oder dazugehören wollen. Sie sind immer Teil der universellen Einheit. Das beste Beispiel dafür ist unser Menschsein. Es ist egal, ob Sie ein Mensch sein wollen, *Sie sind es einfach*. Sie gehören zur menschlichen Spezies, und der einzige Weg, diese Zugehörigkeit zu beenden, ist der Tod.

Und noch ein schönes Bild: Nehmen Sie ein Stück Papier und stellen Sie sich vor, dass ein Teil dieses Blattes nicht mehr Papier sein will. Sie reißen es auseinander. Sie legen die beiden Hälften an die jeweils gegenüberliegenden Kanten Ihres Tischs. Nun sind sie getrennt. Aber konnten Sie das Papier zum *Nicht-Papier* machen? Nein. Es gibt keine Möglichkeit, »das Papier aus dem Papier«, also dem Papier seine Papiernatur zu nehmen. Diese Art der Zugehörigkeit verschafft uns Sicherheit, weil sie nicht aufgelöst werden kann.

Wahre Zugehörigkeit bedeutet, dass Sie von etwas gehalten werden und darin ent-halten, also geborgen sind, weil Sie untrennbar Teil von etwas sind. Das ist das positivste Eigentumsverhältnis in unserem Dasein. Bei diesem Eigentumsverhältnis sind alle Teile untrennbar mit dem Ganzen verbunden. Sie können nicht *einem Teil* Schaden zufügen, ohne dadurch das Ganze beschädigen. Wenn ein Mensch zu Ihnen gehört und mit Ihnen ist, dann nehmen Sie ihn oder sie als Teil Ihrer selbst an. Das heißt, dass Sie ihn nicht verletzen können, ohne sich selbst zu verletzen.

DIE SCHATTEN-ZUGEHÖRIGKEIT

Mittlerweile ist Ihnen eines sicher klar: Etwas zu lieben heißt, es zu einem Teil Ihrer selbst zu machen. An diesem Punkt gehen Liebe und Zugehörigkeit Hand in Hand. Wenn Sie etwas als Teil Ihrer selbst annehmen, gehört es zu Ihnen. Eines unserer Probleme auf diesem Planeten ist die Tatsache, dass wir Beziehungen eingehen, in denen es keine Zugehörigkeit gibt. Unsere Beziehungen gründen auf bestimmten Bedingungen.

Wir nehmen den Partner nicht als Teil unser selbst an, und damit sind seine Interessen nicht automatisch auch die unseren. Das Gegenteil von Zugehörigkeit ist Ausschluss, Isolation und Ausgrenzung.

Manche Menschen hegen eine starke Abneigung gegen jede Form der Zugehörigkeit. Das liegt daran, dass sie noch nie wirkliche Zugehörigkeit erfahren haben. Im Christentum gibt es da eine Redensart: »Die wirksamste Maske des Teufels ist es, sich als Christus selbst auszugeben.« Ironischerweise trifft das auf viele Bereiche zu: Das Gegenteil dessen, was wir uns wünschen, erscheint in der Maske dessen, was wir ersehnen. Mit anderen Worten: Der schlimmste Verbrecher tritt in der Verkleidung des Opfers auf.

Das gilt auch für die *Zugehörigkeit*. Isolation trägt häufig die Maske der Zugehörigkeit. Das nennt sich dann *Schatten-Zugehörigkeit*. Und gerade diese ist dafür verantwortlich, dass Zugehörigkeit mitunter in schlechtem Ansehen steht. Das beste Beispiel für eine solche *Schatten-Zugehörigkeit* ist das Leben in einer Sekte. In derartigen Gruppen hat Zugehörigkeit nichts mit Freiheit zu tun. Es handelt sich vielmehr um ein Eigentumsverhältnis wie bei einem Objekt. In solchen Gruppen wirkt sich das Wohlbefinden der Mitglieder, genauer gesagt ihr mangelndes Wohlbefinden, nicht auf die Gruppe aus. Tatsächlich profitiert die Gruppe häufig sogar vom Leid ihrer Mitglieder.

In diesen Gruppen hat Zugehörigkeit mit Ausschluss zu tun. Es gibt eine klare Trennlinie zwischen denen, die dazugehören, und den anderen, die das nicht tun. Wenn Sie sich der Gruppe nicht anpassen, werden Sie ausgegrenzt. Diese Art der *Schatten-Zugehörigkeit* prägt viele Religionen, die die Menschen in »Anhänger« und »Nicht-Anhänger« einteilen.

Eine recht verbreitete Form der *Schatten-Zugehörigkeit* in Familien zeigt sich, wenn ein Elternteil narzisstische Züge an den Tag legt. Sobald das Kind irgendwie das Missfallen dieses Elternteils erregt, wird es ausgegrenzt. Das Kind muss dann den Sündenbock spielen oder das schwarze Schaf. Sein Geschwisterchen dagegen lernt, dass es seine Interessen, ja seine ganze Identität aufgeben muss, wenn es seinen Eltern gefallen will. Es wird so, wie die Eltern es haben wollen, nur damit es nicht bestraft oder ausgeschlossen wird. Es ist ihr »Liebling« und sozusagen das »Goldkind« der Familie.

Das ausgeschlossene Kind wird sein ganzes Leben lang nach Zugehörigkeit suchen. Das Goldkind hingegen wird Zugehörigkeit immer mit dem Verrat an sich selbst in Verbindung bringen. Keines der beiden Kinder hat wahre Zugehörigkeit erfahren, denn die Zugehörigkeit des Goldkinds zur Familie war an Bedingungen geknüpft und wurde nur gewährt, wenn es den Eltern gefiel. Einem Kind wurde die Zugehörigkeit versagt, dem anderen eine *Schatten-Zugehörigkeit* geboten.

Was ich Ihnen jetzt sage, wird Ihre Auffassung von Zugehörigkeit für immer verändern: Wenn die *Nicht-Zugehörigkeit* in irgendeiner Weise von Trennung in irgendeiner Form abhängt, dann hat eine *Zugehörigkeit* überhaupt nie existiert. Wenn Sie beispielsweise um Ihrer Religion willen ausgestoßen werden, dann hat diese Religion nie Zugehörigkeit gestiftet.

Wenn Sie nach einem Konflikt oder nicht-konformem

Verhalten aus Ihrer Familie ausgegrenzt werden, dann gab es in dieser Familie nie Zugehörigkeit. Bei wahrer Zugehörigkeit müssen Sie nichts leisten, um dazuzugehören oder Ihre Zugehörigkeit zu behalten.

Man könnte sagen, dass Sie der Quelle oder Gott wahrhaft zugehörig sind, weil Sie ein Teil davon sind. Sie sind untrennbar damit verbunden. Sie können *diese Verbundenheit nicht auflösen.* Ganz egal, was Sie tun oder nicht tun, die Verbundenheit mit der Quelle zu beenden, ist schlicht unmöglich. Trotzdem ist es uns ein Grundbedürfnis, die Erfahrung der Zugehörigkeit auch in unseren Beziehungen zu anderen Menschen verkörpert zu sehen.

WIE WIR DAS GEFÜHL DER ZUGEHÖRIGKEIT ERZEUGEN KÖNNEN

Wenn Sie ein Gefühl der Zugehörigkeit kultivieren wollen, sollten Sie nach Gemeinsamkeiten mit dem Ausschau halten, wozu Sie gehören wollen. Wenn wir unter dem Gefühl mangelnder Zugehörigkeit leiden, sind wir darauf geeicht, Unterschiede wahrzunehmen, die zu neuerlicher Ausgrenzung führen können. Mit dem Ergebnis, dass wir unser Augenmerk ständig darauf richten, wie wir uns unterscheiden und auf welche Weise wir nicht dazugehören.

Stattdessen sollten wir uns eine neue Brille aufsetzen, die uns diese Sichtweise ermöglicht: »Inwiefern bin ich diesem oder jenem ähnlich?« Wenn ich also Zugehörigkeit zwischen mir und meinem Partner entwickeln möchte, sollte ich mich fragen, inwiefern ich ihm ähnlich bin. Zu Beginn der Beziehung fühlt man sich meist intensiv zugehörig. Mit der Zeit jedoch verlieren wir dieses Gefühl. Das hat seinen Grund: Wenn wir jemanden kennenlernen, nehmen wir nur die Ähnlichkeiten zwischen uns wahr. Dadurch kommt die Beziehung überhaupt erst zustande.

Wir stellen beispielsweise fest, dass der andere Pferde

liebt. Wir tun das auch. Und schon fühlen wir uns dem anderen verbunden. Doch im Lauf der Beziehung bemerken wir immer mehr Unterschiede. Das Gefühl der Verbundenheit nimmt ab, die Zugehörigkeit verblasst. Nun müssen wir *aktiv an der Zugehörigkeit arbeiten*, indem wir unsere Energie darauf verwenden, weiterhin Ähnlichkeiten zwischen uns zu entdecken und sie großzuschreiben. So schaffen wir uns ein gemeinsames Leben, in dem die Unterschiede zwischen uns die Beziehung nicht bedrohen.

Eine andere Methode, um Zugehörigkeit zu kultivieren, ist die *Akzeptanz*, also das Gegenteil von Verdrängung und Vermeidung. Was bedeutet es, etwas zu akzeptieren? Wir erkennen es als berechtigt und richtig an. Auf diese Weise wird seine Wahrheit zu einem Teil Ihres Daseins, also brauchen Sie sich nicht länger dagegen aufzulehnen und sich davor zu verschließen.

Einen Menschen zu akzeptieren bedeutet, dass Sie all seine Persönlichkeitsanteile als berechtigt ansehen, ganz egal, ob Sie nun derselben Meinung sind, dieselben Gefühle oder Ansichten hegen. Zum Beispiel könnten wir ein Kind haben, das sich uns zugehörig fühlt. Doch es ist homosexuell, und wir haben mit diesem Aspekt seiner Persönlichkeit Probleme. Möglicherweise spüren wir in uns die Neigung, das Kind entweder wegzustoßen oder gegen seine Veranlagung anzukämpfen. Ich empfehle Ihnen stattdessen, nach Mitteln und Wegen zu suchen, wie Sie die Realität, dass Ihr Kind homosexuell ist, akzeptieren und anerkennen können. Allmählich werden sich Ihnen Möglichkeiten dazu eröffnen. Denn angesichts seiner Erfahrungen im Leben, seiner Gefühle und seiner Perspektive ist es absolut legitim, dass Ihr Kind sich als homosexuell erkennt.

Dann werden Sie feststellen, dass es ein Gefühl der Zugehörigkeit schafft, wenn man andere akzeptieren kann. Wir signalisieren ihnen, dass wir ihre Anliegen, Gefühle und Wünsche als berechtigt empfinden. Sie machen also deutlich, dass die inneren Erfahrungen dieses Menschen Ihnen verständlich sind.

Die Wahrheit ist: Kein Mensch ist eine Insel. Wir können alleine nicht überleben. Wir wollen nicht ausgeschlossen werden. Die Wahrheit ist: Wir wollen zueinander gehören. Und die allerhöchste Wahrheit ist: In einem Universum, in dem die höchste Wahrheit das Einssein ist, gibt es nichts, zu dem wir nicht gehören würden. Und nichts, das nicht zu uns gehören würde.

WIE MAN RISSE SOFORT KITTEN KANN

Wenn zwei Menschen versuchen, eine Verbindung herzustellen, bringt jeder seine unterschiedlichen Bedürfnisse, Wünsche, Perspektiven, Gefühle und früheren Erfahrungen mit ein. Die Wahrscheinlichkeit, dass die beiden zu hundert Prozent auf einer Wellenlänge liegen, ist bestenfalls gering. Das heißt, es werden im Gewebe jeder Beziehung immer wieder Risse auftreten. Das ist unvermeidlich. Mit »Riss« meine ich, dass es Momente geben wird, in denen Ihre Verbundenheit nachlässt oder gar aufhört. Dann erleiden Sie den Schmerz des Getrenntseins.

Solche Risse treten in jeder Beziehung auf. Ein winziger Riss wäre zum Beispiel, wenn unser Partner frühmorgens aufsteht und laufen geht, obwohl wir uns gewünscht hätten, dass er uns noch eine Weile im Arm gehalten hätte. Ein Riesenriss ist der Bruch mit dem Partner.

Ob wir eine Beziehung als sicher einschätzen, hängt nicht nur davon ab, ob unser Gegenüber uns sieht, spürt, hört und versteht, sondern auch davon, ob er es auch *auf Dauer* tut. Wenn Sie irgendwo einen Riss bemerken, sollten Sie sich darum *bemühen*, ihn auf der Stelle zu kitten. Um die sichere Bindung wiederherzustellen, müssen beide Seiten dem Kitten die oberste Priorität einräumen und daran arbeiten. Wenn Sie wieder auf eine Wellenlänge kommen wollen, müssen sich beide Partner dafür engagieren.

Auf der Schwingungsebene sieht das so aus: Als spirituelle Energie, die in dieser speziellen Raum-Zeit-Realität in einem menschlichen Körper mit dessen besonderer Perspektive inkarniert ist, müssen wir auf der Schwingungsebene das Gegenstück jener Menschen sein, denen wir in unserem Leben begegnen. Das gilt vor allem für unsere wichtigste Partnerschaft, die gewöhnlich eine Liebesbeziehung zwischen zwei Menschen ist.

Während wir unseren Lebensweg beschreiten, entstehen Wünsche in uns. Diese Wünsche regen uns zur Weiterentwicklung an. Dieser Fortschritt ist positiv, aber er verursacht auch Veränderungen. Wenn wir weiter das Pendant zu den Menschen in unserem Leben sein wollen, müssen wir uns also auch verändern und gemeinsam den Fortschritt meistern. Wenn wir anfangen, auf unterschiedlichen Ebenen zu schwingen und sich auch unsere gegenseitigen Wünsche an den anderen unterscheiden, führt uns das am Ende wohl in verschiedene Richtungen. Finden wir keinen Weg, diese Risse zu kitten und die Verbundenheit wiederherzustellen, bedeutet das im Normalfall das Ende der Partnerschaft.

Wir haben uns bereits damit beschäftigt, wie die schmerzlichste Form dieses Auseinanderdriftens der Wellenlängen aussieht: Wir leben in verschiedenen Welten, obwohl wir uns physisch im selben Raum aufhalten. Gehen Sie doch mal in ein Fitnessstudio, dann sehen Sie genau, wie so etwas konkret aussieht: Jeder hat seine eigene Musik, sein eigenes Work-out, sein eigenes Leben. Die Leute stehen nebeneinander auf Crosstrainern und Laufbändern, sehen sich an, sagen vielleicht sogar etwas über die Geräte.

Vielleicht hat einer von ihnen gerade seine Frau bei einem Autounfall verloren. Ein anderer heiratet vielleicht am nächsten Tag, ohne dass irgendjemand im Studio das mitbekommt. Diese Menschen sind in verschiedenen Wahrnehmungswelten zu Hause, obwohl sie im selben Raum trainieren. Wenn wir ins Fitnessstudio gehen, erwarten wir das. Was aber, wenn es bei uns daheim genauso zugeht? Was ist, wenn wir und unser Partner in verschiedenen Welten leben?

WAS HEISST NUN »GLEICHE WELLENLÄNGE«?

Wenn eine Beziehung funktionieren, wenn Verbundenheit und Nähe aufrechterhalten werden sollen, dann muss Schluss sein mit den verschiedenen Wahrnehmungswelten. Dafür gibt es letztlich nur eine Lösung: Wir müssen lernen, wieder *auf der gleichen Wellenlänge* zu senden. Meine Paarberatungen haben mir gezeigt, dass sich am Ende jeder Konflikt auf diese fast schon simple Feststellung reduzieren lässt: Die beiden Menschen vor mir finden keine gemeinsame Wellenlänge mehr. Die Unterschiede in ihrer Weltsicht, in ihren Wünschen, in Denken und Tun haben auf der Schwingungsebene einen Riss zwischen ihnen entstehen lassen.

Für eine Beziehung ist es unerheblich, ob einer der Partner lieber Schokoladeneis isst, während der andere Vanilleeis vorzieht. Es gibt so viele Unterschiede zwischen den individuellen Ansichten und Vorlieben, die auf die Beziehung keinerlei Einfluss haben. Manche aber können eine solche Verbindung zerstören. Zum Beispiel, wenn der eine Partner eine offene Beziehung möchte, der andere auf keinen Fall. Oder einer will unbedingt Kinder haben, der andere hingegen fühlt sich als Paar absolut vollständig. Wenn diese Differenzen nicht überwunden werden, wird die Beziehung früher oder später daran scheitern. Denn es handelt sich dabei um echte Unvereinbarkeiten.

In unserer heutigen Welt ist Toleranz, wenn es um Unterschiede wie die eben genannten geht, die Norm. Wir sagen ja so gerne Dinge wie: »Wir haben uns darauf geeinigt, dass wir uns hier nicht einig sind.« Als handelte es sich dabei um eine besonders erleuchtete Form der Akzeptanz. Leider ist das nicht der Fall. Hier zeigt sich vielmehr der fehlende Wille, zu einem gemeinsamen Verständnis zu gelangen, die gemeinsame Wellenlänge zu suchen. *Und wissen Sie was*? In Beziehungen funktioniert Einigkeit über die Uneinigkeit eben nicht, wenn dabei Dinge im Mittelpunkt stehen, die das gemeinsame Leben betreffen und damit Ihrer beider Ausrichtung und Ihre Zukunft.

Auf der Schwingungsebene ist die Einigkeit darüber, sich uneinig zu sein, ein »Beziehungsselbstmord«. Daher ist das Ausloten, ob man zueinander passt, so ein wichtiger Schritt beim Aufbau von Partnerschaften und Freundschaften. Wenn Sie in einer Situation akzeptieren, dass Sie nicht auf einer Wellenlänge liegen, und Ihnen dies Kummer bereitet, dann ziehen Sie die Isolation förmlich herbei.

Und was bedeutet dann *gleiche Wellenlänge* wirklich? Es heißt, Übereinstimmung herzustellen, sodass beide wieder Seite an Seite in derselben Richtung unterwegs sind. Es heißt, eine Übereinkunft zu finden, damit Sie wieder in derselben Wahrnehmungswelt leben. Es heißt, dass Sie beide alles in Ihrer Macht Stehende tun, damit Sie zu einer Übereinstimmung finden, zu einem gemeinsamen Verständnis, das Ihnen ermöglicht, mit dem besten Gefühl zu zweit in dieselbe Richtung zu laufen. Dazu aber ist Kommunikation nötig, und zwar effektive und andauernde Kommunikation.

EIN KOMPROMISS IST KEIN OPFER

Eines möchte ich hier vorher noch klarstellen: Wenn die Leute *Kompromiss* sagen, meinen sie damit häufig, dass man etwas *opfert*, was man eigentlich nicht aufgeben wollte. Solche Kompromisse funktionieren nicht. Das ist genauso sinnlos, wie sich einig zu sein, dass man sich nicht einig ist. Sie können etwas, das Ihnen wichtig ist, nicht einfach aufgeben, oder etwas hinnehmen, das Sie nicht akzeptieren wollen. Das erzeugt nur emotionale Spannungen innerhalb der Beziehung und Verbitterung.

Wenn Sie also versuchen, in Ihrer Beziehung wieder auf gleicher Wellenlänge zu senden und zu empfangen, dann lassen Sie am besten die Finger von Kompromissen. Sie brauchen einen Weg, der für Sie beide gangbar ist. Einen Weg, bei dem keiner von Ihnen beiden etwas Wichtiges aufgeben muss. Wir können dies die *dritte Alternative* nennen. Wenn wir uns gegenseitig verstehen wollen, sollten wir jede Meinungsverschiedenheit aus verschiedenen Perspektiven betrachten. Dann werden wir feststellen, dass sich unser Standpunkt verändert. Und dann treffen wir ganz von selbst eine andere Entscheidung.

Legt der Partner uns seinen Standpunkt dar, können wir seine Sichtweise besser verstehen. Dann spüren wir mitunter, dass sich seine Sicht auch für uns richtiger anfühlt. Und schon ist die gleiche Wellenlänge wieder eingestellt. Dann wieder fällt unserem Partner auf, dass er eigentlich ohnehin unserer Meinung war. Und wieder funktioniert das mit der gleichen Wellenlänge. Mitunter finden wir auch gemeinsam eine ganz neue Wellenlänge. Manchmal erkennen wir jedoch auch, dass das, was wir tief in unserem Herzen als richtig ansehen, uns nicht mehr auf die gleiche Wellenlänge zurückbringt. Dann ist es besser, die Beziehung in dieser konkreten Inkarnation zu beenden. Anders ausgedrückt: Wir trennen uns einvernehmlich.

Wenn wir also versuchen, in unserer Beziehung wieder auf die gleiche Wellenlänge zu kommen, müssen wir uns für diese Möglichkeiten öffnen. Haben beide Partner aber den Wunsch, zusammenzubleiben, dann wird das Universum Ihre Verbindung wahrscheinlich dazu brauchen, um Sie beide zu Fortschritten zu bewegen. Dann sollten Sie zusammen nach einer gemeinsamen Basis suchen und die gleiche Wellenlänge wiederfinden.

Es ist wunderbar, dass die Partner sich darüber einigen müssen, ob sie zusammenbleiben wollen, um das Band zwischen ihnen neu zu knüpfen. Wie immer zeigt sich das Universum auch hier genial. Es zwingt uns, unser Bewusstsein zu schärfen und zu erweitern, unsere kleinkarierte Welt hinter uns zu lassen und Alternativen zu entdecken, die möglicherweise sogar besser sind als das, was jeder der Partner ursprünglich erwartete. Daher kann es nützlich sein, sich Unterstützung von außen zu holen. Menschen, die nicht Teil dieser Beziehung sind, sehen häufig Alternativen und Lösungen, für die beide Partner blind waren. Haben Sie also keine Scheu, sich den Beistand von Paartherapeuten und Beratern zu sichern, wenn Sie das Gefühl haben, das könnte Ihnen helfen.

WIE SIE DIE GLEICHE WELLENLÄNGE WIEDERFINDEN

Wenn Sie in einer Beziehung stecken, in der die gemeinsame Wellenlänge verloren gegangen ist, sollten Sie zunächst herausfinden, wo das Problem liegt. Mit den unten erläuterten Schritten können Sie dann versuchen, die Verbindung zueinander wiederherzustellen.

1. *Lassen Sie Ihren Partner wissen, dass Sie glauben, die gemeinsame Wellenlänge verloren zu haben, und auch, welchen Lebensbereich das betrifft. Erklären Sie, dass Sie diese Übereinstimmung wiederherstellen wollen und warum das für Sie wichtig ist. Greifen Sie Ihren Partner dabei nicht an. Teilen Sie nur Ihre Sorgen mit und zwar so, dass Ihr Partner begreift, dass Sie eine positive, lösungsorientierte Haltung einnehmen. Dann sollten Sie beide beschließen, sich Zeit zu nehmen, um wieder zueinanderzufinden. Ihr Partner ist vermutlich durchaus motiviert, da mitzumachen, denn vermutlich liegt auch ihm an einer harmonischen Beziehung.*

2. Wenn Sie einen Konsens erreichen wollen, müssen Sie Ihr Gespräch mit der Intention führen, dass Sie eine Übereinkunft finden wollen. Niemand soll gewinnen und niemand nachgeben müssen. Geben Sie keinesfalls sich selbst auf und bleiben Sie mit jedem Wort bei Ihrer authentischen Wahrheit. Lassen Sie aber auch Ihrem Partner Raum für seine Wahrheit. Anfangs besteht das Ziel nur darin, dass Sie sich gegenseitig wieder verstehen lernen.

3. An diesem Punkt schildern Sie Ihre Sicht der Dinge. Ich empfehle den Partnern meist, das vorher schriftlich zu machen. Im Wesentlichen geht es darum, dass jeder sehr, sehr klar aufschreibt, auf welcher Wellenlänge er sich gerade befindet. Dann können die Partner sich treffen und sich darüber austauschen. Der wichtigste Aspekt dieser Übung ist, dass Sie sich gegenseitig darüber klar werden, was jeder von Ihnen in dieser Situation braucht und sich wünscht. Eben das sollten Sie einander kommunizieren. Sie dürfen so viel fragen, wie Sie wollen, damit Sie sich deutlicher bewusst werden, wie die Lage für Sie beide aussieht.

4. Dann machen Sie ein Brainstorming: Welche Lösungsansätze könnte es für diese Situation geben? Was bringt Sie wieder auf eine gemeinsame Wellenlänge? Sie brauchen eine Lösung, die die Bedürfnisse beider Partner berücksichtigt und erfüllt (die dritte Alternative), und keinen Kompromiss. Das Ergebnis muss eine Win-win-Situation sein. So gesehen ist schnell klar, was mit »gleicher Wellenlänge« gemeint ist. ***Beide Partner müssen das Gefühl haben, von dem wiedergewonnenen Einverständnis zu profitieren.*** *Und wenn Sie tatsächlich Zugeständnisse machen, müssen Sie sich damit wohlfühlen. Andernfalls werden Sie nicht länger als drei Sekunden auf derselben Wellenlänge funken, und die ganze Übung wäre nutzlos gewesen. Unter gewissen Umständen kann es sinnvoll sein, sich für diesen Prozess Unterstützung von außen zu holen, damit wirklich alternative Lösungen gefunden werden.*

VERTRAUEN, VERTRAUEN UND NOCH MAL VERTRAUEN

Wenn ich hier von »Vertrauen« spreche, dann ist das vermutlich wie bei der »Liebe«: Sie haben nur eine vage Vorstellung davon, worum es sich dabei eigentlich handelt. Aber Sie können dieses abstrakte Konzept fühlen, selbst wenn Sie nicht genau sagen können, worum es dabei geht. Die Vorstellung von Vertrauen spielt in unseren Beziehungen eine wichtige Rolle. Damit eine Beziehung uns ein gutes Gefühl vermittelt, müssen wir fähig sein, dem anderen zu vertrauen. Aber was ist damit denn nun gemeint? Den meisten Menschen mag Vertrauen wichtig sein, aber da es sich um eine abstrakte Idee handelt, wissen wir häufig nicht, wie wir Vertrauen schaffen können. Genau das möchte ich jetzt mit Ihnen klären. Ich werde Ihnen das Konzept von »Vertrauen« so einfach und eingängig erklären, dass sich dadurch Ihre Beziehung zu sich selbst und zu anderen Menschen für immer verändern wird.

Was also ist Vertrauen? *Jemandem zu vertrauen bedeutet, dass wir das Gefühl haben, diese Person würde unsere Interessen immer und überall mitberücksichtigen.* Lassen Sie diese Erklärung eine Zeit lang auf sich wirken. Unkomplizierter können Sie Vertrauen nicht erläutern. Bitte beachten Sie: Ich habe nicht gesagt, dass Sie sich darauf verlassen können, dass dieser Mensch Ihre Interessen immer über die seinen stellt. Ich habe auch nicht gesagt, dass der andere Mensch jetzt für Ihr Glück verantwortlich ist, weil Sie ihm vertrauen. Es geht einzig darum, dass Sie sich darauf verlassen können, dass dieser Mensch Ihre Interessen mit einbezieht. Das ist es, was eine Beziehung so wertvoll macht.

Vergessen Sie nicht, dass wir ja auf dem Pfad des Erwachens immer weiter voranschreiten. Während sich unser Horizont ständig erweitert, ändert sich auch unsere Ansicht darüber, was in unserem Interesse ist. Das soll allerdings keine Entschuldigung dafür sein, dass Sie die Interessen eines anderen Menschen quasi an sich reißen.

In einer Beziehung heißt es nicht: »Du weißt sowieso nicht, was für dich gut ist, also mache ich, was mir Spaß macht, denn das ist auch gut für dich.« Genauso verhalten sich jedoch die meisten Eltern. Und genau dadurch haben wir unser Vertrauen verloren. Wir denken meist, fehlendes Vertrauen hätte mit einem tragischen Verrat zu tun. In Wirklichkeit geht es einfach darum, dass unsere Mitmenschen unseren Standpunkt hinsichtlich dessen, was das Beste für uns sei nicht gewürdigt haben, und glaubten, es besser zu wissen.

In einem privaten Umfeld mag dies zunächst mal merkwürdig klingen. Aber stellen wir uns mal vor, wir bewegten uns im Geschäftsleben. Zwei Firmen wollen fusionieren, und eine davon legt ihre Interessenlage offen dar. Doch die andere Seite lässt verlauten: »Ach, Sie wissen ja sowieso nicht, was gut für Sie ist. Meiner Ansicht nach sind *meine* Bedingungen auch für Sie das Beste. Also machen wir das auch so. Sie müssen nur noch unterschreiben.« Das würde wohl kaum jemand akzeptieren. Das zweite Unternehmen würde sehr wahrscheinlich aus den Verhandlungen aussteigen. Und es wäre Essig mit der Fusion. In persönlichen Beziehungen ist das nicht so einfach. Da steht viel mehr auf dem Spiel. Schließlich werden hier Grenzen überschritten, Misstrauen keimt auf, und schließlich kommt es zu Feindseligkeiten.

Sehen wir uns doch das folgende Beispiel eines Paares an: Partner A beschließt, es läge in seinem Interesse, mit jemandem zu schlafen, den er gerade erst kennengelernt hat. Partner B aber braucht eine monogame Beziehung, um sich wohlzufühlen. Das heißt, dass A die Interessen von B nicht berücksichtigt. Also kann Partner B Partner A nicht vertrauen. A spielt ein Nullsummenspiel, bei dem eine Person gewinnt und die andere verliert. An dem Punkt, wo die

Interessen von A und B miteinander kollidieren, entscheidet A sich, Bs Interessen zu ignorieren. A versucht auch gar nicht, den Interessenkonflikt zur Sprache zu bringen und eine gemeinsame Lösung zu finden, die beider Interessen berücksichtigt.

Eine Partnerschaft knüpft ein Band zwischen zwei Menschen. Ein echtes Band ist keine Belastung (wie manche Leute Beziehungen sehen), sondern eine Geschenk. Jemanden zu lieben heißt, ihn als Teil des eigenen Selbst anzunehmen. Liebe ist die Erfahrung des Einsseins in einem konkreten Körper. In dem Augenblick, in dem diese Einheit entsteht, ist Ihr Glück mit dem des anderen untrennbar verbunden. Wenn Sie den anderen verletzen, verletzen Sie sich selbst. Es ist also gar nicht möglich, dass Sie ausschließlich in Ihrem Interesse und zum Schaden des Partners handeln. In dem Moment, in dem Sie sich auf eine Beziehung einlassen und jemand mit Ihnen dieses Band knüpft, legt er gleichsam seine verwundbarsten Seiten in Ihre Hände, damit Sie darauf achtgeben.

Manche Menschen verwechseln dies mit der Aufgabe ihrer Unabhängigkeit. Dem widerspreche ich ganz klar: Das Gegenteil ist der Fall. Es ist die höchste Form von Mut, dieses Risiko einzugehen, selbst dem anderen seine verwundbarste Seite zu zeigen und die des anderen anzunehmen.

Menschen, die mit dem Konzept von Vertrauen in Beziehungen nicht viel anfangen können, haben eine andere Vorstellung von Beziehung: Zwei Menschen, die für ihr Glück selbst verantwortlich sind, treffen sich gelegentlich in der Mitte, um Sex zu haben, einen Film zu gucken oder dergleichen. Mir ist noch keine erfolgreiche Beziehung begegnet, die nach diesem Prinzip funktionieren würde. Denn ein Verhältnis wie dieses beruht ausschließlich auf Misstrauen. Es funktioniert überhaupt nur, weil *beide einverstanden* sind, getrennt zu bleiben und vom anderen nicht zu erwarten, dass er ihre Interessen großschreibt.

Vertrauen bildet die Grundlage jeder glücklichen, von Verbundenheit getragenen Beziehung. Auch hier schließen die Partner einen Pakt: Sie werden, da sie zusammen sind, nicht nur ihre eigenen Interessen verfolgen, sondern die des Partners ganz automatisch in ihre Überlegungen und Handlungen miteinbeziehen.

Wenn eine Partnerschaft dann trotzdem scheitert, liegt es häufig daran, dass das Vertrauen gebrochen wurde. Das Schöne an der Verbundenheit ist aber: Vertrauen kann gebrochen werden, aber es lässt sich auch wiederaufbauen. Wenn Sie das Vertrauen Ihres Partners verloren haben, sollten Sie ihm signalisieren, dass er sich nach wie vor darauf verlassen kann, dass Sie seine Interessen achten. Ist es umgekehrt, und Sie haben Vertrauen in Ihren Partner eingebüßt, dann können Sie es wiederherstellen, indem Sie den Mut aufbringen, Ihre Verwundbarkeit und Ihre Interessen erneut in seine Hände zu legen, wenn er Ihnen deutlich macht, dass Ihre Wünsche und Interessen ihm immer noch wichtig sind.

Wollen Sie in einer Beziehung Vertrauen schaffen oder es wiederherstellen, fragen Sie sich, noch bevor Sie irgendetwas tun oder sagen, ob Ihre Worte oder Taten tatsächlich mit den Interessen Ihres Partners im Einklang stehen. Wenn das Gegenteil der Fall ist, dann sollte dieser Mensch Ihnen in dieser Situation kein Vertrauen schenken.

Eine wirklich stabile und dauerhafte Beziehung, in der sich beide Partner wohlfühlen, erfordert zwei klare Bekenntnisse. Erstens, dass Sie all Ihre Energie darauf verwenden, stets mit dem anderen verbunden zu bleiben. In Worte gefasst hieße das: »Ich verpflichte mich, ganz in dieser Partnerschaft zu sein.« Und zweitens das Bekenntnis, Vertrauen zur Grundlage der Partnerschaft zu erheben. Formulieren könnte man es vielleicht so: »Da ich mich zu dieser Partnerschaft bekenne, verpflichte ich mich dazu, deine Interessen zu meinen zu machen.« Legen wir das zweite

Bekenntnis ohne das erste ab, dann halten wir den anderen in der Falle einer quälenden Bindung gefangen. Legen wir hingegen nur das zweite Bekenntnis ab, dann kann sich der andere nie sicher sein, ob wir nicht im entscheidenden Moment aussteigen, wenn die Beziehung irgendwelchem Druck ausgesetzt ist. Und in einer Welt, in der Druck der Normalfall ist, gibt solch eine Beziehung keine Sicherheit.

Bekennen Sie sich also zuerst zu der Beziehung. Und dann dazu, sich aufeinander einzulassen und Nähe herzustellen, damit Sie auch wissen, welche Interessen Ihr Partner tatsächlich hat. Dann können Sie seine Interessen mit den Ihren vereinen. In jeder Beziehung ist es von Nutzen, die Interessen des anderen zu den Ihren zu machen und umgekehrt.

ALLE MENSCHEN BRAUCHEN KONTAKT

Menschen werden beherrscht und sind regelrecht besessen von der Vorstellung, die Gesetze ihrer Biologie aufheben zu können. Sehen Sie sich doch nur mal um: Unsere ganze moderne Gesellschaft bietet glänzende Beispiele dafür. Die Religion versucht, all unsere auf dem Instinkt gründenden Verhaltensweisen wie Sexualität, Lust und Begierde zu unterdrücken. Die Medizin hat es vollbracht, dass wir noch mit Ende dreißig, Anfang vierzig Kinder bekommen können, wenn unsere natürliche Fruchtbarkeit schon deutlich nachlässt.

Wir in unserer Gesellschaft sind besessen davon, unsterblich zu werden. Wir wollen alles hinter uns lassen, was uns zu Menschen macht. Wenn es aber um Verbundenheit geht, bringt uns der Versuch, unserer Biologie zu entkommen, nur ernsthafte Schwierigkeiten ein. Das liegt daran, dass Getrenntsein, Scham, Angst und sogar Liebe auf einer so ursprünglichen instinktiven Ebene stattfinden, dass wir sie nicht einfach umgehen können. Gleichzeitig aber hat sich unsere Gesellschaft die Unabhängigkeit auf die Fahnen geschrieben. Der Grund dafür sind die Traumata, die wir im Verlauf der Geschichte erlitten haben.

Wir mögen uns einbilden, dass wir auf der körperlichen Ebene ohne andere Menschen existieren können, aber das ist nicht wahr. Wenn ein Mensch kein Gespür für seine Sicherheit oder seine Fähigkeiten hat, kann er keine gesunde Unabhängigkeit entwickeln. Und der Mensch lernt beides nun mal *im Rahmen einer sicheren Bindung.* Der Cocktail aus chemischen Botenstoffen, die unser Körper freisetzt, wenn wir Körperkontakt und Nähe erleben, entfaltet genau die gegenteilige Wirkung wie das Gemisch, das er bei Angst und Scham ausschüttet. Wir müssen also einfach akzeptieren, dass Verbundenheit das ideale Gegengift für unser Grundübel ist. Je eher wir diese Wahrheit annehmen können, umso besser für uns. Wir sind eine soziale Spezies. Genauer gesagt sind wir soziale Wesen, die »Kontakttrost« brauchen. Ja, genau: Wir brauchen die Berührung durch andere Menschen.

Ich habe die Studien von Harry Harlow nie vergessen, er war Verhaltensforscher, arbeitete in den 1950er-Jahren und untersuchte das Bedürfnis nach Liebe und die Rolle, die sie für Affen und Menschen spielt. Dazu trennte er eine Gruppe von Rhesusaffen gleich nach der Geburt von ihren Müttern.

Jedes der Äffchen saß wirklich »mutterseelenallein«, ohne jeden Kontakt zu anderen Tieren in seinem Käfig. Auch mit dem zuständigen Personal bestand keinerlei Kontakt. Allerdings konnten die Tiere ihre Leidensgenossen und die Mitarbeiter durchaus sehen. Diese Isolation im Käfig rief sofort deutlich sichtbare Stresssignale hervor: Die Tiere umarmten sich selbst, schaukelten wie wild hin und her, starrten blicklos in die Gegend. Bald fingen sie an, sich selbst Bisswunden beizubringen oder in die Käfigstäbe zu beißen. Sie spielten nicht, auch wenn sie Spielsachen bekamen, und sie betrieben keine Fellpflege. Sie zeigten deutliche Anzeichen von Angst und Depression.

Dann gab man den Affenjungen Zugang zu zwei verschiedenen Mutter-Attrappen. Die eine war aus Draht und mit weichem Fell überzogen. Sie glich einer Affenmutter, gab aber keine Milch. Die andere Attrappe bestand ebenfalls aus Draht und hatte einen abstoßenden Krokodilskopf, gab jedoch Milch.

Wer nun denkt, die Äffchen hätten die milchgebende Mutter-Attrappe bevorzugt, täuscht sich. Sie wählten die andere »Affenmutter« und kuschelten sich ununterbrochen in deren Fell, was zeigt, dass ihre Sehnsucht nach Körperkontakt offensichtlich größer war als ihr Hunger. Affen brauchen den Kontakt zu ihren Artgenossen dringender als Nahrung. Bei uns Menschen ist das ganz genauso. Wenn unser Bedürfnis nach Nahrung stärker wäre als der Wunsch nach Verbundenheit mit anderen Menschen, gäbe es niemand, der nach einer Trennung von seinem Partner nicht mehr essen oder schlafen könnte.

Die schlichte Wahrheit: Wir Menschen brauchen Verbundenheit. Wir werden nie *ohne sie* leben können. Wir brauchen den »Kontakttrost«, um unser Bedürfnis nach Berührung zu befriedigen. Selbst Menschen, die in Beziehungen zu anderen nur Leid und Gewalt erfahren haben, kommen nicht ohne den Kontakt zu anderen aus. Genau deshalb durchleben die einsamsten und am tiefsten verletzten Menschen auch solche Qualen. Wenn wir nicht so sehr auf Kontakt angewiesen wären, könnten wir, wenn wir tief verletzt würden, uns einfach ausklinken, unserer Wege gehen und nie wieder mit einem anderen Menschen ein Wort wechseln. Aber das können wir nicht. Haben wir eine wirklich tief gehende Verletzung erfahren, dann findet in unserem Inneren ein ständiger Kampf statt: Da ist die eine Seite, die sich gerne anderen Menschen zuwenden will, und die andere, die am liebsten mit keiner Menschenseele mehr etwas zu tun haben möchte.

TECHNIK ERSETZT KEINEN KÖRPERKONTAKT

Heutzutage sind wir ja förmlich besessen von der Technik. Man begegnet kaum noch Menschen, die sich hauptsächlich für andere Menschen interessieren. Die meisten Leute haben ihre engste Beziehung mit irgendeinem technischen Gerät. Sie haben die Nase ständig am Smartphone oder am Computerbildschirm. Die sozialen Medien haben uns eine Vielzahl an Möglichkeiten eröffnet, uns über Ländergrenzen hinweg mit anderen zu verbinden, doch wo auch immer wir leben mögen, die sozialen Medien können *nur bis zu einem gewissen Grad* Verbundenheit schaffen.

Die Realität sieht nämlich anders aus: Zur Erfüllung unserer Bedürfnisse braucht es mehr als nur Maschinen. Und diese Bedürfnisse haben wir von dem Moment an, in dem wir unseren ersten selbstständigen Atemzug tun, bis hin zu unserem allerletzten. Es gibt einfach keine Zeit im Leben eines Menschen, in der er je ohne »Kontakttrost« auskäme. Der Körperkontakt lässt sich durch nichts ersetzen, seine Bedeutung ist nicht zu unterschätzen. Und der Bildschirm kann uns diesen Kontakt nicht geben, auch wenn er uns über große Distanzen optisch verbinden kann. *Wir brauchen Körperkontakt.* Wir brauchen Nähe. Wir brauchen den Trost, der in der Berührung eines anderen liegt. Das sollten wir im Auge behalten, wenn wir in unserem Leben Verbundenheit herstellen wollen.

Hat körperliche Berührung uns in unserem Leben Schmerz verursacht, dann müssen wir uns darum bemühen, sie in kleinen und kleinsten Schritten wieder in unser Leben zu integrieren. Dazu brauchen wir einen Menschen, dem wir vollständig vertrauen können. Möglicherweise müssen wir vorher eine Therapie machen, die zum Beispiel mit *Somatic Experiencing* arbeitet, einem von Dr. Peter Levine entwickelten ganzheitlichen Ansatz zur Traumaheilung, bei dem wir lernen, andere Menschen wieder an uns heranzulassen, damit sie uns jenen »Kontakttrost« spenden können, den wir so sehr brauchen. Wenn es bei unseren Verletzungen nicht um von Liebe geprägte Berührungen ging (wie das häufig bei sexuellem Missbrauch der Fall ist), dann müssen wir erst den Prozess der Rehabilitation durchlaufen. Wir brauchen diese innerliche »Wiederherstellung«, wenn wir ein Leben in echter Verbundenheit mit anderen führen wollen, im Einklang mit der Welt und emotional im Frieden mit uns selbst.

Der »Kontakttrost« ist nichts Sexuelles. Es genügt schon, wenn wir neben jemandem sitzen und seinen oder ihren Körper neben dem unseren spüren. Wir können uns umarmen oder an den Händen halten. Auch ein sanftes Streichen über den Rücken ist schon Kontakt genug. Solche Berührungen stärken unser Verbundenheitsgefühl und lindern unsere Ängste. Wir sollten daher nach Möglichkeiten suchen, wie wir diese Art von Körperkontakt in unser Leben integrieren können. Dazu müssen wir vor allem akzeptieren, dass es vergeblich wäre, gegen dieses in unserer Biologie verankerte Grundbedürfnis nach Berührung anzukämpfen. Es wird kein Tag vergehen, an dem wir ohne Berührung auskommen. Unser ganzes Wohlbefinden hängt davon ab, ob wir uns dieses Bedürfnis erfüllen können.

LASSEN SIE SICH AUF DIE VERBUNDENHEIT EIN

Mevlana Rumi, der legendäre Sufimeister, sagte einmal: »Deine Aufgabe ist nicht, nach Liebe zu suchen. Mach dich vielmehr auf die Suche nach all den Barrieren in dir selbst, die du gegen die Liebe errichtet hast.« Vermutlich haben Sie das auch schon mal erlebt? Jemand macht Ihnen ein nettes Kompliment, doch statt es anzunehmen und in Ihrem Körper zu spüren, wo es die Stimmung gehoben hätte, prallte es an Ihnen ab, als hätten Sie einen Plattenpanzer getragen. Sie konnten es überhaupt nicht fühlen.

Erfahrungen wie diese zeigen recht anschaulich, dass wir Dinge manchmal nicht annehmen können, selbst wenn sie uns geschenkt werden. Das gilt vor allem für Verbundenheit und Liebe. All das Positive, das andere Menschen uns geben, könnte man als eine Form von *Liebe* betrachten. Aufmerksamkeit ist eine Form der Liebe, Geschenke und Hilfe sind Formen der Liebe und so weiter und so fort. Wenn wir all diese Gaben nicht annehmen können, so liegt das daran, dass wir die *Liebe* nicht akzeptieren können. Wir sind nicht in der Lage, sie anzunehmen, weil uns die Erfahrung der bedingungslosen Liebe fehlt. In unserem Leben hatten wir stets mit Formen der Liebe zu tun, die an Bedingungen geknüpft war. Auch gegeben wurde uns nie bedingungslos. Und so hüten wir uns davor, Verbundenheit zu spüren, selbst wenn sie vorhanden ist.

Wenn Sie der Liebe so sehr misstrauen, dass Sie ihr lieber aus dem Weg gehen, dann sollten Sie nicht meinen, dass Sie nur den Schalter umlegen müssten und die Liebe hereinlassen könnten, wenn sie an Ihre Tür klopft. Das ist zwar eine hübsche Vorstellung, aber Sie können *nicht einfach den Entschluss fassen*, ab jetzt Vertrauen zu haben. Es wäre unfair, das von sich selbst zu verlangen. Tatsache ist, dass Sie nie gelernt haben, zu vertrauen, weil Sie immer und immer wieder erlebt haben, dass andere Menschen sich rücksichtslos über Ihre Interessen hinwegsetzten. Wenn Sie sich nun sagen: »Ich vertraue auf diese Liebe, die man mir schenkt«, dann belügen Sie sich nur selbst. Denn dann wird ein Aspekt Ihrer selbst sagen: »Du hältst mich wohl für einen absoluten Volltrottel!« Wenn Sie tatsächlich lernen wollen, sich der Liebe wieder zu öffnen, müssen Sie neugierig sein. Sie müssen es sich wirklich wünschen, damit Sie losziehen und sich durch den Dschungel vorwärtstasten können, um es mal so zu sagen.

Der erste Schritt zur wahren Offenheit für Liebe und Verbundenheit ist das Freilegen der *Barrieren*, die Sie errichtet haben. Bei Menschen, die Schwierigkeiten haben, von anderen etwas anzunehmen, ist dies meist *Misstrauen in die Beweggründe des Gebenden.* Wenn wir dem Geber misstrauen, fürchten wir, dass wir es büßen werden, wenn wir unsere Zugbrücke herunterlassen. Also können wir uns nicht öffnen, um irgendetwas von dem anderen Menschen anzunehmen.

Soll eine Gabe von ganzem Herzen kommen, müssen die Beweggründe rein sein. Haben wir Schwierigkeiten, etwas anzunehmen, so liegt es meist daran, dass uns die Bezugspersonen in unserer Kindheit selten etwas reinen Herzens und ohne Hintergedanken gegeben haben. Stattdessen hat man uns verletzt. Die Folge ist, dass wir Liebe weder sehen noch spüren können. Mitunter ist es auch so, dass wir Panik oder unsere Verwundbarkeit fühlen, wenn jemand uns seine Zuneigung zeigt.

Wenn wir zulassen, dass wir als die Menschen, die wir wirklich sind, geliebt und geschätzt werden, heißt das in unseren Augen, das Urteil unserer Eltern oder anderer Bezugspersonen infrage zu stellen, die behauptet haben, wir seien nicht in Ordnung, mit uns stimme etwas nicht. In ihren Augen steckten wir voller Fehler, und das rechtfertigte ihrer Meinung nach die Behandlung, die sie uns angedeihen ließen. Wir haben diese Überzeugung übernommen und betrachten uns selbst nicht etwa als Opfer, sondern als jemand, der Liebe tatsächlich nur in dem Maße verdient, wie er sie bekommt.

Wenn wir zulassen, dass wir für unser wahres Wesen geliebt und geschätzt werden, dann müssen wir als Realität anerkennen, dass wir nicht bedingungslos geliebt wurden. Gestehen wir uns das ein, dann lodert unsere Angst auf, wir könnten vernachlässigt, verlassen oder gar im ursprünglichsten Sinn zum Sterben ausgesetzt werden, wenn wir bestimmte Dinge denken, fühlen oder tun. Unser Instinkt sagt uns also, dass wir, wenn wir Liebe annehmen, mit einer grauenvollen Wirklichkeit konfrontiert werden und unter Umständen sogar den Tod riskieren.

Menschen, die nichts annehmen können, haben die größten Probleme, wenn man ihnen Hilfe anbietet. Wir bitten nicht um Hilfe, daher bekommen wir auch keine. Nicht weil sich niemand fände, der uns helfen würde, nein, weil wir das Gefühl haben, die ganze Welt sei gegen uns. Um zu bekommen, was wir wollen, glauben wir, wir müssten ganz allein gegen Windmühlen kämpfen. Diese Überzeugung macht uns blind für jede Hilfe, die man uns anbietet. Und falls wir ein solches Angebot doch einmal wahrnehmen, misstrauen wir ihm, denken, dass da bestimmt ein Haken dran sein muss. Mit anderen Worten: Wir sehen jede Hilfe nur als Nachteil für uns, der sich als Unterstützung verkleidet hat. Tief im Innersten fühlen wir uns der Hilfe nicht für wert und betrachten das Angebot als Beweis unserer Unfähigkeit.

WELCHE BARRIEREN HABEN SIE ERRICHTET?

Es gibt unzählige innere Barrieren, die uns hindern, Liebe zu empfangen und wahre Verbundenheit zu fühlen. Die erste Barriere türmt sich auf, wenn jemand uns etwas schenkt, wir es aber so empfinden, dass der andere damit Macht über uns erlangt und wir dadurch noch verletzlicher werden. Dieses Gefühl hat seine Wurzeln in einer bestimmten Erfahrung: Jemand hat seine Liebe als Druckmittel eingesetzt und uns nur dann Liebe gegeben, wenn wir die dazugehörige Portion Schuldgefühle und Verpflichtungen akzeptiert haben. Wenn das Ihr Problem ist, haben die Menschen in Ihrem Umfeld die Liebe quasi als »Trojanisches Pferd« benutzt, worin immer irgendetwas Negatives verborgen war.

Häufig fühlen wir uns auch der Liebe nicht für wert. Als unsere Eltern uns nicht gerade liebevoll behandelt haben, haben wir daraus geschlossen, dass an uns etwas grundlegend verkehrt sein müsse. Denn schließlich würden wir ja nicht so behandelt, wenn mit uns alles in Ordnung wäre. Daher gehen wir mit dem Gefühl durchs Leben, nicht gut genug zu sein, damit uns irgendein Mensch seine Liebe und Energie schenken würde.

Ist dies der Fall, dann wurzelt tief in uns das Gefühl, keine Liebe verdient zu haben. Wer so denkt, glaubt meist, er müsse sich die Liebe verdienen – durch *Leistung* oder *Anstrengung*. Wenn wir es nicht schaffen, uns die Liebe auf diese Weise zu erkämpfen, dann halten wir uns für schlecht und erwarten dafür die Strafe des Universums. Verstehen wir nicht, womit wir uns jemandes Liebe verdient haben, dann geraten wir in Panik. Wenn Sie also tief in Ihrem Inneren das Gefühl haben, keine Liebe zu verdienen, dann fragen Sie sich: »Was ist falsch daran, etwas zu bekommen, das man sich nicht verdient hat?«

Eine weitere sehr häufig vorkommende Barriere ist die Besessenheit vom Grundsatz der Gegenseitigkeit. Dahinter steckt die Vorstellung, dass alles immer zum wechselseitigen Vorteil gereichen müsste. Sind Sie von dieser Idee besessen, glauben Sie, dass Liebe immer auf Gegenseitigkeit beruhen müsse. Das hört sich zwar gut an, ist aber letztlich doch ein Missverständnis, denn Liebe funktioniert nicht so, und das mit gutem Grund. Ein Mensch, der mit Liebe erpresst worden ist, glaubt vielleicht, die Gegenseitigkeit garantiere ihm, nicht ausgenutzt zu werden und keinen Nachteil davon zu haben, wenn er seine Liebe offen zeigt. Wenn wir, sobald uns jemand etwas gibt, automatisch – bewusst oder unbewusst – denken: »Was kann ich ihm dafür nur geben?« Oder: »Was bin ich ihm jetzt schuldig?« können wir davon ausgehen, dass wir hier eine Barriere haben, unfähig sind, Liebe zu empfangen.

Auch wenn wir unter Verlustängsten leiden, errichten wir Barrieren gegen die Liebe. Meist rührt dies aus schlechten Erfahrungen her: Wir haben einen Menschen verloren oder seine Liebe eingebüßt. Es ist eine der schmerzlichsten Erfahrungen überhaupt, Liebe erfahren und dann verloren zu haben, ganz egal, wie sich das zugetragen hat. Vielleicht fand die geliebte Person Sie plötzlich nicht mehr gut, zog sich zurück, löste die Verbindung oder ist gar gestorben. Was auch immer der Grund war, ein solcher Verlust hinterlässt Narben. Und danach glauben wir zumindest unbewusst, dass es besser sei, gar nicht zu lieben, als zu lieben und diese Liebe zu verlieren. Wir gelangen zu der Auffassung, dass wir besser gar nicht erst annehmen, was man uns am Ende doch wieder wegnehmen könnte.

Sobald Sie ein Verständnis der verschiedenen Arten von Barrieren gewonnen haben, spüren Sie nach, wie Sie *vor dem Annehmen positiver Dinge zurückscheuen.* Sagen Sie vielleicht Sätze wie die folgenden?

- *Ich bekomme ohnehin nur etwas von anderen, wenn ich ihnen zuerst etwas gebe.*
- *Ich werde stocksteif, wenn jemand mich umarmt.*
- *Ich ziehe mich meist emotional zurück.*
- *Ich lenke die Aufmerksamkeit gerne von mir ab, indem ich das Thema wechsle.*

Das sind nur vier Beispiele aus einer schier endlosen Reihe von Äußerungen, mit denen Menschen positive Dinge abzuwehren versuchen. Wenn es Ihnen schwerfällt, Geschenke oder Komplimente anzunehmen, fragen Sie sich: »Auf welche Weise wende ich mich ab, wenn jemand mir Liebe und Unterstützung anbietet? Und wie untergrabe ich die Liebe, die man mir schenkt?«

Vergessen Sie nicht, dass jeder Mensch Liebe braucht. Wenn wir sie nicht offen annehmen können, werden wir versuchen, sie uns »durch die Hintertür« zu beschaffen. Wenn wir glauben, wir müssten zuerst geben, um etwas zu bekommen, dann helfen wir anderen Menschen vielleicht nur, damit sie uns mögen. Oder wir versuchen, so gut wie möglich auszusehen, damit wir der Liebe wert sind. Oder wir erkämpfen uns Erfolge, um geliebt zu werden. Vielleicht sind wir auch supernett, damit uns jemand liebt. Was tun Sie alles, um geliebt zu werden?

WIE SIE LERNEN KÖNNEN, SICH DEN GUTEN GABEN ZU ÖFFNEN

Zu lernen, wie Sie Liebe empfangen, ist ein Prozess, der drei Schritte umfasst: Liebe erkennen, Liebe annehmen und Liebe festhalten.

Es gibt tatsächlich Menschen, die sich schwertun, Liebe zu erkennen. Daher möchte ich Ihnen folgende Übung ans Herz legen: Verhalten Sie sich wie ein Vogelbeobachter, nur dass Sie keine Vögel beobachten, sondern auf Signale achten, die für Liebe und Verbundenheit stehen. Gehen Sie durch den Tag und halten Sie die Augen offen, schauen Sie nach Zeichen, die Ihnen Zuneigung signalisieren sollen. Zählen Sie mit. Wenn nötig, bitten Sie einen Freund oder eine Freundin, Ihnen dabei zu helfen. Manchmal ist es sinnvoll, sich Unterstützung von außen zu sichern. Wie oft hat eine Freundin Ihnen schon gesagt: »Also der Typ hat echt versucht, an dich ranzukommen«? Oder der Freund meint: »Ich versuche hier ehrlich, dir meine Zuneigung zu zeigen.« Das alles hilft, unser Bewusstsein für diese Zeichen zu schärfen.

Ich selbst habe mich tatsächlich auf die Hilfe einer Freundin gestützt, um diese Signale wiedererkennen zu lernen. Eines Tages kam jemand auf mich zu und umarmte mich lange. Ich zog mich wie üblich in mich selbst zurück. Und meine Freundin flüsterte mir zu: »Siehst du, das war Liebe!« Ohne ihren Hinweis hätte ich diese Geste nie als Liebe eingestuft.

Vielleicht ist Ihnen das genauso wenig klar wie mir: Menschen schenken uns Liebe und Verbundenheit auf die unterschiedlichste Weise. Sie machen uns Geschenke. Sie sind nett zu uns, erledigen das eine oder andere für uns oder springen uns bei, wenn wir Hilfe brauchen. Sie machen uns kleine Komplimente und verbringen ihre Zeit mit uns. Sie wollen mit uns gemcinsam etwas unternehmen. Sie reden mit uns. Wann immer sie das tun, signalisieren sie uns, dass sie mit uns in Verbindung bleiben wollen. Wir reagieren auf diese Vorstöße gewöhnlich so: Wir übersehen sie oder lehnen sie ab, wir akzeptieren sie oder bekommen gar nicht erst mit, dass unsere Freunde versucht haben, mit uns in Kontakt zu treten.

Sobald Sie Liebe oder Verbundenheit erkennen können, müssen Sie den zweiten Schritt tun. Sie müssen diese Liebe annehmen. Hier kommt das *Somatic Experiencing* zum Einsatz: Sie sollten das Gefühl im Körper erfahren, statt es nur im Geist zu registrieren. Lassen Sie sich ganz in das Gefühl *hineinfallen.* Wenn jemand Ihnen seine Zuneigung zeigt, spüren Sie dem Gefühl in Ihrem Körper nach. Fragen Sie sich: »Wie würde es sich anfühlen, wenn ich … [nach Belieben einsetzen] spüren könnte?«

Dann fragen Sie weiter: »Wie würde es sich anfühlen, wenn ich dieses Kompliment oder diese Körperempfindung wirklich annehmen könnte?« Wo in Ihrem Körper spüren Sie die reale Zuneigung, die man Ihnen bezeugt? Die Empfindungen in Ihren einzelnen Körperregionen können dabei ganz unterschiedlich ausfallen: So kann es sein, dass in Ihrer Herzgegend etwas blockiert, Ihre Hände oder Knie aber förmlich nach dem Gefühl lechzen.

Lassen Sie zu, dass die Akzeptanz der Liebe und der Verbundenheit Ihren ganzen Körper durchströmt. Haben Sie zum Beispiel entdeckt, dass Ihre Hände die Liebe annehmen können, lassen Sie diese Empfindung sich auf den ganzen Körper ausdehnen. Lassen Sie sich ganz in dieses Gefühl hineinsinken. Genießen Sie die Fülle der Liebe für eine gewisse Zeitspanne. Je länger Sie sie empfinden können, desto tiefer gräbt sich diese Erfahrung in Ihr Gehirn ein. Und desto leichter wird es Ihnen auch in der Zukunft fallen, etwas anzunehmen.

Sie können das Annehmen der Liebe aber auch auf andere Art üben: Nehmen Sie eine Geste der Zuneigung konkret in sich hinein. Wenn jemand Ihnen ein Geschenk macht, schließen Sie die Augen und stellen sich vor, wie Sie diese Energie in Ihr Herz ziehen. Macht Ihnen jemand ein Kompliment, atmen Sie tief ein und erlauben Sie, dass der Atemfluss das Kompliment in Ihren Wesenskern trägt. Wenn jemand Sie umarmt, stellen Sie sich vor, wie Sie weich werden und die Umarmung Ihr ganzes Wesen durchzieht wie winzige Wellen. Entscheiden Sie sich ganz bewusst dafür, Ihre Blockaden aufzulösen und die Liebe hereinzulassen.

Haben wir so gelernt, Liebe zu empfangen, müssen wir uns darin üben, *die Liebe festzuhalten.* Manche Menschen empfinden Liebe als etwas, das ihnen sehr schnell durch die Finger schlüpft, und Verbundenheit als etwas, das ausgesprochen leicht zerbricht. Es fühlt sich an, als hätten wir tausend Löcher, durch die die Liebe abfließt, kaum haben wir sie in uns aufgenommen. Als würden die einzelnen Glieder der Verbundenheitskette schon beim kleinsten Druck auseinanderreißen.

Wenn wir so empfinden, ziehen wir uns natürlich zurück. Doch damit beschränken wir auch unsere Fähigkeit, Liebe zu empfangen. Dann geht auch der letzte Rest Liebe verloren, den wir in uns gespeichert haben. Statt sich also in Ihr Schneckenhaus zurückzuziehen, gehen Sie lieber hinaus und suchen Sie erneut nach Verbundenheit. Nur so können Sie sicherstellen, dass die Speicher der Liebe in Ihnen nicht austrocknen wie ein Brunnen in der Sahara.

Eine andere sehr brauchbare Technik, um an der Liebe festzuhalten, besteht darin, Erinnerungsstücke aufzustellen. Selbst wenn jemand stirbt, selbst wenn Sie mit jemandem brechen – die Liebe zwischen Ihnen beiden war doch sehr real. Und diese Liebe wird nicht dadurch aufgehoben, dass Zeit und Umstände sich verändert haben. Was erinnert Sie daran, dass Sie geliebt werden oder wurden? Ein Foto, ein Erinnerungsstück, ein Zitat? Hängen Sie es irgendwo auf, wo Sie es immer sehen können. Dann vergessen Sie niemals, dass Sie geliebt werden. Es beweist Ihnen, dass Liebe kein knappes Gut ist und nicht jederzeit vergehen kann. Gibt es eine Liebe in Ihrem Leben, die für immer und ewig ist? Dann lassen Sie sich daran erinnern. Ist es möglich, dass jemand seine Liebe zurückgenommen hat, aber diese Lücke von einem anderen Menschen ausgefüllt wird, der Ihnen sogar eine bessere Art von Liebe anbietet? Bleiben Sie offen für diese Chance!

DIE ENTSCHEIDENDE FRAGE

Vermutlich empfinden Sie die Beziehungen zu Ihren Mitmenschen nicht immer gleich. Manchmal fühlen Sie sich ihnen näher als anderen Tagen. An bestimmten Tagen gleiten wir ab in Einsamkeit, wenn wir Sorge haben, die Verbundenheit mit Menschen zu verlieren, die uns wichtig sind. Für solche Tage gibt es eine Frage, mit der wir uns auseinandersetzen sollten: »Was brauche ich, um mich diesem Menschen näher zu fühlen?« Oder wir fragen den betreffenden Menschen: »Was muss passieren und was brauchst du, damit du dich mir näher fühlst?«

Natürlich gibt es auf diese Fragen unzählige mögliche Antworten. Vielleicht erklärt Ihnen Ihr Gegenüber: »Ich möchte, dass du diese eine Sache verstehst.« Oder: »Ich möchte, dass wir zusammenziehen.« Und: »Ich möchte, dass du aufhörst, meine Gefühle kleinzureden.« Oder: »Ich brauche auch körperliche Beweise der Zuneigung.«

Sie werden mit Erstaunen feststellen, dass gerade diese Fragen den Weg freimachen zu einem tieferen Verständnis füreinander und folglich zu einer sichereren Bindung. Auf jeden Fall zwingen diese Fragen Sie, jene Bereiche in Ihrer Partnerschaft zu erkennen, in denen es an Nähe fehlt, ob nun für Sie oder für den/die Partner.

Liegt die Antwort offen auf dem Tisch, können Sie oder Ihr Gegenüber aktiv werden. Um ein Gleichnis heranzuziehen: Wenn Sie nur wissen, dass Sie Schmerzen haben, können Sie nicht viel tun. Haben Sie aber erkannt, dass Ihre Schmerzen von einem gebrochenen Arm herrühren, dann wissen Sie, dass Sie zum Arzt müssen.

Wenn Sie Ihrem Partner nicht geben wollen, was er braucht, um sich Ihnen näher zu fühlen, müssen Sie sich der Frage nach dem *Warum* stellen. Entweder existiert da ein Persönlichkeitsanteil in Ihnen, der diese Nähe nicht will. Vielleicht löst auch das, was Ihr Partner von Ihnen haben möchte, um sich Ihnen nahe zu fühlen, eine Abwehrreaktion in ihnen aus und bewirkt, dass Sie sich ihm weniger verbunden fühlen und Ihre Bereitschaft sinkt, Ihrem Gegenüber zu geben, was es möchte.

Der Konflikt offenbart sich also in voller Deutlichkeit. Auch hier gibt es eine sinnvolle Frage, über die jeder der Partner nachdenken sollte: »Was brauche ich, um mich dem anderen wieder näher zu fühlen?« Wollen Sie eine sehr feste Bindung mit sehr viel Nähe, dann würde ich an Ihrer Stelle diese Frage in mein Repertoire aufnehmen. Machen Sie diese Frage zu einem Teil Ihrer täglichen Routine. Eltern könnten ihren Kindern diese Frage einmal pro Woche stellen. Auch Freunde können sich auf diese Weise einmal im Monat mit ihrem Bedürfnis nach Nähe auseinandersetzen. Die meisten Menschen wissen sehr wohl, was sie brauchen, auch wenn sie manchmal glauben, es nicht bekommen zu können.

Zweifellos das Schönste an Nähe und Verbundenheit: Alles, wodurch ein Partner sich seinem Gegenüber näher fühlt, schenkt auch dem anderen mehr Verbundenheit. Wenn wir unsererseits die Nähe eines Menschen suchen, dann sollten wir der betreffenden Person ohne Zögern das geben, was Sie braucht, um sich uns nahe zu fühlen.

Richten Sie Ihr Augenmerk ganz darauf, dass die Beziehungen, die Sie eingegangen sind, möglichst stark und tragfähig werden. Nehmen Sie Ihre Verantwortung, die Beziehungen zu anderen Menschen zu pflegen, wahr. Kappen Sie keine Verbindungen und reparieren Sie eventuell auftauchende Risse sofort, wenn sie sichtbar werden. Und konzentrieren Sie sich auf Menschen, die den gleichen Mut und das gleiche Engagement aufbringen wie Sie.

Es gibt keine schönere Erfahrung auf dieser Erde, als mit einem Menschen zusammen zu sein, mit dem Sie sich auf jeder Ebene verbunden fühlen können. Das ist die universelle Quelle allen Wohlbefindens. Und wir Menschen brauchen nichts mehr als die Verbundenheit mit anderen Geschöpfen. Sie können gar nicht zu jung, zu alt, zu verletzt, zu starrsinnig oder zu sonst etwas sein, um niemanden zu finden, mit dem Sie eine solche Verbundenheit erfahren können.

Verbundenheit ist nicht an Zeit und Raum gebunden. Sie kann überall geschehen, und Sie können sie jederzeit finden. Es ist eine große Gabe, dass wir fähig sind, in die Seele eines anderen Menschen -hineinzublicken, -zuhorchen und -zufühlen. Diese Gabe funktioniert in beide Richtungen, wenn wir den Mut haben, zu geben und zu empfangen.

ZU GUTER LETZT

MUT ZUR LIEBE

Wir sind Initiierte. Unsere Lehre war der Schmerz. Unsere Schönheit, unser Sinn und unser Wachstum werden im Feuer der Herausforderungen und Schwierigkeiten geschmiedet. Gleich einem Schmied schleift unser Leid uns die rauen, gezackten Ecken ab. Das tut anfangs noch weh, bis wir vollständig offen sind. Dann strömt unsere Seele heraus wie das Wasser aus der Quelle, mit jedem Gedanken, jedem Wort und jeder unserer Handlungen. Sie löscht das Feuer des Schmerzes. Sie kühlt unseren Fluch, bis er zum Segen wird. Und so werden wir frei.

Aller Schmerz der Welt beginnt mit einer Form von Trennung. Unsere Initiation ins Leben und in diese Welt geschieht durch Trennung. Trennung von der Quelle, Trennung von unserer Essenz, Trennung von unserer Mutter, Trennung von uns selbst, Trennung von allem, was wir fürchten, Trennung von dem, was wir lieben. Und so finden wir uns schließlich wieder, eingehüllt in den Mantel der Einsamkeit.

Wir werden durch die Trennung initiiert, damit wir unseren Weg zurück zur Verbundenheit finden. Wann immer wir Schmerz empfinden, stehen wir an einem Scheideweg. Wohin werden wir uns wenden? Werden wir beschließen, uns noch mehr abzukapseln und noch mehr Getrennsein in unser Leben zu bringen? Oder beschließen wir, uns zu öffnen und mit uns selbst ins Reine zu kommen und mit allem, was das Leben ausmacht?

Jeder Augenblick stellt uns vor die Wahl, uns zu verschließen oder uns zu öffnen. Jeder Moment lässt uns die Wahl, ob wir uns abtrennen oder verbinden wollen. Wenden Sie sich den Menschen in Ihrem Umfeld zu, die die Offenheit gewählt haben. Finden Sie jene Menschen, die sich für den Pfad der Verbundenheit entschieden haben. Lassen Sie sich von ihnen auf Ihrem Weg begleiten, Hand in Hand hinaus in die Welt. Seien Sie tapfer und öffnen Sie sich der Verbundenheit. *Seien Sie mutig genug, zu lieben.*

Dies ist die Erde. Wo jeder Atemzug und jeder Schritt
nirgendwo anders hinführt als in den Tod.
Wo Schmerz der laute und blutige Ort ist,
an dem der Frieden geboren wird.
Unsere Feigheit bewahrt uns vor gar nichts
in einer Welt, in der Mut keine Frage war.
Sie dringt wie Schweiß aus den Poren.
Sie trocknet in der Sonne unserer Verpflichtung zum Leben.
Wo eine Billion Leben durch den Kosmos rasen,
mit tausend Stundenkilometern ohne Ziel in Sicht.
Wir glauben an die Farbe unseres Bluts, an das Salz unserer Tränen,
wo das Herz längst gebrochen ist und trotzdem weiterschlägt.
Wo die Liebe der einzige Beweis für die Existenz Gottes ist;
etwas, das größer ist als wir selbst
und die Blindheit, mit der wir uns durchs Leben tasten.
Unsere Feigheit rettet uns vor gar nichts
in einer Welt, in der Mut keine Frage war.
Wo man stirbt, ganz egal, wie viel Vorsicht man walten ließ.
Manche von uns gelangen ganz sicher an den Punkt ihres Todes.
Ehrlich besiegt, weil sie nie ganz lebten.
Durchnässt vom Schweiß unserer Feigheit,
weil wir uns zum ganzen Leben nie bekennen konnten.
Wo in einer fernen Wüste eine Blüte ihren Kelch öffnet,
sich in aller Zerbrechlichkeit der Welt zeigt.
Genau darin liegt ihre Stärke.
Ein Feigling ist unfähig zur Liebe.
Und so hat er keinen Beweis, dass es Gott gibt;
etwas, das größer ist als er selbst.
Unsere Feigheit rettet uns vor gar nichts
in einer Welt, in der Mut keine Frage war …
Liebe also, weil dies die Erde ist. Dies ist die Erde.

DIES IST DIE ERDE

von Teal Swan

Teal Swan wurde in Santa Fe in New Mexico geboren. Sie besaß bereits als Kind eine ganze Reihe übersinnlicher Fähigkeiten, sie konnte zum Beispiel Hellsehen, Hellfühlen und Hellhören. Als Kind wurde sie jahrelang schwer missbraucht. Heute nutzt sie ihre übersinnlichen Gaben und ihre Erfahrung aus der Überwindung ihrer Missbrauchserlebnisse dazu, Millionen Menschen auf ihrem Weg zu mehr Authentizität, Freude und Freiheit zu inspirieren. Ihr weltweiter Erfolg als spirituelle Lehrerin hat ihr den Spitznamen »Spirituelle Katalysatorin« eingebracht. Ihre drei Bücher wurden durchweg zu Bestsellern: *The Sculptor in the Sky*, *Den Schatten umarmen – Verletzungen der Seele heilen* und *Befreie dich durch Selbstliebe.*